居里夫人传

［法］艾芙·居里 著 贾文浩等 译

北京燕山出版社

目录

001　译　序
003　原　序

第一部

003　第一章　玛妮娅
014　第二章　黑暗的日子
025　第三章　青年时期
040　第四章　职业
051　第五章　家庭女教师
060　第六章　长期等待
071　第七章　逃出樊笼

第二部

083　第八章　巴黎
093　第九章　每月四十卢布
106　第十章　皮埃尔·居里
125　第十一章　年轻的伴侣

138　第十二章　镭的发现
149　第十三章　四年棚屋下
160　第十四章　艰苦的生活
173　第十五章　博士论文和五分钟的谈话
184　第十六章　大敌
199　第十七章　日常生活
217　第十八章　一九〇六年四月十九日

第三部

235　第十九章　独自一人
244　第二十章　成功与磨难
256　第二十一章　战争
272　第二十二章　宁静——在拉古埃度假
283　第二十三章　美国之行
295　第二十四章　步入辉煌
305　第二十五章　圣路易岛
315　第二十六章　实验室
328　第二十七章　使命终结

336　附　　录

译　序

居里夫人是近代科学史上的一个奇迹,她犹如一颗光芒四射、璀璨耀眼的巨星划过科学的星空,留下永久的光耀。她以常人难以想象的勇气和毅力,谱写了史无前例的科学篇章,对全人类做出了不可估量的巨大贡献。如果没有居里夫人的努力,人类可能晚发现镭元素几十年,那将不知会有多少生命由于缺少有效的诊疗手段而白白丧失,也不知会有多少重大的相关发现因缺少镭的启示而迟迟不能面世,原子能时代也不会来得如此迅捷。这样非凡卓越的贡献,竟是由一位当时很少见的女科学家在难以想象的艰苦条件下做出的,这不能不使世人对她的背景、她的人生、她的性格、她的为人、她生活和工作中的各种情形产生浓厚的兴趣。这部传记满足了世人了解居里夫人的愿望,自问世以来,先后被译成近三十种语言传遍了全世界,向一代又一代的读者讲述着居里夫人那令人感动、催人奋进的故事。

这部传记是由居里夫人的女儿亲自写出的,作者以一个家庭成员的特殊身份,极其真实地记录了她父母的一生。叙述生动感人,内容翔实丰富,引用了居里夫妇和他们的亲友的许多信札、日记和其他文字材料,详尽地描绘了一个伟大的女科学家的人生轨迹。传记因为是由女儿亲自撰写,使得读者和居里夫人之间的距离拉近了。我们跟随着作者的视角,似乎被带到了居里夫人的实际生活和工作场景当中,近距离地观察这位伟大科学家的行为举止、工作精神、处世态度和崇高品质。当她用一口大锅从成吨的沥青中夜以继日地提炼时,我们不能不为她执著的信念和坚韧的毅力所折服。试想,假如她有更好的条件,不必像个修路工人那样连年累月地在烟熏火燎的大锅边搅动沸腾的沥青,她会把镭的发现提前多少年?随着她的木棍在乌黑的沥青中搅动,读者的心也不由得被搅动起来,禁不住要问,是什么样的力量支持着她完成这种常人难以想象的艰苦而浩大的工程?

  居里夫人年轻时从波兰只身来到巴黎求学,后来与居里结婚,两人志同道合,互相扶持,共同进行科学研究。当正值壮年的居里突然死于车祸,居里夫人受到了晴天霹雳般的打击。她失去了相依为命的丈夫,失去了精神上的支持,失去了旅居异国的依靠。她听到噩耗时的惊愕和麻木,令人揪心,催人泪下,读者不禁要为她的不幸遭遇扼腕叹息。令人无限敬佩的是,她以惊人的毅力从这场灾难中恢复过来,化悲痛为力量,独自将丈夫和自己的科学事业继续下去,而把对丈夫的怀念和孤独寂寞的痛苦默默埋藏在心底。在她的一生中,敬业精神和对科学的责任感超越了她的个人悲欢。对金钱地位的蔑视也是贯穿她一生的一个鲜明特点。她曾屡次拒绝金钱,甚至拒绝有关镭的专利,读者会对她这种卓尔不群的高尚品格深怀仰慕之情。当她以其非凡的成就先后两次站在诺贝尔奖领奖台上的时候,整个世界都为之动容。

原　序

　　玛丽·居里一生中充满了奇异的经历，人们往往把她的故事编成一部传奇。

　　她容貌秀丽，却出身贫寒，自己的民族当时正受到外族欺凌。早年，她在命运的有力召唤下，离开自己的祖国波兰，前往巴黎求学，度过许多年贫穷孤寂的生活。在那里，她遇到一个与自己天赋相当的青年，两人后来结了婚，沉浸在与众不同的幸福生活中。两人以无比坚韧的意志，在枯燥的工作中不屈努力，最终发现了一种神奇的元素——镭。这一发现不但创造了一个新的科学领域，而且找到了一种新的用途：为人类治疗一种可怕的疾病提供了手段。

　　这两位造福人类的科学家声誉传遍了全世界，然而玛丽却横遭不幸：死神刹那间夺走了她的丈夫，她失去了自己最好的伴侣。精神痛苦和身体疾病折磨着她，但她没有因此停顿，独自将两人刚刚开始的工作继续下去，使共同开创的这门科学得到了极大的发展。

　　她在永恒的奉献中度过了自己的后半生。起初，她忘我地投身救治战争伤员；后来，她为学生奉献出自己的全部时间、知识和智慧，为世界各国来向她求学的未来科学家们奉献出自己的精力。

　　她从不看重财富，对于不得不接受的荣誉，态度也很漠然。完成历史交给她的使命后，她心力交瘁而辞世。

　　这个故事实在太像神话了。然而如果添加上哪怕一丁点虚饰，都该看成是一种罪过。凡是我不能确定真实性的逸闻趣事，一概没有包括其中。

我使用的字眼丝毫没有失真，即使是衣服的颜色，也决非子虚乌有。我陈述的完全是事实，引用语都是当事人确实说过的话。

我要向身在波兰的亲属表示谢意，他们不但修养深厚，而且亲切慈祥。我要特别感谢我母亲的大姐德卢斯卡夫人，她们两人不但是姊妹，而且是密友，她不但为我提供了许多珍贵的信件，而且介绍了我母亲青年时期生活的许多直接证物。许多文件还能唤起我对后来年月的回忆，其中有私人文件；有玛丽·居里关于自己生活片断的简短记录；有数量巨大的官方文件；有许多法国和波兰朋友的叙述和信函，我无法表达对这些朋友的真诚谢意；当然，还有我姐姐艾莱娜·若里奥—居里、我姐夫弗雷德里克·若里奥和我本人根据记忆的叙述。

我希望，读者能从玛丽·居里短暂的一生中体会到，她的品格比她的工作和生活更加难能可贵。她的性格坚定不移，一旦做出明智判断便锲而不舍，毕生奉献出一切，丝毫也不索取，甚至连馈赠都不接受。这个灵魂中最优秀的品质，在于福祸荣辱都不能使其非凡的纯洁发生丝毫变化。

由于具有这样的品格，她漠视金钱，不享舒适，但凡凭天赋盛名可获得的种种利益她都一概拒绝。世人希望她抛头露面的活动让她痛苦不堪。她生性敏锐严格，追逐名利的态度她一概没有，既不精通此道，也不受本能的驱使对名利发生兴趣，就连故意做作或装出谦虚态度也不会。

她不愿做名人。

我是在母亲三十七岁时出生的，等我长到能真正了解她的时候，她已经是个年迈的女人了。她那时久负盛名，可我对母亲是位著名科学家这事却了解极少，也许是因为玛丽·居里根本就没把自己看做"著名科学家"。我倒觉得与自己生活在一起的母亲从来就是位穷学生，她永远富于幻想，与我来到这个世界前的那个玛丽娅·斯科洛多斯卡毫无二致。

玛丽·居里直到去世那天时，仍然保持着原来那位年轻姑娘的本色。她度过艰苦漫长而辉煌的职业生涯，有人崇拜她，也有人贬低她，这些并没有使她变得更加伟大，也没有让她变得渺小。直到生命的最后一天，她仍然一如既往、口气温和、意志坚决、态度羞怯、充满好奇，完全与她少年时期一样内向。

如果以政府为要人举行隆重葬礼的方式给她送行，那对她几乎算是一种亵渎。而她就像无数普通人一样,葬礼无比简单朴素,极其平静地葬在一块乡间墓地中,躺在一片夏日的花丛中。

但愿我具有作家的天赋,将她的故事娓娓道来。她一辈子都像个学生,如同路人般平静地走完了自己的一生,周围环境丝毫没有影响到她,她一切处之泰然,对自己创下的辉煌业绩几乎毫无察觉。爱因斯坦评论道:"在所有著名人物中,只有玛丽·居里没有受到荣誉的腐蚀。"

第一部

第一章　玛妮娅

诺佛立普基路上那座中学教学楼里，每逢星期天都是静悄悄的。楼门上方的三角形石门额上，刻着"男子高中"几个俄文字。最宽的大门上了闩，柱廊的模样看上去像座废弃的庙宇。这是一座结构长而低矮的平房，此时杳无人迹，阳光明亮的教室里，摆着一排排黑色课桌，上面用铅笔刀刻着名字的缩写。周围非常寂静，只能听见圣母教堂的钟声在召唤人们去做晚祷，街上不时传来货运马车的辚辚车轮声，时而能听到拉着四轮马车的懒洋洋拉车马踏出的嘚嘚声。篱笆包围的院子里有四棵紫丁香开了花，虽然枝叶稀疏，树叶上还遮盖着一层灰土，但是街上身穿星期日盛装的人们仍然为芬芳的花香所吸引，禁不住扭过头来，露出一脸惊喜。在华沙，严霜刚刚褪去，立刻毒日炎炎。五月未尽，天气已经很热了。

安息日的平静被打破了。教学楼左翼一层传来一阵奇怪的声音，还伴随着沉闷的回音，物理教师兼副督学伏拉迪斯拉夫·斯科洛多斯基先生就住在这里。那声音就像铁锤在胡乱敲打。接着是一阵坍塌的轰响，夹杂着尖利的嘶喊声，敲打声在继续。几个声音操着波兰语大声嚷着：

"海拉，我的弹药用光了！"

"塔楼，约瑟夫！瞄准塔楼！"

"玛妮娅，躲开！"

"干吗躲开？我给你送积木来啦！"

"哎呀！呀！"

光滑的地板上，随着一阵崩溃的声音，积木塔楼轰然坍塌。一时尖叫声四起,积木块乱飞起来,散落在四处。

战场是一个宽敞的方屋子,几扇窗户朝向后院的体育活动室。屋子里摆放着四张童床,四个孩子正在大喊大叫,玩打仗游戏,他们最小的五岁,最大的九岁。斯科洛多斯基家这四个孩子当成弹药的积木是叔叔送给他们的圣诞节礼物,叔叔性情平和耐心,喜欢打惠斯特牌,绝对没料到他送的礼物竟落得如此下场。有那么几天,约瑟夫、布罗妮娅、海拉和玛妮娅顺从大人愿望,仔细按照大木箱里附带的示范图,用积木搭建城堡、小桥、教堂等。但是,积木很快便有了实在的用途:短小的橡木柱子当作大炮,小方木块就是炮弹,年轻的建筑师们摇身一变,成了一个个陆军元帅。

约瑟夫趴在地板上匍匐前进,有章有法地把大炮对准敌人。孩子的一头金发下,脸蛋儿健康红润,尽管在酣战中也露出军队指挥官一般的坚毅神色。四个孩子中,他年龄最大,学过的本事最多,他还是唯一的男孩。他周围全是女孩子,几个女孩儿身穿铜样的衣服,都是星期日才穿的好衣服,小衣领上有褶皱,深色围裙上缀着花边。

说句公道话,姑娘们作战也很勇敢。海拉是约瑟夫的同盟,她两眼炯炯有神,飒爽英姿。海拉只有六岁半,心里真希望自己是个大孩子,她想把积木块抛得远远的。海拉嫉妒布罗妮娅,因为姐姐已经八岁了。布罗妮娅是个脸上长着酒窝的漂亮女孩,她扑上前去保卫两扇窗户之间的部队时,一头金发飘荡起来。

布罗妮娅这一边有她的副官,这位小姑娘用漂亮的小围裙兜着弹药,在一个个军营中间来回奔跑忙乱,一边高声喊杀,放声大笑,两个小脸蛋涨得通红。

"玛妮娅!"

小姑娘奔跑中突然止步,抓围裙的手顿时放开,一兜积木飞撒出去。

"怎么啦?"

喊她的是刚刚走进屋子的苏西娅。苏西娅是五个孩子中年龄最大的,虽然年龄还不到十二岁,可是在小弟弟和小妹妹面前却俨然是个大人了。她一头沙黄色头发披散在肩膀上,漂亮的面孔露出洋溢的热情,一双清澈的灰眼睛显得煞有介事。

"妈妈说你已经玩得太久,别玩了。"

"可布罗妮娅需要我……我得给她送积木!"

"妈妈说叫你现在就去。"

玛妮娅迟疑片刻,然后拉着姐姐的手,神色庄重地退出战斗。五岁的孩子玩打仗太吃力,小姑娘几乎把力气用尽了,退出战斗也没有多少不情愿。隔壁传来一个声音,温和得像是在爱抚她:"玛妮娅……玛妮西娅……我的小宝贝安秀佩西奥……"

在波兰,人们特别喜欢用昵称。斯科洛多斯卡家叫大女儿从来不用苏菲,总是叫"苏西娅",把布罗妮施拉娃叫成"布罗妮娅",海伦成了"海拉",约瑟夫成了"约西奥"。最小的女儿玛丽亚昵称最多,她毕竟是家里最受宠爱的孩子嘛。"玛妮娅"是常用的昵称,"玛妮西娅"是个爱称,而"安秀佩西奥"这个逗乐的爱称从婴儿时期就开始叫了。

"我的安秀佩西奥,看你头发乱成啥样子了!看两个小脸蛋红的!"

一双苍白干瘦却灵巧的手把她围裙下面的带子系好,捋顺那头短短的卷发,露出一张倔犟的面孔,孩子的紧张神色渐渐松弛下来。这就是我们那位未来的科学家。

玛妮娅跟妈妈最亲。在她眼里,世界上谁也没有妈妈这么温和善良,而且谁也没有她这么聪明。

斯科洛多斯卡夫人出生在一个乡村绅士家庭,在家里是长女,父亲菲利克斯·博古斯基家有不多的一些田产,在波兰,这一阶层人数众多。由于靠自家田地度日太清苦,他便替稍富些的人家管理田地。他的婚姻相当浪漫:他与一个没有财产的贵族小姐相爱,便不顾美女家父母反对,两人私奔成婚。随着岁月流逝,原来那个诱拐贵族小姐的人已经变成个颤巍巍的胆小老人,他倾心的女子也成了脾气暴躁的老祖母。

他们的六个孩子中,斯科洛多斯卡夫人无疑是性情最平和、头脑最聪明的。她在华沙一所私立学校接受了良好的教育,便决定献身教育事业,就在母校留校任教,后来当了这所学校的校长。一八六〇年,一位名叫弗拉迪斯拉夫·斯科洛多斯基的教师向这位才貌双全的女子求婚。虽然她没钱,却出身世家,虔诚尽责,行动积极,终生职业无虞。另外,她还是个音乐家,会弹钢琴会唱歌,软绵绵的嗓音唱流行歌曲颇令人陶醉。

另外,她长得非常漂亮。从她结婚时的一幅精美照片看,她的容貌漂亮得无可挑剔，发辫又粗又光滑，两道弯眉十分动人，一双灰眼睛像埃及人似的，沉静深邃。

这桩婚事就是人们常说的那种"门当户对"。斯科洛多斯基家也因波兰遭不幸而衰败，属于产业极少的小贵族。他家的祖业在华沙以北大约一百公里的斯科洛迪，这是几个庄园的总称。几个世家都姓斯科洛多斯基。按照昔日非常流行的风俗，庄园主应该授权佃农使用其族徽。

这些家族的自然职业便是耕种土地，遇上混乱时期，田产收获减少，原先的富裕渐渐不存在了。在十八世纪，伏拉迪斯拉夫·斯科洛多斯基的直系祖先拥有好几百英亩土地，生活安乐无虞，几代子孙也享受着富裕的农场主生活，可这位年轻教师的父亲约瑟夫却没享过清福。这位斯科洛多斯基先生渴望改善自家生活，也让自己引为自豪的姓氏重新显赫，于是他弃农从教；战争和革命的波动过后，他在卢布林这座重镇的一所男生中学当了校长。他是这家的第一个文人。

博古斯基和斯科洛多斯基两家子女都多，博古斯基家有六个子女，斯科洛多斯基家有七个。儿女中有当农民的、有当中学教师的、出了一个律师，还有一个出家当修女的……其中也出了几个不务正业的。一个是斯科洛多斯卡夫人的弟弟亨利克·博古斯基，这人对艺术着了迷，自以为天赋过人，决意从事这种最靠不住的行当。斯科洛多斯基老师也有一个类似性情的弟弟。这个乐天派年轻人名叫斯德齐斯拉夫·斯科洛多斯基，是个对一切事情都满不在乎的家伙，先后在彼得堡当过律师，在波兰起义中当过兵，起义失败后亡命法国，在普罗旺斯写诗抒怀，在图卢兹得到了法律博士学位，反正他的命运总是飘忽不定。

父母两家的亲属中，鲁莽的稳重的都有，有的人沉稳有见解，有的人头脑发热爱闯荡。

玛丽·居里的父母都属于明智的那一半人。父亲效仿祖父从教，在彼得堡大学钻研理科，回华沙后在学校教数学和物理。母亲办学相当成功，城里上等人家纷纷把女儿送来上学。她那所女子学校在弗利塔街，全家在教学楼的第二层住了八年。父母住的卧室窗外有长长的阳台，上面的一圈花草十分鲜艳。每天早上，这位当校长的母亲走出卧室，前面几间教室已经回荡着叽叽喳喳的交谈，女学生们在等着上第一节课了。

一八六八年,伏拉迪斯拉夫·斯科洛多斯基离开这所学校,成为诺佛立普基路上那所高中的教师和副督学,他的妻子也不得不适应新的生活了。丈夫有了新工作,得到了分配给他们的新住房,住在这里,她就不可能既照顾自己的五个孩子,又担起校长的职责。斯科洛多斯卡夫人不无遗憾地辞去女子中学的职务,迁出弗利塔街的那所房子。就在搬出这里前几个月,一八六七年十一月七日,她生下了玛丽·居里——也就是昵称玛妮娅的小姑娘。

"哟,安秀佩西奥,睡着啦?"

玛妮娅蜷缩在母亲面前的脚凳上,摇了摇头说:

"没有,妈妈。我醒着呢。"

斯科洛多斯卡夫人伸出轻柔的手指,又摸了摸小女儿的额头。玛妮娅心里清楚,这是妈妈最亲昵的表示了。从玛妮娅开始记事起,妈妈就没有吻过她。她最大的幸福就是蜷缩在尽量靠近母亲的地方,不知所措地体会着母亲迷人的沉思,想从难以察觉的细微表示中感觉妈妈对自己博大的慈爱,以及妈妈对幼小女儿命运的关注。她仅仅希望得到母亲说出一两个字眼,脸上露出一丝微笑,朝自己投来亲昵的一瞥。

她并不懂得母亲为什么疏远自己的孩子们,不明白母亲这么做的可怕根源,然而,斯科洛多斯卡夫人这时已经病入膏肓。玛妮娅出生时,母亲已经露出肺结核的苗头,如今五年过去了,虽然她既请教医生又治疗调养,但病情还是在加重。斯科洛多斯卡夫人是位有勇气的基督徒,决心尽量不让家人留意到她遭受的病痛。她衣着整洁,总是有精有神,一如既往过着家庭主妇忙碌的生活,给大家一个身体健康的印象,不过,她对自己立下严格的规矩,自己使用单独的餐具吃饭,决不拥抱亲吻儿女。斯科洛多斯基家的孩子们对她的可怕疾病所知甚少,只能听见她不时从自己的屋子里传出几声猛烈的干咳,只能偶尔从父亲脸上看到一片忧郁的愁云,发现如今的睡前祷告辞中增加了短短的一句话:"愿主保佑母亲健康。"

年轻的母亲站起身,把孩子抓在自己身上的稚嫩小手推开。

"放开我,玛妮西娅……我忙着呢。"

"我待在这儿好吗?我……我想看书。"

"我看你最好去花园玩,今天天气多好啊!"

玛妮娅一说到看书,脸蛋上就浮出格外羞怯的红晕。一年前全家住在乡下的时候,布罗妮娅觉得独自学习字母无比乏味,灵机一动想拿妹妹作个试验,跟妹妹玩上课游戏,自己当教师。两个小女孩用纸板剪的字母随意拼单词,饶有兴致地玩了好几个礼拜。一天早上,布罗妮娅当着父母的面念一段非常简单的文字,读得结结巴巴。玛妮娅听得不耐烦,从她手中夺过那本书,大声念出那页的第一句。大家一时惊得说不出话来,她心里得意,继续玩这个有趣的念书游戏。突然,她慌了,朝周围扫了一眼,只见父母露出诧异神色,布罗妮娅脸色阴沉,正瞪着她。她含混不清嘟囔着,忍不住抽泣起来,虽然她颇有神童的天才,却只是个四岁的小娃娃。她哭得伤心极了,边哭边喃喃道:

"原谅我……原谅我吧!我不是故意的。不是我的错……不是布罗妮娅的错!只是这段话太简单!"

玛妮娅忽然感到一阵失望,因为学会了念书,大家没准儿再也不会原谅她了。

这次难忘的小事过后,这个小女孩渐渐认准了字母,只是由于父母总是巧妙地避免让她接触书籍,所以她并没有认识多少字。父母是谨慎的教师,害怕自己的小女儿智力发育过早没好处。遇上她伸手指向家里丰富的大字印刷书本,父母就劝她:"去玩玩积木吧……你的布娃娃呢?玛妮娅,给我们唱支歌吧。"今天母亲又对她说:"我看你最好去花园玩。"

玛妮娅朝刚才穿过的那扇门瞅了一眼。里面传来积木落在地板上的哗啦啦响声,还有门子隔不断的喧嚣声。看来没人会陪她散步了。去厨房也没希望找到陪她玩的人,因为她听见厨房里人们闲聊,炉盖叮当乱响,知道佣人们正在准备晚饭。

"我去找苏西娅。"

"随你吧。"

"苏西娅……苏西娅!"

姐妹俩手拉手穿过狭窄的小院子,她们每天都要在这里玩捉迷藏和蒙眼抓人的游戏。经过学校的几座房子后,她们来到一个平整的大花园外,花园有个虫蛀的木大门。

一阵淡淡的乡村泥土气息,透过墙里面的树木和稀疏小草散发出来。

"苏西娅,我们要去兹窝拉了吧,是不是很快就走?"

"不到时候呢,七月前不会去。你还记得兹窝拉?"

玛妮娅有着惊人的记忆力,能回忆起在那里的一切:去年夏天她和姐姐们在那里的小河里划船,一玩就是几个钟头……她们悄悄捏泥巴,把衣服上围裙上溅满了黑糊糊的泥点,然后把捏好的泥塑放在只有她们知道的一块木板上晒……有时候七八个小调皮鬼同时爬上那棵老菩提树,有她们的表兄妹和小朋友们,她还太小,胳膊腿儿不够长,小朋友们就把她举上去……大树枝上垫着凉凉的卷曲白菜叶,枝叶间平铺白菜叶,上面晾开他们带来的醋栗、鲜嫩的生胡萝卜、樱桃……

她还记得在马基的事情,当时约瑟夫去一个燥热的谷仓里学习乘法表,孩子们还想把玛妮娅埋进流动的谷粒堆……那里有斯科兹波夫斯基老爹,他赶大马车的时候,鞭子甩得噼啪响!还有克萨维尔叔叔的马儿……

孩子们每年都能在乡下度过一段让他们着迷的假期。事实上,在这个庞大的家族中,只有一小支住在城里,斯科洛多斯基一家在乡下的亲戚无计其数。每个省里都有姓斯科洛多斯基和姓博古斯基的亲戚在耕种一小片波兰的土地,他们的房屋并不华丽,不过都有富余屋子,可以让教师一家在天气好的日子里住。虽然玛妮娅的家境并不宽裕,可她还是积累了不少度假知识。华沙市民每逢假期就频繁光顾这种廉价的"度假胜地"。到了夏天,两位教师的这个小女儿就变成个能吃苦耐劳的小农民——这倒很符合她的家族根深蒂固的本能。

"我们赛跑吧。我打赌,我准能比你先跑到花园那一头!"苏西娅神色一本正经,俨然在扮演"母亲"角色。

"我不想跑。你给我讲个故事吧。"

论讲故事,谁也比不上苏西娅,就连当教师的父亲和母亲也比不上。她的想象力丰富,能把每一桩轶事、每一个童话故事讲得活灵活现,就像高手演奏的华彩变奏曲。她还自编喜剧小品,兴致勃勃地当着姐妹和弟弟的面表演。苏西娅的创作与表演天赋几乎征服了玛妮娅。玛妮娅入神地听着姐姐讲的神奇冒险故事,时而咯咯发笑,时而浑身颤抖。故事的线索复杂,五岁儿童要想完全听懂并非易事。

两个女孩走上回家的路。她们走到离高中区不远的地方,姐姐本能地放慢脚步,压低声音。苏西娅高声讲出的自编故事并没有讲完,可她不吱声了。两个孩子悄没声地从学校右面一律挂着硬花边窗帘的窗户前面走过。

这是校长伊万诺夫先生家的窗户,他是沙皇政府在这所学校的代表。

波兰人在一八七二年沦为"俄国臣民",命运十分悲惨。感觉敏锐、情绪冲动的知识界更加不幸,对于强加给波兰人的屈辱,这些人比社会其他阶层更感到痛苦,也从来没有停止过酝酿反抗。

整整一个世纪之前,波兰的国力大大衰落,几个贪婪而强大的邻国君主决定了波兰毁灭的命运,一连三次入侵后,德国、俄国和奥地利将波兰肢解吞并掉了。波兰人组织过几次反对压迫者的起义,结果却是将囚禁自己人民的锁链捆得更紧。一八三一年英勇的革命过后,沙皇尼古拉饬令,在波兰的俄国占领区采取严厉报复手段。大批爱国者被监禁、被流放,财产被没收……

一八六三年又举行了一场起义,结果导致了又一次灾难。起义者手中只有铁锹、镰刀、木棍,他们的对手沙皇军队却有马枪。拼死斗争持续了十八个月,最后,五位起义领袖被吊死在华沙城墙的绞架上。

那以后,俄国采取种种手段,压迫不愿屈服的波兰人民。大批上了枷锁的起义者被押送到西伯利亚流放地,同时,大批警察、教师、官吏像潮水般涌进波兰各地。他们的使命是监视波兰人民,迫使人民接受他们的宗教,查禁可疑书籍和报纸,渐渐废除使用波兰的民族语言……总之,他们要摧毁人民的意志。

但是,在另一个阵营里,抵抗活动的组织十分迅速。由于那几次灾难经历,波兰人明白无法通过武装斗争重获自由,至少眼下还不行。因此,他们的任务就是等待时机,并且在等待时期消除人们的怯懦和灰心情绪,这两种情绪是十分危险的。

因此,战斗的形式改变了。以前的英雄是手持镰刀冲向哥萨克人的勇士,他们牺牲前就像著名英雄路易斯·纳尔布特一样,高喊:"为祖国牺牲多么幸福!"而现在的英雄则是艺术家、牧师、学校教师等有识之士,新一代的思想要靠他们来引导。这些人的勇气在于忍辱负重,在于迫使自己以伪装的身份留在沙皇能够容忍的位置上,秘密影响青年一代,引导爱国者。

因而，在整个波兰的所有学校中，一方是斯科洛多斯基这样的被征服受压迫的教师，另一方是伊万诺夫这种当密探的征服者校长，两方面看上去情深谊笃，骨子里却相互敌对。

在诺佛立普基路上的这所学校中，统治者伊万诺夫尤其可恶。他对自己的属下毫不留情，教师们被迫教本国学生学习俄国语言，伊万诺夫对教师们软硬兼施，有时用甜言蜜语恭维，有时则野蛮训斥。这是个无知的家伙，一时兴起也会检查走读学生的作文，追查小男生一时疏忽流露出的"波兰词语"。有一天老师为自己的学生辩护，平静地对校长说：

"伊万诺夫先生，孩子出错纯属疏忽……其实你写俄文也会出错，而且常常会出错。我相信你也像这些孩子们一样，不是故意要出错。"这以后，校长与斯科洛多斯基老师的关系就变得非常冷淡。

苏西娅与玛妮娅散步回家后悄悄溜进父亲的书房，父母正在谈论这位伊万诺夫。

"你还记得二年级男生上星期在教堂做弥撒的情形吗？当时的话题是'神保佑他们实现自己最热切的愿望'。他们自行募捐支付这次弥撒的费用，还不愿把自己特别的愿望告诉牧师。昨天，小巴金斯基把实话都对我说了，他们听说伊万诺夫的女儿得了伤寒，因为他们恨这个校长，就专门做弥撒咒他的女儿送命！要是那个倒霉的牧师知道了真情，准会为自己卷入孩子们的阴谋大呼上当！"

斯科洛多斯基先生为这事感到喜悦，可他的妻子是个虔诚的天主教徒，并不感到可笑。她低头做手头的粗笨活计。斯科洛多斯卡夫人拿着割皮刀和锥子，正在做鞋子。她从来没觉得有什么活计自己不该做，这是她的一种特殊性格。几次怀孕加上生病，她只好待在屋里，便学会了鞋匠手艺。孩子们的鞋子很快就磨坏了，学会这手艺后，除了买皮子就用不着花买鞋的钱了。毕竟生活是艰难的……

"玛妮西娅，这双鞋是给你的。你看，穿上这双鞋，你的一双小脚一定非常好看！"

玛妮娅望着母亲那双纤长的手切下鞋底，吃力地用线来回缝。她父亲刚刚在旁边那张扶手椅上舒舒服服坐下，这是他最喜爱的座位。要是能爬上父亲的膝盖，把他仔细打好的领带弄乱，要不就拽拽他和蔼大脸周围的棕色胡须，那一定很有趣。

可是大人们正在谈论非常烦人的话题："伊万诺夫……警察……沙皇……流放……密谋……西伯利亚……"自从玛妮娅来到这个世界上，就天天听到人们说这些字眼，她隐隐约约感到这是些可怕的事情，本能地躲避开，不愿提前弄明白。

这个小女孩沉浸在自己幼稚的幻想中，转身离开父母，不听他们穿插在割皮声和钉鞋声中的低声亲昵交谈，扬起脑袋在屋子里到处走动，活像马路上无所事事闲逛的人，在自己特别喜欢的东西前停住脚步。

这是全家最好的一间屋子，至少玛妮娅觉得这里最有趣。那张红木写字台是法国样式的，那把覆盖着结实红丝绒的扶手椅是复辟时期的式样，这些让她心里充满了敬意。这些家具多么清洁光亮啊！将来玛妮娅长大上学了，就能在这张教师备课用的大办公桌上占有一个位子，这是斯科洛多斯基老师的办公桌，每天下午孩子们都聚在周围做作业。

屋子一侧的墙壁上挂着一幅神色庄严的主教画像，金色的画框非常笨重，他们家认为这画出自提香①之手，当然只有他们家有此看法。玛妮娅对这画不感兴趣，她欣赏的是桌子上那只胖嘟嘟亮闪闪的翠绿色孔雀石座钟，还喜欢一位表哥前一年从意大利巴勒莫带来的圆桌。桌面的图案像个棋盘，每个小方格都是用纹理不同的大理石镶嵌的。

小姑娘从一个架子旁绕过去，这个架子上陈设着一个饰有路易十八慈眉善目画像的法国塞夫勒瓷杯。大家一再告诉玛妮娅不要碰这架子，她见了这东西就觉得害怕。最后她在自己最喜爱的宝贝跟前停下脚步。

其中一个是挂在橡木壁板上的精密气压计，白色度盘上，镀金长指针闪闪发亮。在某些日子里，教师就在聚精会神的孩子们面前仔细调整它，把它擦拭干净。

另一个是装满了精美奇怪仪器的玻璃门柜子，里面有玻璃试管、小天平、矿物标本、还有个带金箔的验电器……斯科洛多斯基老师以前常带着这些东西进教室，但是，由于政府减少了科学课程的课时数，这个玻璃门柜子就总是紧紧关闭着。

---

① 提香(1477？—1576)：文艺复兴时期意大利威尼斯画家。

玛妮娅想不出这些神奇的小东西有什么用。一天,她踮着脚尖,望着里面的东西,不禁着了迷。爸爸扼要地告诉她这些东西的总称:"物理……实验……仪器"。

多滑稽的名字啊!

她没有忘记这个字眼,因为她从来不会忘记任何事情。她当时兴致正浓,就把这几个字眼当作歌谣哼唱。

第二章　黑暗的日子

"玛丽亚·斯科洛多斯卡。"

"到。"

"概述一下斯塔尼斯拉斯·奥古斯特的事迹。"

"斯塔尼斯拉斯·奥古斯特·波尼亚托夫斯基于一七六四年被推选为波兰国王。他非常英明，受过良好的教育，与艺术家和作家交朋友。他了解造成波兰王国衰落的种种弊端，努力纠正国家的混乱状态。不幸的是，他是个缺乏勇气的人……"

站起来回答问题的女学生看上去与其他同学没什么两样，不过，她背诵课文时语调清晰，口吻坚定。她的座位在第三排，靠近一扇大窗户，窗外是萨克森尼花园白雪覆盖的草坪。这个十岁小女孩身穿寄宿学校的海军蓝哔叽制服，系着铁纽扣，戴着浆硬的白领子，举止显得拘谨。昵称叫做安秀佩西奥的小姑娘原来是一头乱蓬蓬的卷发，现在梳成紧紧的发辫，末端扎着一条窄丝带，两边散乱的卷发拢到娇小可爱的耳朵后面，一张任性的小脸蛋看上去显得没什么特别。她姐姐海拉坐在旁边的座位上，海拉也梳了一条发辫，只是比妹妹的辫子粗一点，卷发的颜色也深一些。整齐划一的制服、严格简朴的发型，这是西科尔斯卡小姐"私立学校"的规矩。

坐在前面椅子上的教师安妥尼亚娜·杜巴尔斯卡小姐身穿的服饰也不轻佻。她身穿黑绸上衣、鲸须衣领，绝对不属于流行款式。这位小姐根本谈不上美丽，她脸色阴沉，神情粗野，长相丑陋，不过倒能激起别人的同情。平常人们以"杜普西娅"称呼杜巴尔斯卡小姐，她是算术和历史教员，兼任学监,因此有时不得不采用强制手段,对付小斯科洛多斯卡的独立精神和固执性格。

不过,她低头望着玛妮娅的时候,眼神中还是充满了慈爱。她怎么能不为如此出色的学生感到自豪呢! 这个学生比所有同班同学都小两岁,可她学习任何课程都似乎不觉得困难,算术第一、历史第一、文学第一、德语第一、法语第一、课堂回答第一……

教室里鸦雀无声——甚至还不只是鸦雀无声而已。历史课上有了一种激越的热烈气氛。二十五个一动不动的年轻爱国者露出激昂的眼神,杜普西娅老师绷起脸显出庄严神色,大家都反映出真诚的热情。提到多年前逝世的一位国王,玛妮娅的背诵口吻变成了诵诗般的声调,带着特别的激情。

"不幸的是,他是个缺乏勇气的人……"

相貌平平的女教师在用波兰语教波兰史,她和过分严肃的学生都露出一种神秘的表情,仿佛大家都是一桩密谋计划中的同盟。

突然,大家都像密谋败露时的同盟者一样惊得目瞪口呆:楼梯那边传来一阵电铃声。

两声长,两声短。

断续的信号立刻引起一阵骚动。杜普西娅警觉起来,匆匆收拾起铺开在椅子上的书籍,大家行动敏捷,七手八脚把波兰文的书籍和笔记本从课桌上收拾起来,放进四个动作敏捷的女生围裙里,四个女孩托着围裙穿过一扇通往寄宿宿舍的小门。接着是一阵挪动椅子的声音和课桌打开又关上的声音……四个女生气喘吁吁跑回来,坐在自己的位置上。这时,通往前厅的门慢慢推开了。

霍恩伯格先生出现在门口。他身穿做工讲究的镶边制服——黄色长裤、蓝色上衣、衣服上的纽扣闪闪发亮。霍恩伯格是华沙城各私立寄宿学校的巡察官。他身材粗壮,留着德国式样的头发,一张肥胖的脸上两只锐利的眼睛从金边眼镜后面扫视着。

这个巡察官望着学生,一句话也不说。陪在他身旁的是校长西科尔斯卡小姐,她也望着大家,表面上十分镇静,不过显得稍有些焦虑。今天的信号发得太晚了,工友刚刚发出信号,霍恩伯格就抢在带路人前面登上楼梯,闯进教室。不知道是不是一切都安排好了。

一切都安排好了。二十五个小姑娘正低头做女红,指头上戴着顶针,在一块块毛边方布上仔细练习锁扣眼,线缝得无可挑剔。空荡荡的书桌里除了剪刀和散乱的线轴外,什么别的东西也没有。杜普西娅脸色发青,额头上青筋暴露,双手支在前面的讲台上,面前放着一本打开的书,是用合法文字印的。

女校长口吻平静地说:"巡察官先生,孩子们每星期上两小时缝纫课。"

霍恩伯格朝教师走去。

"你刚才在大声朗读,小姐。读的是什么?"

"克雷洛夫的《寓言》。我们是今天才开始学的。"

杜普西娅的回答十分镇静,脸色也渐渐恢复了常态。

霍恩伯格一副漫不经心的模样,伸手打开旁边一张书桌的盖板。里面什么也没有。没有纸张,没有书本。

女孩子们缝完最后一针,把针别在布上,结束了缝纫活儿。大家双臂交叉,坐在座位上一动不动。学生们身穿同样的深色服装,戴着白衣领,二十五个女孩的面孔仿佛突然变得成熟了,坚定的神色下面掩盖着恐惧、狡黠和憎恨。

霍恩伯格先生一屁股跌坐在杜巴尔斯卡小姐让给他的椅子上。

"请你叫一个女孩过来。"

坐在第三排的玛丽亚·斯科洛多斯卡本能地把惊慌的小脸扭过去望着窗外。心里在默默祈祷:"上帝,求求你,让别人去吧……别叫我……别叫我。"

可她知道得很清楚,叫的人准是她。每次政府巡察官员来,都会叫她回答问题,因为她了解的东西最多,而且俄语讲得最标准。

听见叫她的名字,她站起身。她觉得燥热,又觉得浑身冰凉,一阵强烈的屈辱感让她的喉咙哽噎了。

"背诵祈祷文。"霍恩伯格先生生硬地说,他的态度显出冷漠和厌倦。

玛妮娅不带任何感情色彩地背诵了"我们的在天之父",不过内容完全正确。沙皇发明的最微妙的一种侮辱方法,就是迫使波兰儿童每天用俄语念天主教祈祷文。因而,在假装尊重波兰人信仰的借口下,他其实在亵渎他们的自豪感。

一片寂静。

"说出叶卡捷琳娜二世以后统治我们神圣俄罗斯的皇帝名字。"

"叶卡捷琳娜二世、保罗一世、亚历山大一世、尼古拉一世、亚历山大二世。"

这位巡察官感到满意。这孩子记性不赖。发音真棒,简直像是在圣彼得堡出生的。

"说说皇族的名字和称号。"

"女皇陛下、亚历山大太子殿下、大公殿下……"

听她按序说完一长串名字,霍恩伯格脸上露出淡淡的微笑。心想,真是太好了。这家伙既看不出也不愿留意玛妮娅心中的痛苦,她板起面孔,竭力掩盖起心中的反抗情绪。

"沙皇在爵位品级中的尊称是什么?"

"陛下。"

"那么我的尊称该是什么?"

"阁下。"

巡察官喜欢提这些等级上的小问题,觉得比算术或拼写更重要。出于自己消遣取乐的原因,他再次问道:

"我们的统治者是谁?"

校长和学监都垂下眼皮盯着手里的花名册,为的是掩饰眼中的怒火。回答有些迟疑,霍恩伯格恼火了,再次大声问道:

"是谁在统治我们?"

"亚历山大二世陛下,全俄罗斯的沙皇。"玛妮娅的声音露出痛苦,脸色变得煞白。

提问结束了,这位官员点了点头,起身离开座位,朝隔壁教室走去。西科尔斯卡小姐陪在后面。

杜普西娅抬起头。

"过来,我的小人儿……"

玛妮娅离开自己的座位,走到老师跟前,女教师一句话也没说,俯身动

情地亲吻着她的额头。教室里的生命重新复活了,这个神经几乎绷断的波兰小女孩突然放声大哭起来。

"巡察官今天来过!巡察官今天来过!"

情绪激动的孩子们放学时纷纷把这则消息告诉等着接她们回家的母亲和保姆。在今冬第一场雪覆盖的人行道上,一群群包着头巾的小姑娘和身穿毛皮大衣的成人很快散去。她们说话时全都压低声音,每一个闲散的路人、每一个玻璃橱窗前闲逛的人都可能是警察的密探。

来接两姐妹的是米哈洛夫斯卡夫人,就是卢西娅姑妈。海拉兴致勃勃对她说起上午发生的事情。

"霍恩伯格向玛妮娅提问,她的回答棒极了,可她后来哭了。这个巡察官好像没有批评任何一个班。"

海拉情绪激动,喋喋不休低声说个没完,可玛妮娅只是静静地跟在姑妈身边走着。巡察官盘问她之后已经过了好几个钟头,可这个小女孩仍然觉得难受。她憎恨这些突如其来让她感到的惊恐,搞这种表演不得不说谎,她感到屈辱,说的都是谎言……霍恩伯格的视察让她今天更加深切地感到了悲哀。难道她还能回忆起自己曾是个无忧无虑的顽童?一系列的

018

不幸接连朝斯科洛多斯基一家袭来,玛妮娅觉得,过去四年简直如同一场噩梦。

先是妈妈带着苏西娅去了法国尼斯。大家对玛妮娅解释说:"妈妈医治后,病就全好了。"一年后母女再次见面,她几乎不相信这个被命运无情捉弄的衰老妇人就是自己的母亲……

接着,一八七三年秋季,他们度假回来那天是个难忘的日子。斯科洛多斯基先生带着全家返回来,见书桌上摆着一封公函:奉当局命令,降低他的薪水,革去他副督学的职务,依职务分配的住房也一并取消。他被降职了。这是伊万诺夫校长在报复他,报复这位不愿奴颜婢膝服从命令的下属。这场战斗他打胜了。

后来,斯科洛多斯基一家搬迁过几次,最后定居在诺佛立普基路和加迈利特路交叉口一所拐角套房里。原来恬静亲密的生活环境渐渐为贫困打破了。斯科洛多斯基老师开始收寄宿学生,起初是两三个学生,后来增加到五个、八个、十个,都是他自己的学生。他在家里供给他们食宿,对他们个别辅导。这个家变得像个吵闹的磨坊,家庭生活的亲密气氛消失了。

家里不得不做出这种安排,一来是因为斯科洛多斯基先生降了职,二来还因为他必须做出牺牲才能支付妻子在法国里维埃拉疗养的费用。迫于急需金钱,这位向来谨慎的教师听从了一个倒霉蛋内弟,冒险投资一种所谓"神奇"蒸汽磨坊,结果全部积蓄三万卢布很快便丧失殆尽。此后,他为过去的愚蠢懊悔,为将来的前景担忧,时时心中内疚,不断责备自己,悔不该把家境搞得如此贫穷,不该弄得女儿们没有了嫁妆。

不过,玛妮娅突然真正认识到家庭的不幸,还是在两年以前。当时一个寄宿生把斑疹伤寒传染给布罗妮娅和苏西娅。接下来的几个星期真可怕!在一个屋子里,母亲尽量控制住自己的阵阵狂咳;在另一个屋子里,两个小女孩发着高烧,浑身颤抖,不停地呻吟。

在一个星期三,当教师的父亲把约瑟夫、海拉和玛妮娅带去最后一次看他们的大姐姐。苏西娅身穿白色衣服,躺在灵柩中,脸上毫无血色,仿佛还露出一丝微笑,头发剪得很短,但容貌仍然非常美丽。

这是玛妮娅第一次见到死人,也是平生第一次身穿黑色小外衣给人送葬。布罗妮娅尚未痊愈,趴在枕头上哭,斯科洛多斯卡夫人也因为身体虚弱得不能出门，只能隔着窗户目送自家孩子的棺木沿加迈利特路缓缓运走。

"孩子们，我们要多走一段路。我要趁大冷天到来之前买些苹果。"

这位好姑妈卢西娅带着她的侄女们，步履轻快地穿过萨克森尼花园。在这个十一月的傍晚，花园里几乎一个人也没有。她总是找各种借口，想让孩子们多呼吸点新鲜空气，尽量让孩子们远离患肺结核的母亲居住的狭小房子。万一她们也传染上可如何是好！海拉看上去很健康，可玛妮娅却面色苍白，神情忧郁。

三个人走出花园后，来到华沙的旧街区，玛妮娅就出生在这个地方。这儿的街道比新城区有意思多了。在旧米亚斯托广场附近，一个个白雪覆盖的倾斜大屋顶下，灰色楼宇正面装点着无数雕饰：精致的檐口、圣徒的面部雕像、表示客栈或商店的动物形象等。

冰冷的空气中，教堂钟声此起彼伏，声调各异。这些教堂让人回忆起玛丽亚·斯科洛多斯卡整个逝去的童年时光。她在圣玛丽教堂受洗礼。她第一次领圣餐是在多米尼加教堂，那是个值得纪念的日子，玛妮娅和表姐亨利埃塔都发誓不让牙齿接触到圣餐饼干……小姑娘们还常常在星期日去圣保罗教堂，听神父用德语讲道。

寒风刮过的新米亚斯托广场空空荡荡，玛妮娅对这里也很熟悉。她家搬出那个体育场后，曾在这附近住过一年。当时，她天天跟母亲和姐姐们去圣母小教堂。那是个奇特而迷人的教堂，台阶都是用红色石块砌成的，几个世纪的践踏磨蚀了台阶，方尖塔和教堂主体建筑越往上越宽大，最高处可俯瞰下面的河流。

卢西娅姑妈做了个手势，两个小姑娘今天又一次走进这座教堂。穿过狭窄的哥特式大门后往前走了几步，玛妮娅便颤抖着跪倒在地上。不能随苏西娅一起到这里来，让她心中十分痛苦。如今，苏西娅已经与世长辞，上帝毫不怜悯的母亲也受到莫名其妙的磨难不能前来。

玛妮娅相信，自己的祈祷再一次传进了上帝的耳朵。她热烈恳求耶稣把生命赐给她在世界上最爱的人。她向上帝表示，只要能拯救斯科洛多斯卡夫人，她愿意献出自己的生命，替妈妈去死。卢西娅姑妈和海拉靠在她旁边，也在俯首低声祈祷。

三个人分别走出教堂,一起沿高低不平的台阶拾级而下,朝河边走去。宽广的维斯杜拉河展现在她们面前,黄水滚滚,浊浪翻腾,流过河中沙洲,拍击不规则河岸边洗衣服用的澡盆和木筏。夏日里一群群快乐的青年泛舟的划艇此时全系在河边,船具都卸掉了。河边只有运苹果的货船停靠处是热闹的地方。走到跟前,见这里有两条运苹果的货船,船货很沉,船沿几乎贴近水面了。

船长身穿厚厚的羊皮袄,推开一捆捆防冻的柔软干草,让人们看他的货色。只见下面的红苹果个个闪闪发亮。船舱里装满成千上万的苹果。苹果是从维斯杜拉河上游美丽的喀兹米尔兹城运来的,经过许多个日日夜夜的长途航行才运到这里。

"我要去挑苹果!"海拉嚷道,玛妮娅立刻学着她的样子,把手从暖手筒里抽出来,放下肩膀上背的书包。

这次活动比任何事情都更让两个小姑娘高兴,其中的每一个细节都让她们着迷。她们把一个个苹果拿在手里,翻来覆去仔细察看,通过检验的便丢进一个大柳条筐里,发现了烂苹果就使出全身力气扔进维斯杜拉河,望着红红的果子沉下去。等到柳条筐装满了,才抓起一只最好的苹果下船。苹果又冷又脆,咬一口味道美极了。卢西娅姑妈讨价还价付了款,然后从一群脸上长着雀斑的顽童中找一个帮忙,把这筐珍贵的食品送回家。

时间是五点钟。吃完茶点后,佣人收拾干净桌子,点上煤油吊灯。工作的时间到了。寄宿学生三三两两聚在他们居住的屋子里。教师的儿女们就待在兼做书房的餐厅里,打开书本和练习册。几分钟后,房子里到处都响起了烦人的嗡嗡读书声。在许多年里,这一直是这所房子里的生活主旋律。

往往有几个学生禁不住要结结巴巴念出拉丁语的诗句、历史事件的日期、问题的答案等等。在这座知识工厂的每一个角落里,都有人在呻吟,在痛苦挣扎。功课实在太难了!斯科洛多斯基老师不得不常常安慰产生绝望情绪的学生,这些学生用本国语言完全能理解一种论证,可使用官方语言俄语写的东西却费尽心机也弄不懂,要想用俄语复述出来就更无可奈何了。

小玛妮娅却没有体会过这种苦恼。她的记忆力超常,同学们见她一首诗歌只要念上两遍，就能一字不落地背诵出来，以为她是骗她们，指责她背地里悄悄学诗歌。可她完成其他作业也比她们快得多，往往因为完成作业后无所事事，或者出于善良天性，帮助功课吃力的同伴解决困难。

她最喜欢做的事还是读书，今天晚上她就是这样，拿着一本书坐在大桌子旁边，胳膊肘支在桌子上，两手捂着额头，两个拇指堵住耳朵，免得听到海拉的嚷叫。海拉要是不大声朗读，就不能温习功课。不过，玛妮娅的预防措施纯属多余，因为她读书只要读进去，就再也感觉不到周围发生的事情了。

全神贯注是这个健康女孩的唯一特长，这也让她的姐姐和朋友找到了拿她取乐的把柄。有十几次，布罗妮娅与海拉合谋在妹妹周围发出让人难以忍受的喧闹，却从来不能让她抬起头看一眼。

今天，她们想要使用一种特别手腕，认为肯定管用。卢西娅姑妈的女儿来访，这也引起她们特别想搞恶作剧的冲动。两个姑娘踮着脚尖走过去，在全神贯注读书的玛妮娅周围用椅子堆成个架子。先是每边放两把椅子，然后再往上垒一把，然后在这三把椅子上再堆两把，最后在上面横放一把椅子盖个顶。完事后两姐妹退避开假装在做作业，等着看笑话。

她们不得不等待很久，因为妹妹什么都没有发现，既没有注意到她们的窃窃私语，也没有留意她们压抑的嗤笑声，甚至对脑袋上方的椅子投下的阴影都没感觉到。这种状况一直保持了半个钟头，玛妮娅受到威胁，一个不稳定的金字塔就要在她脑袋上方坍塌，可她丝毫也不知道。等到读完了一章，她合上书抬起头——椅子堆如海啸地震般坍塌了，落在地板上蹦跳着。海拉乐得又笑又叫，布罗妮娅和亨利埃塔灵活地跳起身做防御准备，怕她反扑过来。

可是玛妮娅一动也没动。她根本不会发火，可是，这种吓人的恶作剧也没让她觉得有什么好笑。她一双灰色眼睛露出的神色仿佛突然惊醒的梦游者。一把椅子砸在她左肩上，她揉了揉肩膀，捡起书走向隔壁，从几个"大姑娘"跟前走过时，只是简单说了句：

"真荒唐！"

"大姑娘"们对这句结论并不满意。

也许只有在这种完全忘我的境界下，玛妮娅才能找到她童年时期感到无比惊奇的事物。她如饥似渴地见什么读什么，诗歌、学术著作、冒险故事、从父亲的图书馆里借来的技术著作等等。

虽然时间不长，但她可以不时将心中阴沉沉的愁绪排遣一下，暂时忘记俄国密探，忘记霍恩伯格的巡察，忘记沉重负担给父亲留下的愁容，忘记家里的嘈杂，也忘记了每天黎明就得揉着惺忪睡眼摸黑从漆布沙发上起床，好让寄宿生在她和哥哥姐姐们睡觉的餐厅里吃早饭。

她忘记了恐惧，忘记了对压迫者的恐惧，忘记了宗教上的恐惧，忘记了对疾病和死亡的恐惧。她本能地渴望逃避这种令人窒息的"气候"。

然而这种时候十分短暂，她的意识一恢复，一切痛苦立刻回到她心中——首先是母亲的疾病给这个家带来的永恒阴影。母亲以前那么美丽，如今却只剩一个影子了。大人们对玛妮娅说许多安慰的话语，可她已经清楚地感到，自己热烈的敬慕、无限的热爱、虔诚的祈祷都无法防止可怕的结局，而且现在越来越近了。

斯科洛多斯卡夫人也想到自己不久于人世，设法防止自己的去世影响全家的生活。一八七八年五月九日这天，她请求医生别再照顾自己，并把牧师请来。只有牧师应该了解这位基督徒的灵魂，了解她要将四个孩子交给挚爱的丈夫照料，了解她对孩子们未来的焦虑，可她如今不得不撇下他们，而小玛妮娅才刚刚十岁……

当着家人的面，她尽量只显出平静神色，在弥留之际的几个小时里，她的外表极其典雅。她如愿以偿地在清醒安详中死去了。当时她的丈夫和儿女都在那间整洁的屋子里，环绕在她的病榻前。她的一双灰色凤眼已经黯淡，逐个注视着受尽哀愁折磨的五张脸孔，这个临终的女人感到自己造成了他们如此巨大的痛苦，因此仿佛在请求他们原谅。

她打起精神向他们逐一告别。最后越来越有气无力。剩余的精力只允许她作一个手势，说短短一句话了。她伸出剧烈颤抖的手，在空中划了个十字，表示对大家的祝福，对送别她的丈夫和孩子们喃喃地一口气说出："我爱你们。"

玛妮娅又一次穿起黑丧服，心里怀着悲痛，在加迈利特路上那所房子里悲哀地走来走去。如今，生活发生了变化，她一时不能习惯：布罗妮娅住在母亲生前住过的房子里，只有海拉和她仍然睡在漆布沙发上；父亲匆匆雇来一名管家,每天来对佣人发号施令,决定寄宿生的膳食,粗略照顾一下孩子们的衣着。斯科洛多斯基先生把全部空余时间都花在陪伴自己儿女身上,可他对孩子们的体贴比较笨拙,虽然十分感人,却不过是男人的照料而已。

玛妮娅懂得了生活的残酷。对民族是残酷的,对个人是残酷的……

苏西娅死了。斯科洛多斯卡夫人死了。她失去了母亲的慈爱,失去了大姐姐的保护,在这种环境中,她慢慢长大,却一次都没有抱怨过,她从不抱怨自己的生活。她有一颗骄傲的心,不肯听天由命。她跪在以前母亲带领下走进的天主教堂时,心中隐隐升起了反叛的想法。她不再对上帝怀有原先那种敬爱,上帝是不公正的,他强加给她如此巨大的打击,毁灭了她生活中的快乐、幻想和美好的事物。

第三章　青年时期

每一个家庭的历史上都有蒸蒸日上的全盛时期。不知由于何种神秘的原因，总会出现空前绝后的一代人，这一代人要么天赋过人，要么活力超群，要么美貌出众，要么成功显赫。

这一时期终于降临到斯科洛多斯基的家庭了。尽管他家屡遭厄运，尽管死神夺走了苏西娅，但是，母亲患结核病，当教师的父亲疲惫不堪，养育的其余四个青春少年却蕴藏着锐不可当的力量，他们要战胜逆境，克服重重障碍，成为非凡的人物。

一八八二年春天的一个早上，他们围在桌子四周吃早饭，看上去一个个出类拔萃。海拉已经十六岁了，她身材颀长，举止娴雅，无疑是这家的"美女"；布罗妮娅一头金发，面庞像盛开的花朵一样鲜艳；年龄最大的约瑟夫身穿学校制服，体格健壮得像北欧运动员。

还有玛妮娅……我们必须承认，她这时体重有所增加，身上穿的制服十分合身，显得并不太瘦。由于她是家里最小的孩子，因此当时美貌还不及两个姐姐，不过她的神色与大家一样，生气勃勃，情绪愉快，像其他波兰女子一样，目光明亮，头发光润，皮肤白皙。

这时只有两位姐妹还身穿学校制服：海拉像西科尔斯卡学校忠实的学生那样身穿蓝制服，但玛妮娅身上穿的是栗色制服，她自从十四岁就成为一所公立中学的优等生，三姊妹中年龄最大的布罗妮娅就是一年前从这所中学毕业的，当时她以优异成绩赢得一枚金奖章和许多其他荣誉。

布罗妮娅已经不再是中学女生了，如今出落成个"年轻淑女"，取代了那个令人不快的管家,在家操持家务。她管理账目,照料寄宿生。虽然房客的面孔和姓名在变化,但家里一成不变地永远住着寄宿生。她把头发挽成个发髻,穿起长裙,还装了裙撑,拖着裙裾,衣服上缀了许多装饰用的小纽扣,俨然像个成年女子了。

约瑟夫从男子中学毕业时,也像布罗妮娅一样获得了金奖。这位年轻人如今在大学的医学系学习,他的妹妹们全都羡慕他,也嫉妒他的运气。斯科洛多斯基家的三个姑娘个个胸怀抱负,急不可待地想要在知识界崭露头角,对华沙大学禁止女子入学的规则满腹牢骚。这所"沙皇的大学"其实很平庸,教师都是些野心勃勃的俄国人和奴颜婢膝的波兰人,但是哥哥讲起大学生的生活,她们还是听得津津有味。

饭桌上的谈话并不影响他们的食欲,桌子上的面包、黄油、奶油和果酱最后都像变魔术般消失得一干二净。

"约瑟夫,今晚要上舞蹈课,你要作我们的舞伴呢!"海拉从来不会忘记正经事,"布罗妮娅,你觉得我的服装熨好了还行吗?"

"你没有别的服装,不行也得行,"布罗妮娅的说法十分达观,"至于行不行,等你三点钟回家的时候再看吧。"

"你的裙子非常漂亮。"玛妮娅明确表示道。

"这事你不懂。你还太小。"

四个兄妹分手了。布罗妮娅收拾桌子,约瑟夫把笔记本夹在胳膊下面走了,海拉和玛妮娅慌慌张张跑进厨房。

"我的黄油面包片放哪儿了……我的香肠……黄油呢?"

两个年轻姑娘虽然吃过丰盛的早餐,却还是一心想着食物。她们把十一点钟午休时吃的午饭装在一只布袋子里,有面包、一只苹果,两条美味的波兰香肠。

玛妮娅把午饭装好,背起书包。

"快点!不然就误了约会啦!"海拉一边嘲弄,一边做好了准备。

"不会的,误不了,现在才八点半。再见!"

下楼梯的时候,她超过了父亲的两个寄宿学生。他们没她那么急,不过也是去上学的。

中学、寄宿学校、走读学校……玛妮娅·斯科洛多斯卡的青年时期就是伴随着这些字眼度过的。斯科洛多斯基先生在中学教书,布罗妮娅刚刚从中学毕业,玛妮娅正在去中学上学的路上,约瑟夫在大学上学,海拉在西科尔斯卡小姐的寄宿学校上学。就连他们家的现状也在某种意义上成了个学校。在玛妮娅的成长过程中,她准是把宇宙都想象成一个巨大的学校,其中只有教师和学生,其中高于一切的思想只有一个:学习。

从沉闷的加迈利特路搬家到莱施恩街后,家里住着寄宿生不太让人难以忍受了。这里的住房很美,房子正面颇有特色,静谧的院子里只有鸽子在低声咕咕叫,五叶地锦藤一直爬到阳台上,二层楼十分宽敞,斯科洛多斯基家的人自己占用其中四间屋子,不必与寄宿的男孩搅在一起生活了。

莱施恩街上,宽阔的人行道两旁矗立着相当豪华的房子,使这条街显得十分体面。也就是说,这里没有斯拉夫特色。在这片几近高雅的居民区里,处处都让人联想到西方情调:从他们家对面的加尔文教派的教堂,到利芒斯卡路上带有柱廊的法国式建筑物——这是拿破仑在波兰受到尊崇的证据,时至今日,这种崇拜情绪依然存在。

玛妮娅背着书包,匆匆走向扎莫伊斯基伯爵的公馆"蓝宫"。她避开铁栅栏正门,穿过一个门口有铜狮子的老院落走进去。她猛然收住脚步。院子里空无一人。

一个亲切的声音在招呼她。

"稍等一下,玛妮西娅,亲爱的……卡齐娅这就下来。"

"哦,夫人,谢谢您!早安夫人!"

普希波罗夫斯卡夫人从一二层之间的一扇窗户里探出头来与她打招呼,这位夫人是扎莫伊斯基伯爵图书馆管理人的妻子,她一头光亮的黑发挽成个髻盘在头顶上,慈善的目光望着下面这个活泼的圆脸小姑娘,两年来,斯科洛多斯基家这个姑娘一直是她女儿最要好的朋友。

"今天下午你一定要来陪我们吃茶点。我要给你做些小点心,还有你喜爱的冰巧克力!"

"你当然必须来吃茶点!"卡齐娅一边嚷着,一边跑下台阶,拉住朋友的胳膊,"玛妮娅,我们得走啦,要迟到了。"

"没错。我刚才正想翻起狮子嘴里的铜环呢。"

玛妮娅每天早上来找卡齐娅上学,地点在她家门廊下面。要是卡齐娅不在约会地点，她就把狮子嘴里沉重的铜环翻起来套在狮子鼻子上，然后独自去学校。卡齐娅看见铜环的位置，就知道玛妮娅已经来过，要想赶上她就得紧跑几步。

卡齐娅非常娇媚迷人，从来心情愉快，情绪高涨，她是个幸福的小姑娘，受到父母的百般宠爱。普希波罗夫斯基夫妇也很宠爱玛妮娅，把她当成自己的女儿，努力让她忘记自己是个没娘的孩子。尽管两个姑娘都身穿栗色制服，但是从外表上许多细微的地方还是很容易看出两人的差异：一个是受宠的孩子，妈妈仔细为她梳头，每天为她系好丝带；另一个只有十四岁半，却像个家里没人照料的成熟姑娘。

两个姑娘手挽手穿过狭窄的扎比亚街。自从昨天一道吃茶点之后，两人就没见过面，所以有无数要紧话要说！她们的千百个闲话话题都与克拉科夫斯基大道上自己中学里的事情有关。这是一所俄国人办的学校，起初是面向政府机关德国职员的子女，因而保留了许多德国式的纪律和传统。

离开西科尔斯卡小姐的纯波兰式女子学校，在一所以俄国精神统治的公立学校上学，这种变化是很大的。但这种变化又是必需的，因为只有皇家中学颁发的文凭才受到承认。玛妮娅和卡齐娅在学校里以各种方式嘲弄来自俄国的教师，也取笑她们讨厌的德语教师帕斯特·梅丁，但最让她们恨之入骨的是那个可恶又可恨的学监迈耶小姐。

这个名叫迈耶的女人五短身材，脸色阴沉，头发油腻，脚登间谍才穿的软平底鞋，走起路来无声无息。她是玛妮娅·斯科洛多斯卡的公开仇敌，总是找一切借口责备玛妮娅：责备她性格固执，责备她"轻蔑的微笑"，根据迈耶的说法，玛妮娅接受她批评时总是带着这种微笑。

"哼，那个名叫斯科洛多斯卡的女生！跟她说话等于对牛弹琴，像扔豆子打墙壁一样没用！"这位学监无可奈何道。这个女生的卷发格外惹她恼火，她说那头发"蓬乱可笑"，还用刷子梳使劲给她梳理，想把她一头波兰卷发梳理成德国女孩的平滑发辫。结果毫无用处！几分钟过后，不受管束的卷发便挣脱出来，飘在那张年轻的面庞周围了。玛妮娅就会用夸张的天真目光死死盯住学监光亮顺溜的辫子。

"我不允许你这么看我！"迈耶气急败坏地说，"不许俯视我！"

一天，玛妮娅忽然一时火起，回答道："事实上我看你也没别的办法。"

因为玛妮娅比迈耶高出一头。

在这个脾气乖戾的老处女与这位倔犟的学生之间,战争就这样一天天打下去。最可怕的风暴发生在一年以前。当时,迈耶小姐意外闯进教室,发现玛妮娅和卡齐娅在课桌之间跳舞作乐,庆祝沙皇亚历山大二世遇刺,可当时全国正为沙皇暴死而举行国丧。

政治压制后最令统治者沮丧的结果,便是被压迫者的暴力反抗。玛妮娅和卡齐娅心中的这种深仇大恨是自由人永远无法体会到的。虽然她们生性温柔淳厚,却生活在一种特殊的伦理中,那是奴隶的伦理,她们视憎恨为美德,把服从当怯懦。

作为对压迫的反抗,青年姑娘们带着热情亲近那些允许她们喜爱的人。她们崇拜年轻英俊的数学教师格拉斯先生和自然科学教师斯罗撒斯基先生。他们都是波兰人——是她们的同盟者。即使对俄国教师,她们的态度也是有差别的。比方说,谁会想到,神秘的米基耶辛先生为了奖励她学习取得进步,竟然不动声色地赠她一本革命诗人涅克拉索夫的诗集。惊讶中,学生们才体会到,这是敌人阵营中发出的团结信号。原来,在神圣俄罗斯国内,也并非人人忠于沙皇。

在玛妮娅的班级里,有波兰姑娘、有犹太姑娘、有俄国姑娘、有德国姑娘,大家坐在一起上课,没什么严重分歧。同样的青春年华,同样在学习上的竞争情绪,这些能暂时消除种族上和思想上的差别。要是看到她们在学习上互相帮助,课间休息时一道玩耍,人们甚至会相信,她们之间有着深刻的相互理解呢。

但是,放学后,人人都使用自己的本族语言,胸怀自己的爱国之心,心里想的是自己的宗教信仰。波兰姑娘们的态度比其他民族的姑娘更加傲慢,因为她们是受压迫者。她们聚在一起走出校门,过后在吃茶点的时候又分别相聚,在这种聚会上,俄国人或德国人是不可能受到邀请的。

她们的不妥协态度中也不无隐隐的忧虑,不论是随意对一个异国姑娘表示友谊,还是听压迫者教自然科学或哲学课时不由自主体会到喜悦,仿佛这类行为都是罪过,因为她们认为自己接受的"官方"教育本身就该受到憎恨。

前一年夏天,玛妮娅在写给卡齐娅的一封信中,就惭愧而动人地表达出这种情绪：

> 卡齐娅，你知道吗，尽管有这一切，我还是喜欢这个学校。也许你会嘲笑我，可我还是要告诉你，我喜欢这学校，甚至爱这所学校。现在我才意识到这种感觉。你别以为我想念这学校！啊，根本不是这种情况。可我想到要返校上课，并不觉得难过。想到还要在那里度过两年时光，我并不像以前那样感到可怕，也不觉得痛苦难熬……

多年过后，她把自己出生长大的这座城市称作"我热爱的小华沙"。在这座城市中，萨克森尼花园和拉基恩基花园是玛妮娅消磨闲暇时光最多的地方。

玛妮娅和卡齐娅穿过铁栅栏门，沿着通往宫殿的林荫道走。两个月前，她们俩还喜欢玩一种在路面积雨潭中穿行的老把戏：刚好让积雨湿到鞋底的橡胶边缘，却不把鞋帮打湿。春季到来，她们就玩其他老游戏，虽然那些游戏十分简单，却能让她们乐得放声大笑。譬如，有一种游戏叫"绿色"。

"我的法语练习本快要用完了，"玛妮娅会用十分平淡的口吻说，"你愿意陪我去买一个新本子吗？我看见一些非常漂亮的练习本，封面是绿色的……"

但是卡齐娅早有防备。一听到"绿色"这个字眼，马上把藏在口袋里的一小块绿色天鹅绒塞给玛妮娅，这样就能避免受罚。玛妮娅觉得厌倦，似乎不想继续玩这游戏，便把话题转向历史课，说老师昨天在课堂上讲，波兰是一个省，说波兰语是一种方言，还说什么波兰人忘恩负义，结果让深深热爱波兰人的尼古拉一世沙皇忧伤而死……

"话虽这么说，可那个可怜的老师说这番无耻谎言时，神色很难看。你注意到他把扭曲的面孔转开没有？"

"没错。他的脸绝对变成了'绿色'。"卡齐娅装着胆子改变话题，脸上尽量表现出若有所思的模样。可她马上发现自己的鼻子快要碰上一片栗子树嫩绿的叶子了。

一群群孩子在捏泥饼或滚铁环。玛妮娅和卡齐娅却因为玩自己的游戏笑得喘不过气来。她们从萨克森尼宫前长长的圆柱间穿过,几乎跑出大广场时,玛妮娅突然喊道:

"我们已经错过纪念碑了。我们必须马上回去!"

卡齐娅二话没说,转身往回走。两个乐昏了头的女孩犯了个不可饶恕的错误。萨克森尼广场中央竖立着一座华丽的方尖碑,周围趴着四只石狮子,碑上用法定文字刻着:"纪念忠于君主的波兰人。"这是沙皇为那些背叛祖国与压迫者勾结者的献辞。爱国者都讨厌这个东西,按照习惯,每次经过这座碑,都要朝它唾一口,要是不留意忘了,就必须回去补着吐一口。

两个姑娘完成自己的职责后,返回自己交谈的话题。

"今晚他们要在家里开舞会,"玛妮娅说,"你来看吗?"

"我来。啊,玛妮西娅,什么时候才有权跳舞?我们华尔兹已经跳得相当棒了!"卡齐娅急不可待地抱怨道。

什么时候?从学校毕业进入社会后才行。可是在这之前,她们只能在芭蕾舞教师指导下,练习骑兵舞、波尔卡舞、马祖卡舞、波兰乡村舞。几个家庭相互要好的年轻人每星期聚在斯科洛多斯基家上跳舞课,她们也可以到场,不过只能坐在几把小椅子上旁观。

现在在她们还不能接受男孩子邀请上场跳舞,必须在中学再度过几个月以后才行。她们的学校就在路旁,那是一座光秃秃的三层楼,街对面,典雅的圣母往见会教堂装饰华丽,这座意大利文艺复兴时期风格的建筑,仿佛淹没在周围模样呆板的房子中间了。她们的同学已经在走进学校的拱形校门,有蓝眼睛的伍尔夫;有塌鼻子德国姑娘阿尼亚·罗德尔特,在班上,除玛妮娅外,她就是成绩最好的学生了;还有莱奥尼·库尼茨卡……

但是,库尼茨卡今天怎么了?她的眼睛都哭肿了,平时总是衣着整洁,今天却像是随便披了件衣服就来了。

玛妮娅和卡齐娅脸上的笑容消失了,急忙朝这位朋友跑过去。

"怎么啦,库尼茨卡?发生什么事了?"

库尼茨卡秀丽的面庞没有了血色,费了好大的劲才开口说出话来:

"我哥哥出事了……他参加了一个密谋行动……让人告发……我们已经三天没见到他了。"她不停地抽泣着,又补充道:

"他们明天要绞死他。"

两个姑娘惊呆了,围着这位不幸的同伴问个不停,想要帮助她。这时,迈耶小姐尖利简短的命令传过来:

"好啦,好啦,年轻女士们,闲话说够啦。动作快点。"

玛妮娅惊得话都说不出来,慢慢走向自己的座位。仅仅片刻之前,她还在梦想着音乐和跳舞。此时,地理课开始部分的内容她根本听不进去,心里仿佛看见了那个年轻人热烈的面孔,看见了绞架、刽子手和绞索……

这天晚上,六个十五岁的姑娘没上舞蹈课,大家默默守在莱奥尼·库尼茨卡家那间狭小的屋子里。玛妮娅、海拉、布罗妮娅、卡齐娅和她姐姐乌拉一起来陪着自己的同伴,直到黎明。

大家一道流泪,反抗情绪融会在一处。几个姑娘竭尽温柔体贴,好生照料这位痛哭抽搐的朋友,为她洗哭肿的眼睛,劝她稍稍喝点热茶。这六个姑娘有四个身上还穿着校服。大家感觉到时光匆匆,又觉得非常缓慢。惨白的黎明微光投在她们惨白的面庞上,最后的时刻到了。大家纷纷跪在地上,双手捂住惊恐的面孔,做最后一次祈祷。

一枚金奖章、两枚金奖章、三枚金奖章,斯科洛多斯基家的儿女先后获得了这些奖章……第三枚是玛妮娅在一八八三年六月十二日中学毕业时获得的。

宣布优秀毕业生名单、演说、鼓号齐鸣、教师致辞祝贺、与俄属波兰教育长阿普施汀礼节性握手,玛妮娅也最后一次礼貌性地作答——毕业典礼在闷热天气中进行着。斯科洛多斯基家这位最小的姑娘身穿毕业典礼规定的黑袍,胸前别着一束小茶花。她与朋友们道别,发誓每星期都给朋友们写信。她获得的奖品是一大堆俄文书籍,便大声说这些东西"糟透了。"反正是离校前最后一天了,她还有什么好顾忌的?在倍感自豪的父亲陪伴下,她最后一次离开了克拉科夫斯基大道上这所中学。

玛妮娅学习非常勤奋,取得了优异的成绩。斯科洛多斯基先生决定,让她在选择职业前,先让她到乡间去住一年。

休假一年!人们不禁要想象,这位少女天才准会因早早产生的使命感,利用这么长的时间秘密研读科学书籍。然而,实际情况却并非如此。在这个神秘的青春期中,玛妮娅的生理在发生变化,容貌也出落得愈发秀丽了。她忽然变得懒惰起来。她平生头一次抛开课本,体验这令人陶醉的闲适。

这位教师之女的生平故事中,有了一段乡村插曲。"我简直不能相信,世界上竟然有几何或代数这类东西,"她在写给卡齐娅的信中这么说道,"我把这些东西全都抛在脑后了。"她当时住在远离华沙远离学校的乡下,亲属们纷纷欢迎她轮流上自己家住几个星期,为的是请她给孩子们随意教几节课,或者为了得到她支付的一丁点膳食住宿费。她呢,却在乡间尽情体验生命的乐趣。

她是多么年轻幸福,多么无忧无虑啊!忽然间,她变得比黑暗的童年时光更加年轻了!她到处漫步,观赏乡间景色,每天午睡,几乎懒得动笔写信。在开头写着"我亲爱的小鬼"或"卡齐娅,我亲爱的"几封信中,她描写了自己的感到的无比幸福心情:

玛妮娅致卡齐娅:
　　除了给一个小男孩上一个钟头的法文课外,我什么事也不做,真是无所事事。我连开了个头的绣花活计也抛开不做了……我的生活没有时间表。有时候十点钟起床,有时候四五点钟起床(早上,不是下午!)我不读正经书,仅仅看些没什么害处的荒诞小故事……虽然我拿到了文凭,仿佛已经成熟,成了个有尊严的人,可我觉得自己十分荒唐,荒唐得难以置信。有时候,我嘲笑自己所做的一切,不过却为这种彻头彻尾的荒唐真心感到满意。

我们结伴去树林里散步,我们一起滚铁环、打板羽球(我玩这种游戏的本事糟透了)、跳格子、老鹰抓小鸡,还玩各种孩子才玩的游戏。这儿的野草莓多极了,几个格罗兹①就能买到一大堆,就是说满满堆起一盘子。唉,真可惜,这个季节快要过完了……我的食欲旺盛得惊人,恐怕回去后,贪吃的模样会把人吓坏的。

我们常常打秋千,总是使劲摆得高高的;我们游泳,我们钓鱼,还打着火把捕虾……每个星期天,都要套好马车去教堂做弥撒,完了还要拜访神甫。两名牧师非常幽默有趣,在他们家做客让人乐不可支。

我在兹窝拉住了几天。那里有个名叫科塔宾斯基先生的演员,我们跟他在一起十分愉快。他给我们唱过许多首歌,朗诵过不少诗,编出许多笑话,还为我们采摘了许多醋栗。他离开的那天,我们用罂粟花、野石竹、矢车菊为他编了个大花环,等马车一开动,我们就把花环抛给他,高喊:万岁!万岁!科塔宾斯基先生!他立刻把花环戴在脖子上,看来准是把花环装进皮箱,一路带到华沙去了。啊,在兹窝拉的生活多愉快啊!到处都有许多人,这里的自由、平等和独立你想都想不到……我们回来的路上,朗塞特一直狂吠不止,我们都不知道该怎么制止它了……

朗塞特在斯科洛多斯基一家人的生活中占据着重要地位。若经过良好的训练,这只栗色良种狗准能成为令人刮目相看的好猎犬,但是,玛妮娅

---

① 格罗兹:波兰辅币名。

和哥哥姐姐把它宠坏了。孩子们跟这狗儿拥抱亲吻，给它吃得太多，结果朗塞特成了个体型巨大的胖狗儿，而且态度蛮横，成了全家的麻烦。它破坏家具，撞倒花瓶，本来不是为它准备的食物，它也大嚼大吃，它举起两条前腿扑在客人身上表示欢迎，然后把客人随意放在门厅的帽子和手套撕成碎片。这些美德使它愈发受宠，每年夏天，大家都要争论不休，焦点是谁有权利带它去度假。

在玛妮娅闲散的那一年中，她的智慧似乎也处于浑浑噩噩状态。这位姑娘产生一种热爱祖国大地的激情，这种激情将伴随她终生。她的家族遍布波兰各地，她在一个省份体验季节的变换，在另一个省份看到另一个季节的流转，不断发现波兰土地上的种种美景。兹窝拉是一片平静的土地，没有多少引人注目的东西，但是，站在那里，周围一圈平坦的地平线仿佛比世界上任何地方都让她看得更远。在克萨维尔叔父居住的扎维普里兹，叔父的养马场上有大约五十匹纯种马。玛妮娅身穿从堂兄弟那里借来的马裤，学着骑马，虽然她这副模样很难说得上典雅，可她很快便学会了骑快马，成了名女骑士。

这一切都不及她看到喀尔巴阡山更感到着迷。这个平原地带长大的女孩看到那白雪皑皑的山峰和黑魆魆的杉树林，不由感到如醉如痴。她永远忘不了那覆盖着越橘的登山小径，忘不了那些山里人住的小房子，房子里的一切物品都是木刻杰作，也忘不了山顶上群峰环绕的清冽小湖，这小湖有个优美的名字，叫"海之眼"。

玛妮娅要过冬的地方就离这儿不远，在与加里西亚地区交界处，她要住在斯德齐斯拉夫家，与他喧闹的一家一道生活。这位叔父是斯卡尔伯米尔兹地方的一位公证人，生性活泼开朗，妻子长得漂亮，三个女儿生活中充满了欢笑。玛妮娅与这一家人生活在一起哪会感到厌倦呢？每个礼拜都有客人来访，要么就是某个节日临近了，这些事件都是大家忙乱的信号。父母忙着烹饪猎物，年轻姑娘们帮着制作蛋糕，有时待在自家房间里忙着在裙子上缝花边，以便参加下一次名叫"库里格"的化装舞会。

"库里格"绝不仅仅是个舞会，还是狂欢节中令人兴致勃发的神奇游历。夜幕降临后，两只雪橇在雪地上出发，玛妮娅·斯科洛多斯卡和她的三个堂姐妹钻进雪橇的篷布里，大家都戴着面具，装扮成克拉科夫地方的村姑。几位身穿乡村盛装的小伙子手举火把,骑马护送她们。杉树林中,火炬发出的光亮若隐若现,寒冷的夜色中充满了音乐节奏,乐师们的雪橇过来了,上面坐着村子里的四个犹太小伙子,这几个迷人的乐师要在今后的两天两夜中不停地演奏令人如醉如痴的华尔兹舞曲、克拉科夫地方舞曲、马祖卡舞曲。人群都要参加合唱。犹太小伙子们不停地演奏着,雪橇纷纷响应他们的召唤飞驰而来,三只、五只、十只,雪橇越聚越多,所有雪橇都颠簸着,滑下结冰的雪坡,速度快得令人晕眩,可他们拉动手中琴弓,从不会拉错一个音符,一直将这个奇异的夜舞队顺利带到第一站。

高呼大叫的人群爬下雪橇,敲响一个悄无声息的房门,主人出来开门,装出惊讶模样。几分钟后,乐师便高坐在一张大桌子上,灯笼火炬照耀下,舞会开始了。早已准备好的饭菜也端出来摆放在餐柜上。最后,出发的信号一下,房子马上就空了,再也见不到面具、人影、食物、马匹、雪橇。包括住户在内的所有人一齐出发,奔向下一户人家。随着拜访的人家增多,加入的人越来越多,队伍越来越长。太阳升起又落下,提琴师只能抓紧时间找个方便的谷仓喘口气,小睡一会儿。到了第二个夜晚,游历的队伍在本地最大的一所房子前停下,乐声铿锵,铃儿叮当,真正的舞会这才正式开始。犹太小伙子们以激动人心的最强音奏出第一首克拉科夫地方舞曲,大家全都站好位置,准备投入这迷人的舞蹈。

这时,一位身穿绣花白毛衣的年轻人向一位最佳舞伴发出邀请,那是一位十六岁的活泼少女,名叫玛妮娅·斯科洛多斯卡。她身穿泡泡袖丝绒外套,从头上那顶小麦穗编的冠冕上,垂下许多色彩鲜艳的长丝带,看上去活像个身穿节日盛装的山村少女。

玛妮娅自然要把当时体会到的激情写信告诉卡齐娅:

我参加了一场"库里格"。你简直想象不出我有多快活,特别是大家都穿着漂亮的衣裙,小伙子们也身穿华丽衣服。我的服装非常漂亮……库里格奏了一曲又一曲,人们跳了一支又一支,我度过一段非常美好的时光。参加舞会的有很多从克拉科夫来的年轻人,都是非常英俊的小伙子,舞跳得棒极了!能遇上这么好的舞伴实在太不平常了。到了早上八点钟,我们才跳最后一支舞——是一支白日马祖卡。

这段迷人的休闲时光当然应该有个高潮。

一八八四年七月,玛妮娅返回华沙后不久,一位上流夫人来拜访斯科洛多斯基先生。这位夫人是德弗勒里伯爵夫人,她嫁给一位法国人,可她是个波兰人,以前曾是斯科洛多斯卡夫人的学生。由于老师最小的女儿还没有做出别的度假计划,她便提议带玛妮娅到她的乡间住处小住两个月。

玛妮娅在给卡齐娅的信上写道:

> 这是星期日的事,到了星期一晚上,我和海拉已经上路了。他们发电报通知我们说,有马车在车站接我们。我们现在已经在坎帕住了几个星期,我本该跟你说说这儿的生活情况,可我鼓不起勇气说,只能说这是个美妙的地方。坎帕位于纳累夫河与比埃布扎河的交汇处,这里水很多,能游泳,能划船,我觉得很惬意。我现在开始学习划船了,已经掌握得不错,在这里游泳也很理想。我们想做什么就做什么,有时晚上睡觉,有时候白天也赖在床上不起。我们跳舞,我们疯跑,有时候我真觉得这么胡闹就是关进疯人院也活该……

玛妮娅这话并非夸大其词。那座房子位于两条平静闪亮的河湾之间,整整一个夏天,这座房子里不时掀起一阵阵天真而癫狂的波澜。斯科洛多斯基家这两个小姑娘在自己住的屋子里凭窗眺望,能看到一望无际的青草和水波,看到舒缓河岸上的白杨和垂柳,遇到水涨,河水往往漫上田野,大片水面倒映着天空和太阳。

海拉和玛妮娅很快就成了坎帕这家男孩和女孩的娃娃王。这家主人对待孩子有一种极富创意的态度:夫妇都在场的时候,就向孩子们说教,严厉责备孩子们的过分胡闹,态度装得煞有介事。但是,夫妻不在一处时,都瞒着对方与淘气孩子结成同盟,鼓励他们胡闹,完全放纵他们自流。

那么,今天又该做什么了?骑马?去树林里散步采蘑菇摘越橘?那可太规矩乏味了!于是,玛妮娅央求德弗勒里伯爵夫人的兄弟让·莫纽兹科到邻近的一座城镇为她办一桩事,等他一走,所有孩子都来帮她,把那个年轻人的所有东西都挂在屋子大梁上:床、桌子、椅子、手提箱、衣服等。倒霉的莫纽兹科回来后,非得摸黑与空中的家具搏斗一番不可。……啊,这是在为贵客准备什么高级茶点呢?怎么?不准"孩子们"参加这次茶点聚会?这可令人无法容忍!等到客人去花园里闲逛时,这帮"孩子们"趁机扑上去把面点和好吃的东西一扫而光,吃不下就统统拿走,然后把一个匆匆做成的稻草人墩在杯盘狼藉的桌子上,模拟德弗勒里伯爵吃饱肚子的模样,然后孩子们全都逃之夭夭……

在哪里能找到这群捣蛋鬼呢?这天去哪儿找,整个夏天又上哪儿找呢?他们每次犯下如此恶行,就像幽灵般消失得无影无踪。该待在屋子里的时候,他们却躺在园子深处的草坪上;到了散步时分,他们却钻进地窖,从厨房偷来一篮硕大的醋栗尽情享用;到了清晨五点钟,房子里一片静谧,这是因为孩子们全都出了门。玛妮娅、海拉,以及她们的追随者选择日出时分在河里游泳。要想把他们聚拢起来只有一个办法,那就是宣布要举行一场庆祝活动、组织猜谜或者举办舞会。德弗勒里伯爵夫人一有机会便使出这种手段。在短短八个礼拜中,她举办了三场舞会,两次园会,几次游历和划船旅行。

她丈夫和她的开明好客活动得到了丰厚的回报,他们得到了这帮野孩子的崇拜、友谊和信任,也感觉到了孩子们的极大欢乐,孩子们的欢乐虽然疯狂放纵,却极为纯洁。

他们还得到这群少年献上的一场惊喜:在他们结婚十四周年纪念那天,两个孩子献给他们一只用四十磅蔬菜制作的精致大王冠,并邀请他们来一个装饰巧妙的遮阳篷下就座。一片庄严肃穆中,最年幼的女孩口吻庄重地朗诵了专门为这次庆典写的一首诗。

这首诗是玛妮娅的作品。她当时突发灵感,在屋子里来回踱着步子作下这首诗。诗的结尾部分是这样的:

圣路易日那天
我们要外出野餐,
替我们请几个青年,

> 让我们人人有侣伴,
> 学习你们的榜样,
> 我们可以尽快……
> 尽可能快……
> 登上台阶走近圣坛……

这个祈祷没有白做。德弗勒里夫妇立刻宣布,要举办一场盛大舞会。女主人下令制作蛋糕,预备蜡烛花环。玛妮娅和海拉为这场最隆重的晚会准备着自己的服装。

穷姑娘显示高雅并不容易,她们每年只能做两身衣服,一身为参加舞会,另一身平常穿,由一位上门做裁缝活的人缝制。两姐妹把拥有的财产加在一起,然后做出决定。虽然玛妮娅那身衣服外层的薄纱已经磨旧了,但是下面的蓝色缎子还很好,她们要进城寻找最便宜的蓝色塔勒坦布,换掉磨损的薄纱,罩在没有坏的底子上。然后,这里加条丝带,那里缀个蝴蝶结,买两双羊皮软底鞋,从花园采几朵花别在胸前,摘几朵玫瑰插在头发里,一切便准备妥当了。

圣路易日的这天晚上,海拉的美丽令人惊羡不已,乐师还在校音,她已经在庆祝场地上来回跑动了。玛妮娅对着镜子最后照了照,一切都很好:塔勒坦布外罩挺括漂亮,脸蛋旁边别着鲜艳的花朵,新买的软底鞋也很好,不过到了黎明时分,她要把这双鞋丢到角落里,因为她要尽情跳舞,到时候鞋底一定会磨破。

多年之后,我母亲有时对我讲述起那些快乐的时光。我望着她疲倦的面容。操劳将近半个世纪,付出极大的辛苦,她已经累垮了。我对命运充满感激之情,它强加给这个女人艰辛而严酷的使命之前,允许她乘坐雪橇去参加那种狂放的"库里格"乡村舞会,也允许她尽情跳舞,一个夜晚便磨穿了一双软底羊皮鞋。

第四章 职业

我已经尝试着描述了玛妮娅·斯科洛多斯卡童年时期和少年时期读书游玩的经历。她身体健壮、生性敏感、为人诚实、富有爱心。在学校上学时,她是个才华横溢的学生,老师对她的评语是:"有非凡的天赋。"但是,与一起长大的孩子们相比,她并没有显露出惊人的特征,迄今为止,她的天才还没有在任何事情上表现出来。

我们还有她的另一幅肖像,这是一幅少女的肖像,神情要严肃多了。在玛妮娅的生活中,几位她所热爱的人已经逝去,只留下能让她终生保留的亲切记忆。她与别人的友谊也在一点点发生变化。寄宿学校和高中已经成为过去,同学之间的联系也成为过去,原来由每天交往而保持的亲密联系现在已不复存在。有两个人要确定玛妮娅的命运了,这是两个她非常珍视非常崇拜的人,两个人都极为正直慈祥,完全了解她的心。这就是她的亲人——父亲和姐姐。

我愿意让大家了解,玛妮娅在这两个亲人影响下,是如何在自己坚定的头脑中确定未来的。大多数人对未来的期望都过高,然而,这个姑娘的梦想看似大胆,实际上却非常谦卑。这就是未来的玛丽·居里当初心怀的梦想!

漫游了整整一年过后,玛妮娅怀着不平静的心情于九月份启程返回华沙,要回到家里的新居,新住房就在她度过童年时代的中学校附近。

斯科洛多斯基一家从莱斯诺路搬迁到诺佛立普基路是有道理的,他们家的居住状况发生了显著的变化。由于这位教师上了年纪,虽然仍在学校任教，但他决定不再在家里接受寄宿学生。玛妮娅和她的家人这时住在一套比较小的房子里，虽然显得比较寒碜，但相互更加亲密了。家里的环境与家人的交往适于思考和工作。

头一次接触斯科洛多斯基先生的人都认为他是个态度严肃的人。三十年的高中教书生涯，使这个矮胖男人神情庄重，他的外表举止处处显得像个政府官员：他身穿深色服装，衣服总是刷得纤尘不染，举止得体到位，谈吐讲究，带有哲理。他的活动总是有章有法。写信时句子工整，合乎逻辑，书法讲究。假日带着孩子们外出游玩，决不会发生计划疏漏的情况。预先制定的时间表能让大家准时抵达某地，看到最值得一看的景色，大家步行观光时，这位教师会以迷人的口才评论风景优美之处，或指出某处古迹的历史意义。

玛妮娅甚至没感到父亲这些卖弄知识的小小怪癖。她真心热爱自己的父亲。他是她的保护人，也是她的主宰者。她几乎相信父亲是个万事通。

斯科洛多斯基先生的确什么都知道，或者说几乎什么都了解。现在，整个欧洲哪个国家还能找到如此博学的普通教师？这位贫穷的父亲除了艰难维持家用外，还设法挤出一点资金，想方设法搞到出版物，充实自己的科学知识。他认为，自己理应跟上化学和物理方面的发展，理应掌握希腊语和拉丁语，除了使用波兰语和俄语之外，还应该会说英语、法语和德语；应该将外国作者的散文诗歌佳作翻译成他的本族语。在空余时间，他还做诗，并仔细抄写在黑绿两种颜色封面的练习本里，封面写着："致友人"，"为婚姻干杯"，"致我昔日的学生"……

多年来，斯科洛多斯基先生、他的儿子和三个女儿都是在文学欣赏中一起度过一个个星期六夜晚的。他们面前放着一杯杯热茶，在原本静谧的屋子里交谈，老人背诵诗歌，或朗诵名篇，孩子们听得全神贯注。这位教师有着非凡的口才。他已经开始秃顶，一张圆脸神色平静，下巴上蓄着一点儿整齐的灰白胡子。在一个个星期六夜晚，昔日的名著就这样由一个熟悉的声音传递给玛妮娅。早年，这个声音曾为她讲童话，读游记。斯科洛多斯基先生还打开英文版的《大卫·科波菲尔》一边看，一边口头翻译成流畅的波兰语读给她听。如今，这个声音因多年从事学校教学而稍有些嘶哑,但继续向四个专注的青年人朗读波兰浪漫主义诗人的作品,其中描写波兰遭受奴役的苦难和起而反抗的精神,这些诗人有:斯洛伐茨基、克拉辛斯基、密茨凯维支。斯科洛多斯基先生手中的这些书籍是在沙皇禁止下秘密印刷的。他翻动这些旧书,其中有抒发英雄气概的《塔杜施先生》,有沉痛的悼念诗《科尔第安》。

玛妮娅永远不会忘记那些夜晚。由于父亲的熏陶,她才能在高品位的知识环境中成长起来,她的同龄姑娘中间,很少有人拥有这样的家庭环境。她与父亲之间有着强烈的感情联系,没有他令人感动的努力,她的生活便不可能变得有趣而迷人。由于她关爱父亲,她便猜到在父亲表面的平静下隐藏着内心的苦痛。其中有鳏夫无法自慰的悲哀,有被迫从事次要工作的职员感到的烦恼,有一贯谨慎却一时糊涂结果丧失自己有限财产的悔恨,他永远不能原谅自己搞那次倒霉的投机生意。

有时候,这个可怜的人控制不住自己,抱怨的话不由流露出来:

"我怎么竟然损失掉那笔钱呢?我本想让你们得到最好的教育,送你们出国,让你们旅行!是我把这一切都毁了。我没钱帮你们了。用不了多久,我还会成为你们的负担。你们将来可怎么办呢?"

这位教师往往发出一声痛苦的叹息,转过身望着儿女们,仿佛听到他们对自己的埋怨才能得到安慰。他们都聚在小书房那盏放得高高的煤油灯周围,书房里摆放着大家精心培育的绿色花草,显得生机盎然。四张倔犟勇敢的面孔上挂着微笑,四双明亮的眼睛扭过去望着他,孩子们的眼睛有的是鲜艳的蓝色,有的是灰色,但都闪烁出同样的热诚和同样的希望:

"我们年轻。我们强壮。我们会取得成功。"

斯科洛多斯基先生感受的痛苦是很容易理解的。那是个决定他们前途的一年,而年轻人的情况远不容乐观。

他们面临的难题很简单:一家之主的工资就连支付房租、食物和一个女佣的报酬也很艰难,用不了很久,他的工资还要降低成更加微薄的养老金。约瑟夫、布罗妮娅、海拉和玛妮娅都必须自己谋生了。

孩子们的父母都是教师,他们产生的第一个谋生念头自然是教书。他们做的广告用了这样的词语:"医科学生愿提供家教。"在另一则广告中:"有文凭的年轻女士教授算术、几何、法语,价格低廉。"斯科洛多斯基家的年轻人加入到了华沙成百上千找工作的年轻知识分子行列中。

这是一种费力不讨好的工作。玛妮娅还不到十七岁时，就体会到做家教的艰辛和屈辱；不论风天雨天，都得在城里走很远的路，学生要么不听话，要么懒于学习；学生家长往往让老师在门厅等很久，任凭穿堂风刮得浑身发冷，只传下一句话："告诉斯科洛多斯卡小姐等一等，我女儿过一刻钟就下来！"到了月末，他们往往出于疏忽，忘记支付教师急等着用的几个卢布，而教师原以为这天早上肯定能拿到这笔钱呢！

严冬来临，在诺佛立普基路上，家里的生活十分乏味，每天都是一个样。

玛妮娅曾写道：

> 家里没什么新鲜事。花草生长得十分繁茂，杜鹃花开了，狗儿朗塞特躺在地毯上睡觉。女裁缝在替我改衣服，就是我染过的那件衣服，准会改得十分合身，非常漂亮。布罗妮娅的裙子已经做完了，看上去非常漂亮。我没给人写信，时间实在太少了，我的钱就更少了。一个通过朋友介绍的人来找我们；布罗妮娅告诉她说，费用是一小时半个卢布，那人赶紧跑了，仿佛这座房子着了火……

人们也许会猜测，玛妮娅当时是个没有嫁妆却仍然活跃懂事的年轻女士，她的唯一兴趣便是希望增加自己学生的人数。但这种猜测是不对的。她勇敢地接受家教这种苦差事其实是出于需要，但她的生活还有另一个方面，那是她生活中热情投入而且不愿公布的方面。她就像当时与她地位相同的每一个波兰人一样，心里怀着许多高尚的梦想。

其中一个是年轻人共同拥有的梦想：民族独立的梦想。在他们对未来的计划中，渴望为祖国波兰服务的理想高于个人抱负，超越了婚姻和爱情。有人梦想着采取暴力斗争方式，不顾生命危险组织秘密行动；有人梦想着搞宣传鼓动活动；还有一些人梦想着以某些神秘的方式逃脱困境，因为天主教也是一种力量，可以借此抵抗俄国东正教的压迫。

然而，玛妮娅已经不再心存这种神秘的梦想。出于遵守传统习俗，她仍然遵守着教规，但是，斯科洛多斯卡夫人去世后，她的信仰发生了动摇，如今这种信仰一点点消失殆尽了。以前，她曾深受虔诚母亲的支配，但是，近六七年来她是在父亲的影响下生活的。父亲不是个热心的天主教徒，虽然他自己不愿承认，但他其实是个自由思想者。玛妮娅的信仰发生了变化，从童年时的虔敬变成如今一种朦胧的渴望，渴望着崇拜某种高尚而伟大的存在。

玛妮娅的朋友中有些革命的爱国者，她们遭遇危险时，她把自己的护照借给她们用，但她并没有梦想着亲自参加暗杀活动，向沙皇或华沙总督的马车投炸弹。当时，玛妮娅所在的"知识界"兴起一种强有力的活动，要大家抛弃各种空想，不再悔恨，停止为追求独立而采取无序的冲动行为。他们认为，只有一件事是有价值的：工作。通过工作为穷人发展教育事业，与当局的愚民政策作对抗。

这个时期的哲学学说，使这种民族进步主义有了明确的方向。一些年来，孔德的实证主义和斯宾塞的理论已经在欧洲掀起了新的思潮。同时，巴斯德、达尔文和克劳德·贝尔纳的活动使许多具体学科获得了极大的威望。浪漫精神在知识界不时髦了，人们一时蔑视艺术世界和感性世界，年轻人往往轻率地做出判断，忽然把化学和生物科学置于文学之上，不再崇拜文学家，转而崇拜科学家了。在这一方面，华沙与其他地方相比有过之而无不及。

自由国家允许这种思潮公开发展，但波兰却不行。在这里，每一种独立精神的苗头都要受到怀疑。这种新理论是以地下方式传播开来的。

玛妮娅·斯科洛多斯卡返回华沙后不久，便与一些热心的"实证主义者"结盟。一位名叫皮亚塞茨卡的女子对玛妮娅影响极大。这位小姐是个高中教师，年纪大约二十六七岁，身材瘦削，头发金黄，相貌丑陋，不过很讨人喜爱。她爱上一位名叫诺卜林的大学生，这位大学生因参加政治活动最近被大学开除了。她对近代的学说产生了极大的兴趣。

起初，玛妮娅有点胆怯，也有些怀疑，但没过多久，她就被这位朋友的大胆想法征服了。她随着布罗妮娅及其好朋友玛丽亚·拉可夫斯基一道修一些"流动大学"的课程，内容是解剖学、自然史和社会学，是由一些教师免费讲给年轻人听的，旨在提高其文化水平。这些活动是秘密进行的，有时在皮亚塞茨卡小姐家里，有时在其他私人住所。听讲的人数每次在八位到十位之间，大家听讲做笔记，传阅小册子和文章。在这种时候，听到外面有极其轻微的声响，他们都会浑身发抖，因为一旦被警察发现，大家全得坐牢。

玛丽·居里在四十年后曾这样写道：

> 我对当时那种社会与知识圈子中的志同道合气氛记忆犹新。那种活动方式其实不高明，取得的效果不是很大，然而，我当时仍然坚信，引导我们的是唯一真正能走向社会进步的思想。只有促成个人的进步，才有希望建设一个比较完美的世界。为了实现这一目的，我们每一个人必须努力实现自我的高度完善，与此同时承担起自己在人类社会中的职责，我们的具体义务，就是尽自己最大力量帮助那些需要帮助的人们。

流动大学的目的不仅仅是向高中毕业的年轻人提供教育。学生接受教育后，还要成为其他人的先生。玛妮娅在皮亚塞茨卡小姐的激励下，开始向贫穷妇女授课，为一个缝纫厂的女工朗读，还将一本本搜集起来的波兰文图书办成一个小图书馆，供女工借阅。

谁能想象出，这个十七岁的姑娘有多么强烈的热情啊？她的童年是在父亲书房中神秘的物理实验仪器陪伴下度过的，早在科学变成"时髦"之前，斯科洛多斯基先生已经将自己对科学的热情和好奇心传授给她了。但是，玛妮娅的急切求知欲望在这个世界中并不能得到满足，她迫不及待地进入了其他知识领域，她掌握了奥古斯特·孔德主义和社会进化理论，她的梦想中不仅有数学与化学，她还希望改革现有秩序，为人民大众启蒙……由于她拥有先进的思想和仁爱的心灵，并有着世界大同的单纯观念，因此她是个社会主义者；可她并不参加波兰当时的社会主义学生组织。她崇尚自由判断，畏惧党派意志，由于热爱祖国，她没有参与马克思主义的国际活动。她高于一切的意愿是为祖国服务。

当时她并不知道，她必须在这些理想中做出选择。在一种激越的兴奋情绪中，她把爱国热情、人道思想和对知识的追求都混淆在一起了。

她不断受到各种理论的影响,终日处在激动之中,却奇迹般一直保持着楚楚动人的美丽。她受过严格而高尚的教育,在她青少年时期照顾她的人们为她树立了谦虚谨慎的榜样,这些影响防止了她的过激行动。她生性冷静平和,有一种与生俱来的尊严,热情中伴随着天生的稳重。任何人从来没见过她露出反叛者的强横,也没见过她表现出不得体行为。她甚至从来没想过点燃一支无伤大雅的香烟。

在城里做家教,在秘密场合学解剖,这些活动之外的空余时间里,她就关上门待在自己屋里。不过,她阅读"没什么害处的荒诞小故事"的时期早已一去不复返了。如今她贪婪地阅读陀思妥耶夫斯基和冈察洛夫的作品,从波列斯拉夫·普鲁斯的著作《解放了的人们》中,她找到了与自己类似的形象,找到了疯狂追求文化的波兰小姑娘形象。她记的笔记反映出自己的内心生活,那是一个锐意求知的年轻女子的内心生活,是一个因富有多才多艺的天赋而不知所措者的内心世界。笔记中有十页是用铅笔认真画出的拉封丹《寓言诗》插图。还有德文和波兰文的诗歌,有马克斯·诺尔多《论传统谎言》中的摘句,有克拉辛斯基、斯洛伐茨基和海涅的诗抄。有三页是勒南所著《耶稣传》中的摘句:"谁也不能像他那样,终生将人类利益看得重于世俗虚荣……"笔记中有几篇俄文的哲学论文;有一段路易·勃朗的文摘,有一页勃兰戴斯的话。后面又是图画、花草、动物。接着是海涅的诗;玛妮娅将萨利·普鲁多姆和弗朗索瓦·科培的作品译成的波兰语诗歌。

多么矛盾的心理啊!这位"解放了的女孩"为了蔑视轻浮,刚刚把那头漂亮的金发几乎齐根剪去,立刻暗自叹息,还大段抄录文字华丽却没什么意义的诗句:

> 黑头发蓝眼睛的人儿,如果我对你说我爱你,
> 谁知道你会怎么说?

可以想象,玛妮娅一定十分小心,不让态度严厉的同志们了解到,她暗自欣赏《再会了苏松》和《打碎的花瓶》。这一点她自己也不愿承认。她的装束极其朴素,可面孔却显得非常孩子气,那头剪短的卷发非但没有增强

她的个性，反而让她看上去更像个小姑娘了，她匆匆跑去参加一个个会议，参加讨论，激动得满面红光。她在朋友面前朗诵诗歌，会挑选阿斯尼克的诗篇，这位诗人的作品是在火一般的灵感激励下写出来的，已经成为这群年轻人的信条：

> 寻找真理的光明；
> 探索未知的新径……
> 尽管人的目光远比现在敏锐，
> 仍然能找到神圣的奇迹……
> 每个时代都有梦想，
> 抛弃昔日的梦幻吧，
> 举起知识的火炬，
> 在世纪的劳作中担负起新的工作，
> 建造起未来的殿堂……

即使在她赠给玛丽亚·拉可夫斯卡的照片上，她也没忘记通过这件礼物表达自己的信念。这是一幅她和布罗妮娅的亲切合影，照片上有如下明确的题词：

> 赠给一位理想的实证主义者——两个实证主义者赠。

这两个"实证主义者"一起花费了许多时间，为自己的未来生活作打算。可惜阿斯尼克和勃兰戴斯都没有给她们指明道路，让她们能在一个高等学府不收女生的城市里求学，这些作家也拿不出一个神秘的方法，让她们从每小时收半卢布的家教工作中迅速致富。

玛妮娅天性慷慨，心中却十分忧伤。这个孩子心中有如同纽芬兰狗的忠实本能，她是家中最年幼的孩子，觉得对父亲的未来负有责任，对自己的哥哥姐姐也负有责任。幸而约瑟夫和海拉用不着她担忧，这位年轻人即将成为医生，那位性格热情的漂亮姑娘海拉可在当教师或从事演艺生涯之间做出选择，她尽情引吭高歌，努力获得文凭，同时拒绝几桩求婚。

但是布罗妮娅却不同！怎样才能帮助布罗妮娅呢？自从她四年前从学校毕业以来，一切烦心的家务事都落在她头上了。她费心采购食品、搭配菜谱、指挥腌制蔬菜，成了一个了不起的好家庭主妇。但是，她本人却为只能当个家庭主妇而深感悲观。玛妮娅懂得姐姐心中的悲苦，因为姐姐的秘密愿望是去巴黎学医，然后返回波兰从业。这位可怜的姑娘已经积蓄了一笔"远征经费"，但是出国留学的费用太高了！她还得等待多少岁月呢？

玛妮娅生性体贴别人，布罗妮娅明显流露的焦虑和沮丧也成了她的心病，她忘记了自己的抱负，忘记了自己也常常梦想着跨越几千英里，到索尔本满足自己本性中的求知欲望，然后带着珍贵的知识回到华沙，在她热爱的波兰人中间当一名教育家。

她非常关心布罗妮娅的未来，因为两人之间有着比血统还要强的联系。自从斯科洛多斯卡夫人去世后，布罗妮娅便长女若母，给她关心和支持。在这个相互团结的家庭中，这两个姐妹彼此最亲近。她们俩的性格彼此格外相辅相成。姐姐富有实践经验，让玛妮娅非常佩服，遇上日常小问题她都去请教姐姐；这个小妹妹却既感情热烈又生性胆小，成为布罗妮娅最喜爱的伴侣，一种满足感增强了她对妹妹的爱，一种朦胧的负疚感使她对妹妹的关爱更加深厚。

一天，布罗妮娅在一张纸上涂写着，计算自己有多少钱，或者不如说她在计算自己还缺多少钱。这时，玛妮娅直截了当把事情说穿了。

"最近我再三考虑过,也跟父亲谈过。我认为已经有了一个办法。"

"有了办法？"

玛妮娅凑到姐姐身旁。她要说的话以及要姐姐接受的事情非常微妙，必须谨慎权衡每一个字眼。

"我们计算一下。靠你节省下的钱,你在巴黎能生活几个月？"

"我的钱足够支付旅费和大学的一年开销。"布罗妮娅回答得直截了当，"但是医学课程要学五年,这你也清楚。"

"不错。可你知道,布罗妮娅,我们做家教每堂课只挣半个卢布,永远也攒不够钱。"

"那怎么办呢？"

"怎么办？我们可以联合起来。如果各自奋斗,谁也走不了。要是照我的计划办,你秋天就能登上火车出发——也就是再有几个月就行。"

"玛妮娅,你不是疯了吧!"

"不是的。开始你先花自己攒的钱。以后我设法给你寄钱,父亲也会寄钱的。与此同时,我也要为自己将来求学攒钱。等你当了大夫,就轮到我走了。到时候你就帮助我。"

布罗妮娅的眼睛里涌出了泪水。她体会到这个提议的迷人之处。但是,玛妮娅的提议中有一点却并不清楚。

"我不明白。你挣的钱除了自己维持生活,除了部分支持我的开销,还有希望结余?"

"当然有,"玛妮娅说得很轻松,"这正是我的计划。我要上一个人家里去当家庭教师。食宿洗衣全免费,一年能挣四百卢布,没准还不不止这个数目呢。你看,这样一切问题就都解决了。"

"玛妮娅……我的小玛妮西娅……"

这倒不是因为玛妮娅甘心选择这种职业感动了布罗妮娅。她也是个很好的"理想主义者",与妹妹一样蔑视社会偏见。让她感动的是妹妹为了让她尽快去求学,自己甘愿一连几年从事毫无趣味的职业,还要忍受残酷的等待。不行。她不接受这种安排。

"为什么应该由我先走?应该换过来才对。你的天赋好,恐怕比我好多了,你很快便会成功。干吗要我先走?"

"嗨,布罗妮娅,别犯傻了!你已经二十岁了,我才十七。你已经等待了很多岁月,我还有的是时间。爸爸也这么想,大的先走,这再自然不过了。等你开始行医,你可以用金币把我埋起来——说实话,我真的指望这个呢。我们终于要办一件聪明事了,这么办肯定行得通……"

一八八五年九月的一天早上,一个沉默寡言的年轻姑娘在一间职业介绍所前的接待室前排队等待。她从仅有的两套衣服中挑了一套比较庄重的穿在身上。一顶黑帽子下面,已经留了几个月的卷发尽量用发卡别住。尽管她是个"实证主义者",但是,家庭女教师不能留短发,应该端庄,朴素,不能显得特殊……

门开了。一个满脸沮丧的瘦女子出来穿过前厅,出门的时候对玛妮娅做了个再见的手势。这也是个找工作的姑娘。刚才她们并肩坐在屋里唯一的那张藤椅上交谈过,还相互祝愿对方幸运。

玛妮娅站起身。她忽然胆怯起来。一只手机械地抓紧薄薄的一叠文件和信札。里面屋子的小办公桌后面坐着一个胖女人。

"小姐,请问你有什么事?"

"我在找一个家庭教师的职位。"

"你带着什么证明文件没有?"

"有。我教过书。这是我的几位学生家长写的推荐信。这是我的文凭。"

职业介绍所的女主任用内行的眼光审视着玛妮娅的文件。这些文件吸引了她的注意,她抬起头,带着不小的兴趣打量着眼前这位姑娘。

"你精通德语、俄语、法语、波兰语和英语?"

"是的,夫人。英语不及其他几种语言好……不过我可以教授官办学校的规定课程。我高中毕业曾获得金奖章。"

"你要求的报酬是多少呢?"

"每年四百卢布,外加我的生活费用。"

"四百卢布,"这位夫人面无表情地重复道,"你的父母是做什么的?"

"我父亲是高中教师。"

"很好。我要照例调查一下。也许能为你找到一个职位。不过,顺便问问,你多大岁数?"

"十七岁,"玛妮娅脸颊稍有点发红。然后迅速露出令人鼓舞的微笑补充说:"我很快就满十八岁了。"

这位夫人用完美无瑕的英文填写了申请人表格:

玛妮娅·斯科洛多斯卡,证明文件完善,有才干,愿做家庭教师。薪金要求:每年四百卢布。

她把文件交还给玛妮娅。

"谢谢你小姐。一有机会我就写信给你。"

第五章　家庭女教师

玛妮娅在一八八五年十二月十日写给她表姐米哈洛夫斯卡的信中说：

亲爱的亨利埃塔：咱俩分手后，我简直像是沦为囚徒了。你知道的，我在勃……律师家找了个工作。这儿简直是个地狱，就是我最仇视的敌人，我也不忍心让他住在这种地狱里。到后来，我与勃……夫人的关系变得非常冷淡，我把这种感觉对她直言相告。由于我们俩相互间的感觉不相上下，所以彼此的了解十分深刻。

这家人跟其他有钱人一样，喜欢撑门面讲法语，背地里却一拖六个月不付账单，其实，他们说的法语就跟法国扫烟囱的人一样低级。在家里，他们连点灯的油都舍不得用，到了外面，却大把乱花钱。他家用了五个仆人。自己装出自由派开明人士的模样，其实他们本质上愚蠢透顶。最可恶的是，他们说话时仿佛嘴上抹了蜜糖，但话里却带着恶意，把人诽谤得体无完肤……我总算在这儿学会了一件事，那就是深刻地认识人。我发现小说里描绘的人物实际上真的有，我也懂得了，人不能跟有财而无德的人交往。

这是一幅毫不留情的画面。由于它出自毫无恶意的玛妮娅之手，我们便看出，她是多么天真，多么富有幻想。她随便选了个富有的波兰人家庭，就希望这家的孩子活泼可爱，家长善解人意。由于她已经准备好要亲近他们，热爱他们，因此她的失望是深重的。

　　这位年轻家庭女教师写的信，让我们间接感觉到，她不得不离开的自己家那个环境是十分特殊的。玛妮娅在知识分子圈子里遇到过能力平平的人，却从未见过卑鄙的人。她在家里从未听到过一个粗鄙难听的字眼。斯科洛多斯基家的人遇到家庭争吵、人们说恶毒的闲话，总是感到十分惊恐。我们可以想象出，这个姑娘每次遇到愚蠢、琐细或粗鄙的事情，准会感到惊愕和反感。

　　玛妮娅的哥哥和姐姐都有着高尚的品质和杰出的智力，这一点或许能解开一个困扰我们的谜：为什么没有人发现这个年轻姑娘有着过人的天才和超人的特长？为什么不送她去巴黎就读，却听任她寻找一个家庭教师的职业？

　　她生活在非凡的人们中间，身边有三个拿到文凭和奖章的哥哥姐姐，他们与她一样，聪明而有志气，热心投身工作。相比之下，未来的玛丽·居里就不显得突出了。在一个有限的知识圈子里，过人的天赋很快就能表现出来，引起人们的惊讶和赞叹，然而，在这个家庭里，约瑟夫、布罗妮娅、海拉和玛妮娅都在成长，在求学问中彼此竞争。因而，当时不论是上了年纪的人还是年轻人，都没有从几个孩子中看出伟大人物的征兆，谁也没有为他们最初的光辉所感动。人们谁也没想过，玛妮娅在本质上会与哥哥姐姐不同，就连她自己也没想过这个。

　　她拿自己与家人作比较时，便会感到自惭形秽。但是，当她走进一个中产阶级家庭工作时，她便无法掩饰自己的优越性了。就连玛妮娅自己也看得出这种优越，心里便觉得高兴。这位姑娘蔑视出身和财富，她从来看不起这些东西，然而，她对自己的出身和受过的教育却倍感自豪。后来她在批评一些雇主时，流露出一种轻蔑的态度和天真的骄傲。

　　玛妮娅不但从第一次经验中归纳出关于人类和"有财无德者"等哲理，而且发现，原先向布罗妮娅解释的计划需要做重大修改。

　　玛妮娅原本希望，在华沙找个工作能挣到数目可观的收入，而且不必忍受路途奔波之苦。留在城里能减轻她感到的苦难，这意味着她可以待在家的附近，可以天天回家，与父亲说说话，还意味着她能够与流动大学的朋友保持联系，也许还能上夜校听几节课呢。

但是，既然愿意做出牺牲，就不能半途而废。这个年轻姑娘选择的命运还不够严酷，她挣钱不多，开销倒不少，常常预支工资购买日常的小零碎，到了月终，积攒下的钱就所剩无几了。可她还得准备好资助布罗妮娅呢，布罗妮娅已经和玛丽亚·拉可夫斯卡去巴黎求学，住在拉丁区清苦度日。而且，斯科洛多斯基先生退休的日子也快到了，届时老人也需要有人帮助。到时候她可怎么办呢？

玛妮娅并没有长时间迟疑不决。两三个礼拜之前，她听说乡下有个报酬优厚的家庭教师职位。她立刻做出决定：她愿意去那个遥远的乡下，也愿意投身到陌生的地方去。虽然她不得不与亲人分别，在人地两生的地方生活好几年，可这有什么关系？报酬很高，而且在那种偏僻的乡下，生活中几乎用不着花销。

"再说，我喜欢乡下清新的空气！"玛妮娅自言自语道，"以前我怎么就没想到这条路呢？"

她把自己的决定写信告诉表姐：

我闲散的时间不多了。虽然我有过迟疑，但已经做出决定，明天就接受乡下那个位置，从一月开始工作。那个地方在普罗克，年薪五百卢布，从一月一日开始算起。他们以前曾对我提起过这个职位，可我当时没接受。这家人对现在的家庭教师不满意，要我去。很可能我也像那个教师一样，不能让他们感到满意。

一八八六年一月一日，玛妮娅冒着严寒启程了，这是她一生中将要经历的许多残酷日子之一。她勇敢地告别了父亲，再次把自己的邮寄地址重复告诉他：

普扎斯尼兹地方，
斯茨组基镇，
佐先生和佐夫人宅子，
玛丽亚·斯科洛多斯卡收

她登上火车车厢。望着父亲矮小的身影,她脸上还挂着微笑。接着,她忽然跌坐在车厢坐椅上,感觉到孤寂向她袭来。她平生头一回独自外出谋生,完全孤立无援了。

这个十八岁的姑娘突然恐慌起来。这列沉重的火车要把她带到远方一个陌生的房子里,与一个陌生的家庭生活在一起,玛妮娅不由感到羞怯,感到恐惧,浑身都颤抖起来。假如这个新雇主与原先那些雇主一样可恶,她可怎么办?倘若她走之后斯科洛多斯基先生生了病,那可怎么办?她还能再次见到父亲吗?她做出的是不是一个彻头彻尾的愚蠢决定?这个姑娘蜷缩在车厢里,紧紧靠在车窗跟前,望着苍茫暮色中沉寂的原野向后飞驰,用手揩着流淌不止的眼泪。

坐了三小时的火车后,接着是坐在雪橇上奔波四个钟头。雪橇在笔直的道路上滑过,四野一片冬季的庄严肃穆。佐先生和佐夫人是田产管理人,为沙尔托斯基亲王们管理华沙北部一百公里处的部分农田。玛妮娅在这个冰冷的冬夜抵达他们家门口时已经疲惫不堪,周围的情景几乎像在梦中,朦胧中,她看见这家的男主人身材高大,看见他妻子黯淡的面孔,还有几个孩子盯着看她的好奇眼神。

主人请他喝热茶,亲切问候她。然后佐太太带玛妮娅上二楼,走进给她预备好的房间,佐太太离开后,屋子里只剩下她和随身的一丁点行李。

一八八六年二月三日,玛妮娅在写给表姐亨利埃塔的信中说:

> 我到佐先生和佐夫人家已经一个月了,算是度过了新环境的适应期。迄今为止一切都很好。佐家的人都好极了。我与这家的大女儿布朗卡成了好朋友,于是我在这里相当愉快。我的学生安齐娅快要满十岁了,是个听话的女孩子,不过让父母宠坏了,不懂规矩。当然,谁也不能指望一切都十全十美……
>
> 这地方谁也不工作,人们一心想着寻欢作乐。这家人因为不参加乡邻举办的舞会,反倒成了乡下人的话柄。我刚抵达这里一个礼拜,已经有人说我的坏话了,那是因为我不认识这里的人,拒绝参加在卡尔瓦茨家举办的一次舞会,那可是个谣言制造中心。我没去一点儿也不后悔,佐先生和佐太太参加那次舞会直到第二

天下午一点钟才回来。我很高兴逃脱了那场折磨,尤其当时我身体还不太舒服。

这里在主显节前夜①举办了一场舞会,我有幸见到不少客人,这些人真是漫画家的好题材,我觉得实在有趣。这里的青年人都乏味极了。女孩子有的呆兮兮从不开口,有的却令人讨厌,看上去还有一些显得比较有见识。现在我渐渐看出,我的朋友布朗卡·佐小姐是一颗罕见的珍珠,她有良好的判断能力,而且对生活有透彻的理解。

我每天工作七小时:四小时教安齐娅,三小时辅导布朗卡。工作时间的确不少,不过没关系。我的房间在楼上,宽大、安静,而且相当舒适。佐家的子女很多:三个儿子在华沙上学,一个在上大学,两个在寄宿中学上学。家里还有十八岁的布朗卡和十岁的安齐娅。另外还有三岁的斯塔斯和六个月大的小女儿玛丽施娜。斯塔斯非常有趣。保姆告诉他说,上帝无处不在。他就露出一脸焦虑的神色问:"他会抓住我吗?他会咬我吗?"我们都觉得好玩极了。

玛妮娅没写完这封信就搁下笔离开长窗旁边的书桌,身穿毛衣便冒着严寒走到阳台上。窗外景色仍然让她感到可笑。她出发来这个偏僻乡村之前,满心想着会见到乡村景色,到处是草原和森林,可是,来了这里第一次推开窗户一看,外面却是一只高大的工厂烟囱,浓烟滚滚,遮天蔽日。她心里便觉得滑稽。

周围没有一片庄稼地,也没有一片矮树林。广袤的田野上只有一片接一片的甜菜地。到了秋天,一辆接一辆牛车拉着带有泥土的白色甜菜萝卜,缓缓驶向制糖厂。农民为这家工厂耕耘、播种、收获。克拉西尼茨是个小村子,村里的小农舍都聚集在糖厂黯淡的红砖建筑物周围。就连那条河也成了工厂驾驭的奴隶,流进去是清澈的河水,流出来的却是漂着黑糊糊浮渣的污水。

---

① 主显节:天主教节日,在圣诞节后第十二天。

佐先生是位精通新技术的有名农学家,他控制着二百英亩的甜菜种植。他是个有钱人,拥有糖厂的大部分股票。这家人像周围其他人家一样,最关心的事情就是这家工厂。

其实,这工厂根本算不上有什么规模。尽管在当地引人注目,但是与外省几十家其他企业一样,都不过是些小有规模的企业而已。斯茨组基的地产也很小,二百英亩地产与这里广袤的乡村土地相比,简直是九牛一毛。佐先生家生活富足,但算不得首富。虽然与邻近农场的房子相比,他家的房子比较讲究,但再怎么说也称不上豪宅。那是一座周围常见的旧式别墅,房子低矮,倾斜的屋顶下是阴暗的墙壁,藤架上爬满了五叶藤萝,阳台都用玻璃包起来,却依然走风漏气。

只有那个僻静处的花园还收拾得十分漂亮,到了夏天,草坪碧绿,灌木整齐,球场外面围着修剪齐楚的岑树。房子另一侧有个果园,再远一点,能看到四个红色屋顶,那是仓库、马厩、牛栏等,里面养着四十匹马,六十头牛。在那之外,种甜菜的肥沃土壤一直伸展到遥远的地平线上,除此之外什么其他东西也没有。

"我这个选择还不坏,"玛妮娅一边关上窗户,一边自忖,"工厂的确不好看。不过也还是有益处的,有了它,这个小地方才比其他地方富庶,时常有人从华沙来,也时常有人到华沙去。糖厂有不少工程师和管理人员,这是桩不错的事情,可以上他们那儿借书看书。佐太太脾气不好,可她不是个坏女人。她并不把我当成家庭教师对待,因为她本人也一度当过家庭教师,她的好运到来得太快了些。她丈夫是个迷人的男人,她的大女儿简直是个天使,她的其他孩子也都不至于让人无法忍受。我看我算是非常走运了。"

这间屋子的一面墙壁,从上到下几乎让一个巨大而光滑的瓷壁炉占满了。玛妮娅烤了烤手,然后回到书桌前接着写信。她一直写到外面传来雇主专横的叫声:"玛丽亚小姐!"声音穿过墙壁和门扇,传进她的屋里。主人是在叫她去作陪伴呢。

孤身一人的家庭女教师都会写许多信,也希望收到回信,通报城里的消息。随着日月流逝,玛妮娅定时写信给自己的亲人,讲述自己生活中的种种活动,她要履行卑微的任务,也要一连几个钟头给人"作陪伴",从工作中也能得到不少乐趣。她写信给父亲、给约瑟夫、给海拉、给她亲爱的布罗妮娅、给她中学时的朋友卡齐娅·普希波罗夫斯卡。她也写信给表姐亨利埃塔。这位表姐如今结婚了，住在利沃夫，可她仍是个激烈的"实证主义者"。玛妮娅坦率地把自己的心里话写信讲给表姐听，说出自己严肃的思考，自己的沮丧心情和希望。

一八八六年四月五日，玛妮娅给亨利埃塔的信上有这样的内容：

> 我按照自己职业的本分生活着。我给学生教课，自己也读一点书，不过并不容易找到时间，因为总有新来的客人打扰我，扰乱我利用自己的正常时间。有时候，这种情形让我非常恼火，我的学生安齐娅最喜欢找各种机会不上课，过后又很难让她恢复秩序。今天，我们又遇上麻烦了，她不按时起床。最后我不得不绷着脸拉着她的手把她从床上拖起来。我心里气得直冒火。你想象不出这种小事让我多么难过，有时候我一连几个钟头不开心。不过我总得制服她才行。
>
> ……你问我作陪的时候谈什么话题？除了闲扯还是闲扯，什么张家长李家短啦、舞会啦、聚会啦等等。要说跳舞，这地方的年轻姑娘舞跳得真是尽善尽美，恐怕哪儿都找不着这么好的舞蹈高手。从这一点上讲，她们还算不坏，有些人也很聪明，但是她们没接受过多少教育，智力没有得到开发。当地人又特别喜欢一场接一场组织荒唐的宴会，把她们仅有的一点点智力也消耗光了。这里有点脑筋的好小伙子实在太少……不论是姑娘还是小伙子，"实证主义"或"劳工问题"之类话题，他们听都不愿听，这种情况实在少见。相对来说，佐先生家还算比较有教养。佐先生是个老派人物，但是也有很好的见识，他富有同情心，也讲道理。他妻子是个难以相处的人，不过只要习惯了，她还是个挺好的人。我认为她还是挺喜欢我的。
>
> 你真该看看我在这里的模范行为才对！我每个星期天和节日都去教堂做礼拜，从不借口头痛或感冒而缺席。我几乎没有谈到过妇女接受高等教育问题。在任何情况下，我都恪尽职守，遵

循我的本分礼数。

　　复活节我要回华沙去度几天假。一想到这个,我的心里就乐开了花,简直要跳起来了……

　　玛妮娅描述自己的"模范行为"不无讥讽口吻,她骨子里有一种大胆的独创性格,无法长期忍受墨守成规的生活。她内心中一直是个"实证主义者",渴望成为有用的人,渴望参加斗争。

　　一天,她在泥泞道路上遇到几位衣衫褴褛的姑娘小伙,见到这几位年轻农夫亚麻色头发下的愚顽面孔,她心里忽然有了个计划。自己有宝贵的进步思想,干吗不在斯茨组基这个小天地里付诸实施呢?前一年,她还梦想过要"为人民启蒙"呢。现在就是个极好的机会。村子里的孩子们大半是文盲。就是偶尔上过学的,也只学会点俄语字母。要是能秘密教他们波兰语,唤醒这些年轻的人们,让他们认识到祖国语言有多美、历史有多悠久,那该多好!

　　我们这位家庭教师把自己的想法告诉了佐小姐,佐小姐立刻表示赞成,而且决定帮助她。

　　"再仔细想想吧,"玛妮娅想让她冷静下来,"你知道的,要是有人告发,我们就会被流放到西伯利亚去。"

　　但是,勇气比任何东西都更有感染力,玛妮娅从布朗卡·佐小姐的眼睛里看到的是热情与坚定。只要得到家长的允许,她们就能在那些农夫的小屋里谨慎地搞宣传了。

　　一八八六年九月三日,玛妮娅在写给亨利埃塔的信中说:

　　……今年夏天我有个假期,可我不知道该上哪儿去,于是就待在斯茨组基。我并想花钱去喀尔巴阡山。我每天给安齐娅教好几个钟头的课,陪布朗卡读书,还给这里一个工人的儿子讲一小时课,为他进学校做准备。除此之外,布朗卡和我还一天给几个农夫的孩子们讲两个钟头的课。有十个孩子听课,其实算作一个班了。他们倒是愿意学习,可我们的任务还是十分艰难。后来他们的学习成绩渐渐有了进步,而且相当快,这让我感到安慰。

因此,我每天都很忙。除此之外,我还要自学一点东西,有时要独自学很多东西……

一八八六年十二月,玛妮娅在写给亨利埃塔的信中这么说:

我教的农民学生人数增加到十八人。他们当然不能同时来上课,我无法应付那么大的班。不过,他们每天要学习两个钟头。星期三和星期六,我教他们的时间略长些——长达连续五小时。幸亏我的房间在二层楼,有单独的楼梯通向院子,因此,这一工作并不影响我对佐家的义务,也不影响其他人。这些孩子们让我获得了极大的愉快,也得到了极大的安慰……

这样一来,玛妮娅要听安齐娅喃喃地背课文,要辅导布朗卡做功课,遇上朱列克从华沙回来,要监督他做作业,除此之外,这位不屈不挠的姑娘还要回到自己房间里等着教那批农民学生,听到楼梯上响起靴子和赤足踏出的声音,她知道自己的学生们要到了。她借来一张松木桌子和几把椅子,好让他们舒舒服服坐下来写字。她还从自己的积蓄中拿出不少钱,为他们购买抄本和钢笔,学生们就用不听使唤的手指吃力地书写。在这间石灰墙的大房间里,如果来了七八位小农民学生,维持秩序和帮助差等生就够玛妮娅和布朗卡·佐费劲了。那些差等生急得又抽鼻子又喘粗气,就是拼写不出难记的单词来。

围在玛妮娅周围的这些金发孩子,父母都是做仆人、农民、工厂工人等工作的,他们身上的深色衣服不常清洗,从来气味不佳。有的孩子不用心学习,显得闷闷不乐。不过,大多数明亮的眼睛里都流露出一种天真的热切愿望,希望将来有一天拥有能读会写的神奇本事。这种卑微的目标实现后,白纸上的大黑字对他们忽然有了意义,孩子们不禁为自己的胜利得意欢呼,就连偶尔坐在屋子另一头旁听的文盲家长也赞叹不已。每逢听到这种声音,我们这位年轻姑娘的心会激动得不能自已。她不禁感叹,不知有多少求知的愿望落空了,也不知道大批不为人知的人群中蕴藏着多少天才。面对这片愚昧的海洋,她觉得自己太软弱、太无能为力了。

第六章　长期等待

这批农民的子女不曾料到,"玛丽亚小姐"也常为自己的无知感到忧郁。他们不知道,这位年轻教师想重新成为一名学生,也不知道她喜欢的是学习而不是教书。

玛妮娅这时又站在窗前。她眼睛望着一车车甜菜萝卜运往工厂,心里却在想着另一番景象:此时在柏林、维也纳、彼得堡、伦敦,成千上万的青年正在上课或听讲座,正在实验室、博物馆、医院里实习！她更进一步想到,在那所著名的巴黎大学里,教授在教生物学、数学、社会学、化学和物理学课程！

玛妮娅·斯科洛多斯卡最希望求学的国家是法国。法国的声望让她着迷。柏林和彼得堡的人都是波兰的压迫者,但法国却是个珍视自由的国家,在那里,各种感情和信仰都受到尊重,法国还欢迎一切不幸的人们和受压迫的人们,不论这些人来自何方。她将来有一天真的能登上开往巴黎的火车吗？这样的幸福真的能降临到她头上吗？

对此,她已经不存什么奢望了。在这个令人窒息的乡村里生活过十二个月后,她的幻想已经被摧毁了。虽然这个姑娘充满了追求学业的激情和梦想,可她并不是个脱离实际的空想家。玛妮娅仔细考虑现实情况,便看出自己面前的境况显然是没有出路的。住在华沙的父亲不久便需要她的照顾,在巴黎求学的布罗妮娅还需要她帮助好几年才能开始挣钱。她自己如今在斯茨组基担任家庭教师,想要积蓄一笔钱的计划原来想想觉得可以实现,现在却让她觉得可笑,简直是个幼稚的计划。谁也不可能从斯茨组

基这样的地方走出国门。

从这位天才姑娘的灰心念头中,我们看得出,她并非无懈可击,也远不具有超人的信心,她与所有十九岁的姑娘一样,也会感到痛苦,也会丧失信心。我们也看得出她的矛盾心情,她一方面决定放弃一切,另一方面却带着英雄气概拼命奋斗,不甘心如此葬送自己的前程。她的确受到强有力的本能驱使,每天夜里伏案苦读,钻研从糖厂图书馆借来的社会学和物理学书籍,也通过与父亲通信充实自己的数学知识。

这种活动看上去完全是徒劳的,可玛妮娅却孜孜不倦地坚持下去,这真让人感到吃惊。她独自一人在那所乡下的房间里苦读,没人给她指导,没人向她提出忠告,她几乎是在知识的迷宫里摸索,靠一些过时手册中的梗概介绍,仅凭偶然机会寻找着出路。在她感到沮丧的时候,她其实跟自己教的农民子女十分相似,那些孩子灰心时往往把手中的识字课本狠狠丢开,可她却有农民的倔犟,仍然不弃不舍。

四十年后,她曾这样写道:

> 文学就像社会学和科学一样让我感兴趣。不过,经过这么多年的学习,我渐渐发现了自己的真正兴趣所在,终于将目标集中在数学和物理学上。
>
> 这种独自研究常常被困难所包围。中学接受的科学教育远远不足,比法国中学毕业会考水平低得多。我努力以自己的方式补上这些课,使用的教材都是我偶然弄到手的书籍。这一方法不很有效,不过我从中养成了独立工作的习惯,学会了日后对我有用的某些东西……

在她从斯茨组基寄出的一封信中,她描绘了自学一天的情形。一八八六年十二月,玛妮娅在写给亨利埃塔的信中说:

> 我每天要做许多工作,有时候工作从早上八点到上午十一点半,下午两点到七点半,在此期间没有一分钟的空闲。中午十一点半到两点,要散步、吃午饭。茶点后若安齐娅有兴致我们就读书,如果她没兴趣,我们就交谈,要么我就做点针线活,我在上课的时候也做针线活。晚上九点钟,如果没有什么其他活动打扰,我就开始读书……我甚至养成了早上六点起床的习惯,为的是多看会儿书。但我不可能一直保持这样。眼下有一位老好人来访,住在家里,他是安齐娅的教父,佐夫人请他教我下棋,好让他消遣消遣。此外,遇到牌桌上三缺一,我还得凑个数。这些事往往搞得我不得不放下手头的书。
>
> 目前我读的书有以下几种:
> 一、丹尼尔著《物理学》,我已经学完了第一册;
> 二、斯宾塞著《社会学》法文本;
> 三、保罗·伯特著《解剖学及生理学教程》俄文本。
> 我同时读几种不同的内容,因为专攻一个主题会让我厌倦,

我可怜的小脑袋已经使用过度了。要是我读书觉得看不进去了,就演算代数题或三角题,这种活动是不能分心的,于是又将精力集中到正轨上来。

　　我可怜的姐姐布罗妮娅从巴黎写信来,说考试中遇到很大困难,她学习很辛苦,健康状况令人担心。

　　……你问我对未来的打算?我没有打算,就是说我的打算太普通太简单,不值一提。无非是得过且过,等到实在不能过了,就告别尘世。这种损失会是很小的,人们的惋惜时间也很短——跟惋惜别人没什么两样。

　　这些就是我眼下的打算。有些人以为,我无论如何不可能逃避一种精神狂热期,就是所谓爱情。可这种东西绝对不在我的计划之中。虽然我原先有过其他打算,可现在已经烟消云散,我已经把那些打算彻底抛在脑后、锁在心底,完全遗忘了。谁都知道,墙壁总比撞墙的脑袋坚硬……

　　这些值得怀疑的词语中隐隐露出失恋与自杀的念头,需要我们作一番解释。

　　解释其实十分简单平常,可以称之为"一个贫寒少女的爱情故事。"无数动人的爱情小说中有过完全相同的描述。

　　这段感情往事起源于玛妮娅·斯科洛多斯卡出落成一个成熟漂亮的姑娘。虽然她还不具有几年后照片上那种超凡脱俗的美貌,但是这位少女已经身材丰满、皮肤鲜嫩、头发光亮、手腕足踝都线条优雅。虽然她的容貌算不得漂亮,也不是完美无瑕,可她嘴角坚毅的曲线和深藏在眉骨下面的灰色眼睛却很引人注目,她观察人的时候,眼睛显得很大,目光犀利,令人惊心动魄。

　　佐家的长子从华沙回到斯茨组基来度假,几次长假后,他发现家里这位家庭女教师舞跳得很棒、会划船、会溜冰,聪明礼貌,即席赋诗像骑马驾车一样轻松。她非同凡响——与他熟悉的其他女子完全不同,不同得让他感到神秘!他爱上了玛妮娅。而玛妮娅在革命观念外表下也掩藏着一颗敏感的心,她也倾心于他,喜欢上了这个漂亮而讨人喜欢的大学生。

她还不到十九岁。他也刚比她大一点点。他们计划好了要结婚……

表面上看来，没有任何东西能阻碍他们的结合。不错，在斯茨组基，玛妮娅不过是孩子们的家庭教师"玛丽亚小姐"，但是这里人人都尊敬她。佐先生陪她长时间在田野上散步，佐太太像母亲一样关心她，布朗卡对她十分崇拜，全家人对她十分恭敬。有几次还邀请她父亲、哥哥、姐姐来家里做客。在她过生日的时候，这家人赠送她鲜花礼物。

因此卡什米尔·佐心里不很担忧，甚至深信父母会赞成他与玛妮娅订婚。

父母的答复来得很快。父亲怒不可遏，母亲几乎昏死过去。他们最宠爱的儿子卡什米尔竟然要娶个一文不名的女子！竟然要跟"寄人篱下"的女子订婚？要是他愿意，他明天就能娶个本地最富有最体面的姑娘！难道他发了疯？

顷刻之间，不可逾越的社会等级壁垒显露了出来。而且这发生在一向视玛妮娅为朋友的家庭里。尽管这个姑娘出身于一个好家庭，尽管她既聪明又有教养，名誉无可指摘，尽管她父亲在华沙是极受尊敬的人，但这些事实都无法对抗几个小小的字眼：不能娶家庭女教师。

当学生的儿子受到呵斥、震动、教训，决心动摇了。他没什么个性，害怕引起斥责和怒火。玛妮娅受到比她低级的人蔑视，心中万分痛苦，便退缩回来，感到难堪，变得冷淡，从此便沉默寡言。她打定了主意，决不再回顾这段田园恋情。

然而，爱情就像雄心抱负一样，宣布其死刑并不能使之消亡。

玛妮娅不能采取行动，离开斯茨组基。继续留在这儿，对她来说是既残酷又十分明确的事。她不愿让父亲替她担忧，最重要的是，这么好的职位她丢不起。布罗妮娅的积蓄已经成为记忆中的往事，玛妮娅现在要帮着父亲供姐姐在医学院求学，她每月给姐姐寄十五卢布，有时候是二十卢布，这几乎是她半个月的薪水。可她上哪儿能得到这么好的报酬呢？她没有对佐家把话挑明，也没有跟任何人谈论这事，否则会让自己更难受。最好的选择是忍受心中的痛苦，继续留在斯茨组基，仿佛什么事都不曾发生过。

生活回到了以前的轨迹。玛妮娅继续授课；继续责备安齐娅；继续督促朱列克用心学习，这小伙子只要稍微用一用脑筋立刻就打瞌睡；也继续教农民的子女。她一如既往地学习化学,也照样对自己徒劳的坚持耸一耸肩膀,跟人下棋,做文字对仗游戏,参加舞会,在田野上散步……

后来,她在一篇文字中提到:

  冬天,白雪覆盖的广袤原野不无迷人之处。我们乘坐雪橇长途旅行,有时候连路都找不到。
  我对驾雪橇的人喊:"别迷了路!"他就回答说:"我们就在路当中。"或者回答说:"别害怕!"结果我们的雪橇还是翻了。可这种事故更增添了我们游历的兴致。
  ……我还记得,有一年田野里的积雪很厚,我们造了一间非常漂亮的雪屋子。坐在里面可以凝视外面茫茫雪原,只见银白色的雪面上闪烁出片片玫瑰红色……

失恋带给她不幸,追求学业的梦想让她失望,物质境遇让她感到艰难,她帮助许多人,结果自己所剩无几。玛妮娅竭力忘记自己的命运,忘记自己永远不能自拔的这个泥淖。她转向自己家的人,不是求助,甚至不是要倾诉自己心中的苦痛,在她写出的每一封信中,她都尽量为别人提供意见和支持。她想要家里人都充分享受生活。

一八八七年三月九日,玛妮娅在写给约瑟夫的信中说:

  ……我认为,若能借到几百卢布,你最好留在华沙,而不要默默无闻地待在外省。我亲爱的哥哥,要是我写了什么愚蠢的话,请你千万别生气,我们从来都是心里怎么想就怎么说……亲爱的哥哥,你知道,人人都说,在小城镇工作会妨碍你在文化修养方面的发展,也影响你的研究工作。那就等于掉进一口枯井,根本干不成什么事业了。没有药房,没有医院,没有书籍,再有多大的决心也只会变得十分愚钝。亲爱的哥哥,如果看到你那样,我会感到极大的痛苦,因为我已经失去了成就的希望,全部心愿就是盼望你和布罗妮娅能出人头地。至少你们两人该充分发挥天赋,追求美好生活。毫无疑问,我们家的兄妹是有天赋的,不该任其埋没,必须通过我们中的一个兄妹表现出来。我越是惋惜自己,对你们抱的希望就越大……

也许你要嘲笑我,也许你觉得这是些无聊的说教,耸耸肩了事。我其实并不习惯于用这种口吻对你说话或写信;不过这些话来自我的内心深处,自从你上了大学开始学医,我就一直有这想法。

你再想一想,父亲有你在身边,该多么喜悦啊!他爱你胜过其他姊妹。我们想象一下,海拉要是嫁给那位M. B.,你又离开华沙,我们可怜的父亲孤零零一人该多可怜!那他会非常伤心的。要是照我说的,你们能生活在一处,那就太好了。另外,从节俭的角度考虑,别忘了给我们几个姊妹留个小小的空间,以备我们回家时住。

一八八七年四月四日,玛妮娅在亨利埃塔刚刚生育后孩子便夭折时写的信中说:

……母亲遭受许多磨难,到头来却是一场空,这该是多大的痛苦啊!我们只能以基督徒的身份安慰自己说:"这是上帝的旨意,谁也无法违背。"以此来减轻心中的痛苦。唉,并非人人能如此心宽。我了解,能够接受这种解释的人的确感到幸福。不过,奇怪的是我对他们的幸运越是了解,就越是不能赞同他们的信仰,而且越体会不到他们的那种幸福。

……请你原谅我这些哲学思索,因为人们抱怨自己居住的城市精神太保守,才会产生这种感想。我们的判断不要太严厉,因为社会和政治的保守通常源自宗教的保守性,而宗教的保守性能产生幸福感,可我们越来越无法理解那到底是一种什么样的幸福。我本人绝对不会强迫别人放弃信仰,每个人都该保持自己的信仰,只要信仰真诚就好。让我讨厌的是虚伪,如今,虚伪广为传播,而真诚却变得罕见了……我憎恶虚伪。不过我尊敬真诚的宗教情感,虽然真诚的宗教情感在智慧方面的造诣十分有限,可我也愿意表示尊敬……

一八八七年五月二十日,玛妮娅在写给约瑟夫的信中说:

……我还不知道我的学生安齐娅是否去参加考试,可我已经在感到担忧了。她的注意力不集中,记忆力也不可靠……朱列克也跟她没什么两样。教他们就像建沙塔,刚学会一样东西,前一天学的东西就忘光。有时候,我会觉得这像是受折磨。另外,我也为自己感到担心,觉得自己也变得十分愚钝。日子过得这么快,可我自己没有取得什么显著的进步。就连给村子里的孩子们上的课也不得不中断,因为在圣母月要举行许多弥撒。好在我的要求并不高,只需要知道自己对大家还算有些用处就行了……

后来她在信中提到海拉新近解除婚约一事,说道:

我能想象出海拉的自尊心受到多大的打击。说实在的,这让人认清了男人的本质!要是他们不愿娶穷人的姑娘,就让他们见鬼去!谁也没向他们要求过什么,他们有什么权利冒犯无辜的姑娘,让她们感到难过?

……希望你能告诉我一些让人感到安慰的消息!我常常挂念你的进展,不知你是否为留在华沙感到后悔。说实话,我不该为这事操心,因为你肯定能处理好。这一点我坚信不疑。我跟那些"女流之辈"常有麻烦,不过尽管如此,我还是心存希望,但愿不至于完全一事无成……

一八八七年十二月十日,玛妮娅在写给亨利埃塔的信中说:

……请你别相信什么我要结婚的谣言,完全是无中生有。这个谣言在乡下传得沸沸扬扬,甚至传到了华沙。虽然并不是我的错,但我恐怕这会给我招惹来麻烦。我的未来规划非常有限。如今我只梦想着家里有我的一个角落,好陪着父亲一起生活。这个可怜的老人很想念我,希望我能回到家里,他渴望我能回去!我宁愿牺牲自己的一半生活,换取自己的独立,以及一片生活的空间。因此,如果可能的话,我要离开斯茨组基,在华沙定居下来,在女子中学找个教书的位置,另外再代点课补充家用。但是在一段时间内这是不可能的,只不过是个愿望而已。无需为人生过分忧愁……

一八八八年三月十八日,玛妮娅在写给约瑟夫的信中说:

亲爱的约西奥:我把仅有的最后一张邮票贴在这信的信封上了,现在我是一分钱都没有了,真的是一分钱都没了!除非天上掉下一张邮票来,否则假期之前恐怕不能再给你写信了。

我写这封信的主要目的是祝你生日愉快。要是错过了你的生日,那是因为我既缺钱又没邮票,我觉得很难过,我不会向别人要这种东西,因为我还没学会向人伸手。

……我亲爱的约西奥,我多想回华沙去住几天!你知道吗?我常常为此叹息。我不愿说我的衣服已经破旧需要缝补,可我要说,我的精神在受着折磨已经难以承受了。啊,要是能离开这里冷嘲热讽的讨厌环境,那该多好,就是能离开几天也是好的。在这里,我时时处处都要留心自己的言谈举止和面部表情!我需要一种变化,这就像炎热的日子里需要洗个凉水澡一样。除此之外,我希望变化环境还有许多其他理由。

布罗妮娅有好长时间没来信了。毫无疑问,她也是苦于没有邮票……要是你能设法弄到一张邮票,求你给我写封信吧。给我好好写封长信,把家里发生的种种事情都告诉我。父亲和海拉的信里除了诉苦就没别的话。我常常自忖,难道一切真的都这么糟糕吗?我心里很苦闷,除了他们说的那些事,我在这里也有许多烦心事,我本可以把我的事告诉你,可我不愿说。要不是为了布罗妮娅着想,我准会马上向佐家辞职走人,尽管这儿报酬高,可我也要另谋职业。

一八八八年十月二十五日,玛妮娅写信给她的朋友卡齐娅。卡齐娅刚刚宣布了自己订婚的消息,玛妮娅要上她家住几天。玛妮娅在信中说:

……你对我说的贴心话,不论怎么说我都不会认为过分,更不会觉得可笑。我跟你关系密切,情同手足,你的事我哪能不放在心上,哪能不把你的事当成我自己的事呢?

说到我自己,我非常快活,就是遇上让我深感不快的事,我也用欢笑声把它掩盖起来。我已经学会了这种本事,那是因为我发现,像我一样敏感的人如果无法改变自己的性情,至少应该尽量掩饰。可你觉得这样有效吗?这样有好处吗?其实才没有呢!我性格活泼,常发脾气,说了话事后又悔恨,后悔的心情比说话时的痛快更强烈。

我这话说得有点苦恼,不过,卡齐娅,你知道的……你告诉我说,过去一个星期是你一生中最幸福的时光,可我这几个礼拜假期中的感受你永远都体会不到。我度过几天非常艰难的日子,那段记忆中唯一能让我感到平衡的东西,就是我能昂起头诚实应对。你看,我在生活中也没有抛弃掉昔日让迈耶小姐憎恨的态度。

……卡齐娅,你会说,我变得多愁善感了。你别害怕,我不会陷入与我的天性格格不入的那种坏习惯——不过,我最近变得有点神经过敏。有些人耍出种种手腕把我逼成这样。不过,我去找你的时候,肯定还是原先那么愉快,那么无拘无束。我们有多少话要倾诉啊!我得带上把链子锁,把我们的嘴锁上,要不然,就是到了天亮我们也睡不成觉。你妈妈是不是还会像以前那样,给我们调柠檬水做冰镇巧克力呢?

一八八八年十月,玛妮娅写给约瑟夫的信中这样说:

我望着日历,心里觉得悲哀。今天我用了五张邮票,更不用说用了多少信纸了。因此我很快就无法给你写信了!

你想想,我现在正拿着一本书学化学呢。你能想象得出,我从书里学到的东西有多可怜,可我有什么办法呢,我没地方做实验,也不可能搞实际工作。

布罗妮娅从巴黎寄来一本小相簿,非常精美。

一八八八年十一月二十五日,玛妮娅写信给亨利埃塔说:

我陷入了沉沉阴郁中,因为我们每天的伴侣是可怕的西风,它带来了阴雨、洪水和污泥。今天的天气还算比较暖和,可是风还在烟囱里嗥叫。也许你没有意识到,在乡下这种小地方,冰霜及其带给我们的好处,至少跟你们的加里西亚保守党与进步党之间的辩论一样重要。

……别根据这番话作结论,以为你信上说的事让我厌烦,其实正相反,让我得知有些地方有人在活动,有人甚至在思考,我觉得非常满意。你处在那些活动的中心,而我的生活却像浮在河水浊浪上的一条小懒虫。幸而我希望不久便能摆脱这种麻木状态。

我不知道你见到我时,认为我在人类中度过的这几年对我是有益还是有害。人人都说,我在斯茨组基生活的这段时间变化很大,身体和精神都发生了很大改变。这一点儿也不奇怪。我刚来这里时还不到十八岁,这么长时间里我什么没经历过?我度过了自认为是生活中最残酷的几个时期……我对一切都有强烈的感觉,那是真实的强烈感觉,然后我激励自己,我天性中的活力占了上风……我归纳出的首要原则是:不能让任何人或任何事把自己打垮。

我在倒计时,数算着还有多少天外加多少个钟头就到假日,就能动身回到家人身边。有时,我内心中有一种冲动,需要得到新的感觉,需要发生变化,需要活动与生活,我不由想干出愚蠢透顶的事,免得永远过同样的生活。幸而我有许多工作要做,这种冲动难得有机会爆发出来。这是我在这里的最后一年了。所以我必须更加用心,让孩子们在考试中取得好成绩……

第七章　逃出樊笼

"玛丽亚小姐"当家庭教师已经三年了。这是单调乏味的三年,工作很多,手头的钱却少得可怜,她有过几桩开心的小事,也经历过一场失恋的痛苦。如今,发生了一些小得几乎无法察觉的变化,这位年轻姑娘几近停滞的可悲生活开始受到扰动。巴黎、华沙和斯茨组基发生了一些事件,这些事情看似微不足道,却在神秘地改变着玛妮娅的命运。

斯科洛多斯基先生退休后开始领取养老金,他开始寻找报酬高的其他工作,想借此帮助女儿们。一八八八年四月,他接受了一个职务,这种工作极为艰辛,又得不到精神上的回报:在距离华沙不远的斯图德西尼兹地方一个儿童感化院担任院长。那里的气氛和环境恶劣,一切都令人不愉快,只是工资高。这个好老人立刻从中拨出一部分,每月寄给布罗妮娅。

这以后,布罗妮娅马上告诉玛妮娅,别再给她寄钱。然后请父亲从此之后由每月寄给她的四十卢布中扣下八个卢布,一点点偿还玛妮娅寄给她的那笔钱。从那时起,玛妮娅的财产才开始从零逐渐增加。

在巴黎学医的姐姐还从巴黎传来其他消息。她正在努力学习,成功通过了一次次考试。而且她恋爱了,爱上的是一个波兰同学,名叫卡什米尔·德卢斯基,是个聪明迷人品行好的人。唯一令人尴尬的事情,就是政府不允许他回到俄属波兰居住,否则要把他流放到西伯利亚去。

玛妮娅在斯茨组基的工作也到头了。一八八九年圣约翰节①过后,她

---

① 圣约翰节:波兰节日,六月二十四日。

在佐家的聘约就要结束,她需要另找个职位。已经有一个职位可供这位年轻的家庭女教师选择,是为华沙一位工业家的孩子任家庭教师,这位工业家非常富有,姓氏的第一个字是傅。这对玛妮娅总算是一种变化,而她强烈地渴望自己的生活发生变化。

一八八九年五月十三日,玛妮娅在写给卡齐娅的信中说:

> 再有五个礼拜就到复活节了……那对我是个非常重要的日子,因为这是决定我未来的日子。除了在傅家工作的职位外,还有另一个位置可供我选择。在这两个位置中间,我还有点拿不定主意,不知道该怎么办。
>
> ……我心里只想着复活节!我的脑袋里满是各种计划,急切得几乎要着火了。我不知道会发生什么变化。你了解你的玛妮娅,我恐怕一辈子都是个最浮躁的人……

再会了,斯茨组基和这里的甜菜地!玛妮娅面露微笑辞别了佐家,双方都十分亲切,恐怕亲切得有点过分,倒显得不大自然了。她获得了自由,回到华沙,满心喜悦地呼吸着家乡的空气。不久,她又登上火车,前往索波特,去新雇主家供职。那是波罗的海海滨的一个阴郁地方。

一八八九年七月十四日,玛妮娅在写给卡齐娅的信中说:

> ……我有过可怕的预感,结果旅程却很顺利……没人抢劫我,甚至没人企图抢劫。换乘了五次车,居然没上错车。我把带的小香肠全都吃光了,面包和糖果却没吃完,带的实在太多了。一路上都有好心人保护我,我感到十分舒适。我怕他们把善意延伸到替我吃东西上,就没让他们看见我的香肠。
>
> 傅先生和傅太太到车站来接我。他们非常好心,他们的孩子也很惹我喜爱。一切都没问题——其实也应该没问题。

在那个避暑胜地的舒尔茨旅馆,生活并非十分有趣,玛妮娅在那里写道:

在库豪斯一带，每天见到的总是同样的面孔，人们仅仅谈论穿着打扮之类琐事。天气冷了，大家都待在屋里。傅太太、她丈夫、她母亲——几个人的脾气都不好，我真想找个老鼠洞藏起来。

好在不久之后，雇主夫妇就带着孩子和家庭女教师返回了华沙，要在华沙过冬。

接下来的一年是这位年轻姑娘生活中比较愉快的时期。傅太太是一位非常美丽娴雅的女子，而且非常富有。她拥有毛皮衣服和珠宝，衣柜里挂着沃思生产的服装，客厅里悬挂着她身穿晚礼服的肖像。在这段轻松的时光中，玛妮娅从一个旁观者的角度，开始认识到财富能给娇奢女子带来各种琐细迷人的东西。她永远也无法拥有这种东西。这是她平生第一次接触到奢侈生活，也是最后一次！傅太太对她态度亲切，她也并不讨厌接触这种奢侈生活。这位"高雅的斯科洛多斯卡小姐"让傅太太着迷，于是她逢人便称赞这位女教师，要她在各种茶会和舞会上作陪。

一天，邮差投递来一封巴黎来信，这封信对她犹如一声炸雷。那是草草写在一张小方纸片上的信，布罗妮娅是在两次上手术台实习之间抽空写的。慷慨的姐姐邀请玛妮娅去自己的新家住一年。

一八九〇年三月，布罗妮娅写给玛妮娅的信中说：

……如果一切如愿，我们要在放假前结婚。我的未婚夫届时要成为大夫，我也只剩下最后一轮考试了。我们要在巴黎再住一年，等我通过这一年的最后考试后，我们就回波兰去。我看我们的计划中没有什么不合理的地方。要是有什么不对的地方，你要坦率地告诉我。你记得我二十四岁，对我倒没什么，可他已经三十四岁了，因此不能再等。继续等下去有点不合情理。

……听我的，我的小玛妮娅：你一生中总该有所作为。要是你今年能积攒起几百卢布，明年就可以跟我们住在一起，我们供你食宿。你必须有几百卢布，这才能支付巴黎大学的费用。第一年你跟我们住在一起。到了第二年和第三年，我们离开后，我敢保证父亲会想方设法帮助你的。你必须做出这个决定。你已经等待了太久。我能保证,你两年就能拿到硕士学位。你考虑一下,把钱收回来,存在可靠的地方,千万别借给人。也许最好马上兑换成法郎,因为现在的汇率很有利,以后也许会跌价……

人们也许会认为,玛妮娅看了姐姐的信准会激情满怀,会欢欣雀跃地答复姐姐说她很高兴去。然而,她的反应并非如此。她多年离家在外,生活孤僻,非但没有变得多愁善感,反而养成了顾虑重重的毛病。她的牺牲天性要迫使她故意放弃好运。她曾许诺要与父亲生活在一起,还想要帮助姐姐海拉和哥哥约瑟夫,所以不再想去巴黎了。玛妮娅在一八九〇年三月十二日从华沙写给布罗妮娅的回信中就是这么说的:

> 亲爱的布罗妮娅:我一向愚笨,现在也愚笨,恐怕终生都会愚笨。按照流行的说法,我从来不曾有过幸运,现在不幸运,将来永远也没有幸运。我梦想过去巴黎,就像希望灵魂获得救赎一样梦想过,可那个梦想很久以前便已离我而去了。如今你给了我这个机会,我却不知道该怎么办了……我不敢跟父亲谈这事,我相信我们明年开始一起生活的计划最合他的心意。他一直希望这样;我也想要他在晚年享受一点点幸福。在另一方面,想到自己的能力就这么耽搁了,也觉得伤心。毕竟我的天分肯定还是有点价值的。还有,我答应海拉,要在一年内设法让她回家,在华沙给她找个职位。你不知道我多替她难过!我仿佛觉得她才是家里最小的孩子,我有责任照顾她,这个可怜的人儿多需要人照顾啊……
>
> 不过,布罗妮娅,我求你尽心尽力帮助约瑟夫,虽然你可能认为,恳求那个能真正帮他的斯夫人不是你的责任,但是,请你克服这种感情吧。毕竟《圣经》上说:"只有敲门,门才会向你敞开。"虽然这要让你牺牲一点自尊心,可那又有什么关系呢?好心求情是不会得罪人的。该怎么写那封信?这我心里很清楚!你必须对那位夫人解释说,根本不需要一笔巨款,无非是几百卢布而已,这样约瑟夫就能住在华沙边进修边行医,这事关他的前途,没有

这样的帮助,他的能力就毁了,云云……总之,你必须在信中把这些内容都写上,不要遗漏。亲爱的布罗妮娅,要是你仅仅说向她借钱,她准不会把这事放在心上,肯定借不成。当然,你会觉得这么做太讨厌了,但是,只要能达到目标,这又有什么关系呢?再说,难道这是个很大的麻烦吗?世人不是常常比这更讨厌吗?有了这种帮助,约瑟夫就能成为社会上有用的人,要是他去了外省,那他就完了。

　　我说了这么多海拉、约瑟夫、父亲和我自己放弃前程的事,抱歉让你感到厌烦。我心绪恶劣,觉得让你知道这些等于给你的幸福投下片片阴影,我这么做是不对的,非常抱歉,我们兄妹几个,只有你最幸运。原谅我吧。不过你知道,我有这么多伤心事,很难用愉快的语气写这封信。

　　亲切拥抱你。下次我要用欢快的口吻写信,要写得更长。可我今天过得实在不快活。希望你常常用心惦念我,没准我在这儿能感觉到。

　　布罗妮娅又是坚持又是争辩,只可惜她缺少关键性的论据:她太穷了,支付不起妹妹的旅费,无法命令妹妹登上火车。最后,大家一致决定,玛妮娅履行傅太太家的聘约,继续在华沙住一年。父亲最近不在斯图德西尼兹工作了。她可以陪父亲一起生活,为了攒够钱,她可以额外代点课,不过,以后还是要去巴黎。

　　在乡下蛰居几年,又在傅家忍耐了欢乐的喧嚣之后,玛妮娅终于返回她感到亲切的生活环境中来。陪着父亲住在自己家,与老教师斯科洛多斯基先生进行激励精神的有趣交谈。流动大学再次向她敞开了神秘的大门。玛妮娅生活中头一次进入一间实验室——这真是无可比拟的喜悦,也是生活中的重大事件!

　　那是在克拉科夫斯基大道六十六号,一个种着丁香花的院子尽头,有一座两层小楼,房子的窗户非常窄小,活像是给小人国用的。玛妮娅的一位表兄约瑟夫·博古斯基是这里的负责人。这个机构有个特别浮夸的名称,叫做"工农业博物馆"。故意用这个浮夸朦胧的名称,完全是为了蒙蔽俄国当局。博物馆不会引起怀疑。因此,在博物馆里向波兰青年教授科学,谁也不会干涉。

后来,玛丽·居里曾描述道:

> 我使用这间实验室的时间很少。一般只能在晚饭后或星期天去那里,因为在那种时候,实验室只有我一个人。我试着按物理学和化学的理论做各种实验,有时候结果出乎意料。我不时为喜出望外的成功感到鼓舞,不过,有时也会因为没有经验而出些事故,或实验失败,每逢这种时候,我便感到沮丧。不过总的来讲,我付出了代价才了解到,实验中的成绩来得既不迅速,又不容易。最初几次实验过后,我培养出了对实验研究的兴趣。

直到深夜,玛妮娅才恋恋不舍地离开实验室的静电计、试管、精密天平之类仪器。回到家中,玛妮娅脱去衣服,在她那张窄窄的床上躺下,一种激越的兴奋感让她久久不能入睡。长久以来她不能确定自己要从事什么职业,如今这个职业忽然闪烁出明确的亮光,照亮了她的生活。仿佛这是向她发出秘密的召唤,她顿时加快脚步向前奋进。玛妮娅纤细灵巧的手指抓着"工农业博物馆"里的试管,仿佛神秘地回到了记忆中的童年时光,回到了父亲那只物理实验仪器柜前,望着玻璃柜门里面静止的仪器。以前她多想拿出那些东西来玩耍啊。她又重新连接起了生活中断开的线索。

虽然她在夜里搞实验情绪激动,但是,到了白天,她表面上却保持着平静,竭力掩饰起自己狂躁的迫不及待心情。她希望父亲在这最后几个月的亲密日子里感到幸福平静。她为哥哥的婚事帮忙,为海拉找工作。另外,也许出于心底里的秘密原因,她一直定不下离去的日期:她心里仍然爱着卡什米尔·佐。虽然她已经感到一股强大的力量在将她拉向巴黎,可她一想到要离开故乡好几年,心里就不能不感到痛苦。

一八九一年九月,玛妮娅在喀尔巴阡山的扎科巴纳度假,要在那里与卡什米尔·佐约会。斯科洛多斯基先生把她的情形写信向布罗妮娅作了介绍:

玛妮娅必须在扎科巴纳待一段,十五号才能回来,因为她咳嗽得厉害,还得了感冒,当地医生说,要是不能就地治好,恐怕一冬天都好不了。这个小淘气鬼!这主要是她的错,她从来不注意预防,总是不根据天气变化增减衣服。她写信给我说,她心情沮丧。我恐怕她是为自己职业不稳定而发愁,没准会出大乱子。另外,她说她对自己的未来有个秘密计划,说是回来才仔细告诉我。说实话,我完全能想象出是什么事情,也不知道是该高兴还是难过。我的预见还算准确,恐怕等待玛妮娅的就是给她造成麻烦的那个人,到头来她还是一样的失望。不过,这是个依照她自家意愿生活的问题,而且为的是让两个人都感到幸福,也许值得为此面对阻碍。不过,事实上我对真情一无所知……

你要她去巴黎的邀请来得出乎她的意料,让她感到高度兴奋,也增加了她的烦乱心情。我能感觉到她渴望去那个科学的发源地,这渴望是那么强有力。但是目前的情况并不有利,最重要的是玛妮娅回来时若没有完全恢复健康,我就不能同意她走。在巴黎过冬是很艰苦的,更不用说其他问题了,我也不考虑她走后我会感到非常难过,这最后一条考虑显然是次要的。我昨天给她写过信,尽量让她打起精神。如果她留在华沙,即使她不教书,我也能供养她生活上一年。

得知你与卡什米尔生活幸福,我很高兴。要是你们俩各自嫁给的男人名字都叫卡什米尔,那该多有趣!

好心的斯科洛多斯基先生!在他内心深处,他真的不愿意让他最宠爱的小女儿玛妮娅离开家,独自在这个大世界上闯荡。他心怀渺茫的希望,但愿有什么变故能让她留在波兰。最好能嫁给那个名叫卡什米尔·佐的小伙子。

但是,两个年轻人在扎科巴纳的大山之间散步时,已经摊了牌。那位大学生把自己的迟疑和恐惧至少对她说了一百遍,玛妮娅再也忍受不住,抛出一句话烧断了两人之间的桥梁:

"既然你看不出解决我们问题的方法,我也不能教你。"

斯科洛多斯基后来曾说,在这段漫长而缺乏热情的田园恋情中,玛妮娅的表现是"骄傲而高尚的"。

这位年轻姑娘挣断了仍然让她难以割舍的脆弱联系。她不再试图控制自己的急切心情。她回顾了自己耐心忍受过的煎熬,自从离开中学后,八年过去了,其中外出当了六年家庭教师。她已经不再是个自认为前途无限的少女,再过几个礼拜,她就要满二十四岁。

她突然发出了呐喊:向布罗妮娅写信求助。

一八九一年九月二十三日,玛妮娅在写给布罗妮娅的信中说:

……布罗妮娅,我请求你给我一个明确的答复。请你告诉我,是否真的能让我在你家里住,我现在可以去了。我有足够的钱支付我的一切费用。因此,如果供给我伙食不至于给你增加太多负担,那就写信告诉我。去巴黎将带给我极大的快乐,让我的精神从今年夏天严酷的磨难中恢复过来,也会对我的一生产生重大影响——不过,从另一方面讲,我并不愿意给你添太多麻烦。

既然你不久就要有孩子了,也许我去了还能帮上忙。无论有什么情况,请你写信告诉我。如果我能去,就告诉我,也告诉我必须通过什么样的入学考试,还要告诉我入学注册的最后期限是哪一天。我对离开家的前景感到很不安,接到你的回信之前,我什么都不准备说。求你立刻给我写回信。向你们二位致以最亲切的问候。你可以安排我住在任何地方,我不会妨碍你们。我保证决不添乱,也不惹你们讨厌。我恳求你回信答复我,不过要说实话。

布罗妮娅没有发电报答复,那是因为昂贵的电报是一种让她承受不起的奢侈。玛妮娅也没有跳上最早的一班火车,因为她必须为这次重大旅行作周密安排,也要精打细算尽量节约。她把自己拥有的所有钱摊在桌子上,到了最后时刻,她父亲为她补充了一笔小款子,可那笔款子对老人已经是非常大的数目了。

接着她开始计算。申领护照需要多少钱,火车票需要多少钱,等等。

坐火车从华沙到巴黎,她不能一时冲动乘坐俄法两国最便宜的三等车厢。穿过德国有四等车厢,这种车厢没有包厢,几乎像货车一样光秃秃的,车厢四周有长凳,中间排放折叠椅,还不算太难受。

布罗妮娅经验丰富,她的忠告必须牢牢记在心上:一切生活必需品都要带上,避免在巴黎产生意外花销。玛妮娅的被褥、床单、毛巾等大件要提前托运,由货运车运出。她用结实的布料缝制的内衣、她的衣服、鞋子和两顶帽子都集中起来放在一张沙发靠榻上,旁边一口独特的大木箱盖子敞开着。这是她刚买来的,觉得称心如意!虽然模样土里土气,但非常结实。玛妮娅曾怀着热情在上面仔细用黑体大字涂上自己的名字缩写:M. S.。

被褥已经运走,木箱也已经托运,这位旅行者还有许多笨重的零碎东西要带,这些东西都是旅途上必不可少的:在火车上三天的食物和饮水、在德国乘坐火车用的折叠椅、书籍、一小袋糖果、一床被子……

玛妮娅把这些行李堆放在行李架上,又在狭窄的硬座长凳上占了个座位,然后又下车来到站台上。她身穿那件磨旧的大外套,却显得多么年轻啊。她今天脸颊鲜嫩,灰色的眼睛闪烁出异常的激情!

她突然情绪激动起来,种种顾虑又在折磨着她的心,她亲吻着父亲,对父亲喋喋不休说了许多温柔的话语,羞怯的口吻像是在谢罪:

"我不会离开很久……两年,最多三年。我一完成学业,通过几次考试就回来,我们就生活在一起,永远不分开……你说好吗?"

"好的,我的小玛妮西娅,"这位教师声音有点嘶哑,把女儿紧紧搂在怀中喃喃着,"快点回来吧。要努力学习。祝你好运!"

列车呼啸着在夜里穿过德国。这节四等车厢的陈旧铁件发出哐当哐当的声响。玛妮娅蜷缩在自己带的折叠椅上,腿上盖着被子,行李就堆放在自己周围,她不时点点数目。旅途中,玛妮娅体会到无比的喜悦。她回顾着往事,思索着这次久已盼望的神奇旅行,想象着未来。她谦卑地想象着,不久便能返回故乡,找到一个教师的舒适职位……

她没意识到,她绝对没有意识到,她登上这列火车,是在逃出黑暗,奔向光明,抛弃了默默无闻的日子,选择了伟大的生活。

第二部

第八章　巴黎

拉维里特路到巴黎大学之间可不是巴黎最漂亮的街区，两地之间交通不畅，出行也不舒适。从布罗妮娅夫妇家所在的德意志路到东车站，有一趟三匹马拉的双层公共马车，车上有个螺旋楼梯，可登上晃晃悠悠的车顶层。从东车站到埃格罗路另有一趟公共马车。

玛妮娅自然要登上马车顶层，尽管敞篷马车不蔽风雨寒暑，但这一层车票便宜，而且视野开阔！这位年轻姑娘夹着在流动大学用过的旧皮夹子，在这个移动瞭望台上伸长脖子，贪婪地观察周围景色，全然不顾冬季的寒风让她的脸都冻僵了。尽管拉法耶特路平淡无奇，赛巴斯托普大道两旁的一个个店铺都是同样的阴郁面孔，可这又有什么关系呢？小店铺、光秃秃的榆树、马路上的人群、尘土的气息——毕竟这是巴黎，她终于来到巴黎了。

来到巴黎，会觉得自己年轻了许多，强壮了许多，心中充满了希望！这个波兰小姑娘体会到的是获得自由的美妙感觉！

当初玛妮娅结束那次疲惫不堪的火车旅行，在烟雾弥漫的巴黎北站走下火车，一登上站台，原先那种奴隶受压迫的习惯感觉忽然消失了。她耸起肩膀，觉得心情舒畅，呼吸也自然了。她第一次呼吸到了自由国度的清新空气，兴奋中，她觉得一切仿佛都十分神奇。人行道上逍遥散步的人可以用自己愿意使用的语言交谈，书店销售来自世界各地的书籍而不必受到限制，这些事都让她感到不可思议。最让她感到美妙的是，通往市区的一条条大道微微倾斜向下，正要引导她玛妮娅·斯科洛多斯卡走向一所门户敞开的大学。这是多么著名的一所大学啊!几个世纪之前,人们便将这所最著名的大学形容作"宇宙的缩影。"其中最典型的一句话是路德①说的:"我们在巴黎能找到世界最著名、最杰出的学校,这就是巴黎大学。"玛妮娅的这次经历就像在童话世界中,寒风中,那辆缓慢而颠簸的公共马车就是一辆施过魔法的马车,正载着这位贫穷的金发公主,驶向她梦幻中的殿堂。

马车过了塞纳河,周围的一切都让玛妮娅欣喜:雾霭中河水分成两道支流,河心岛外表庄严景色优美,一座座著名建筑,一个个广场,路左边出现了巴黎圣母院的塔楼……来到圣米歇尔大道后,马车放慢了速度。就在这里,她抵达了自己的目的地!

这位女学生抓起自己的皮夹子,提起沉重的毛料裙子的裙裾。忙乱中,她不留心碰了一下邻座的乘客,连忙操着不流利的法语胆怯地道歉。从马车顶层匆匆转下阶梯,踏在马路上,她神色紧张,朝那座殿堂的铁栅栏门奔去。

在一八九一年,这座智慧殿堂的外表有点特别。六年来,巴黎大学一直在改建,模样活像一条巨蟒在蜕皮。长长的建筑物正面仍然是白色的,后面,始建于黎塞留②时代的建筑已经破败,不断传来建筑工匠的劳动号子声和镐头铁锹挖掘声。这种工地忙碌景象给学生们的生活增添了一份独特的混乱。随着工程的进展,上课的教室从一处换到另一处。实验室只好临时设在圣雅克路上废弃的旧房子里。但这种情况又有什么妨碍呢?今年仍旧像往年一样,门房附近的墙上张贴出一张白色海报:

法兰西共和国
巴黎大学理学院
第一学期开课日期:一八九一年十一月三日

---

① 马丁·路德(Martin Luther 1483—1546):德国神学家,十六世纪德国宗教改革运动领袖,曾创建路德教会。
② 黎塞留(Armand Jean Richelieu 1585—1642):法国红衣主教,政治家。

这是神奇的字眼,这是闪耀着光芒的字眼!

这位姑娘凭着自己一个卢布一个卢布辛苦积攒起来的一小笔钱,终于赢得了在此听课的权利,可以从布告上复杂的时间表上选择自己愿意听的课程。她在一些实验室有了自己的位置,如今实验有人指导,有人提出建议,她可以操作这些设备而获取成功,不必盲目摸索着做简单的实验了。玛妮娅现在是这儿理学院的学生了,她多快乐啊!

在这里,人们不再称呼她玛妮娅,也不叫她玛丽亚。在她入学登记表上,她按照法文的风格填上"玛丽·斯科洛多斯卡"。但是,她的同学发不来"斯科洛多斯卡"这串复杂的音,而这位波兰小姑娘又不愿让人称呼她玛丽,于是就变成个神秘的无名人物了。在回音挺大的走廊里,有些年轻人常常遇到这位羞怯中带着坚毅的姑娘,她一头颜色柔和的浅色头发,身上的衣服简朴寒碜,大家便惊讶地相互询问:"这是谁啊?"就是有人大致有所了解,回答也很朦胧:"是个外国人,名字念不出来,上物理课总是坐在头一排。很少开口说话。"小伙子们的目光会追随着她曲线优美的身影,直到她消失在走廊尽头,然后评论一句:"头发真美!"在以后很长一段时间里,巴黎大学的学生们对这位同学的认识,仅仅限于她那头浅黄色头发和斯拉夫风格的脸型。

但是,年轻男子此时根本引不起这位姑娘的兴趣。让她感到着迷的是几位神情严肃的先生们。这些人的头衔是"最高学府的教授"。她要从他们那里得到知识的秘密。根据当时令人敬仰的规矩,教授上课要打白色领带,身穿晚礼服,身上永远沾满粉笔灰。玛丽的日子就是在注视这些庄重的衣服和灰色胡须中度过的。

前天的授课先生是李普曼先生,他的课内容分量大,逻辑性强。昨天她听了布提先生的课,他那颗猿猴般的脑袋就是一座科学的宝藏。玛丽真希望一个不漏地听到所有讲座,了解白色布告上列出的所有二十三位教授。她觉得自己的求知欲望永远也满足不了。

最初的几个星期里,她遇到了原先没有料到的障碍。她原来相信自己精通法语,可她错了。句子说得太快时,她有时连整个句子都听不懂。她原以为自己受过充分的科学教育,能跟上大学的课程。然而,她在普扎斯尼兹地方斯茨组基的乡下担任家庭女教师时,仅仅凭自学得到的知识有限,当时只有斯科洛多斯基先生通过信件给她点指导,后来在"工农业博物馆"自己碰运气做的实验,根本不能与巴黎中学扎实的训练相提并论。玛丽还发现,她的数学和物理"文化"也有极大的缺陷。她时刻盼望赢得令人羡慕的理学士尊贵头衔,可为此她要付出怎样的艰辛啊。

今天是保罗·阿佩尔先生做讲座。他的讲解十分清晰,而且风格非常独特。玛丽随着第一批同学来到阶梯教室。十二月份光线惨淡,照着排成弧形的一层层座位。她在下面靠近教授位置的地方选了个座位,有条不紊地摆好笔盒和灰色封面的笔记本,一上课,她就要以自己工整的字体开始做笔记了。她静下心来集中注意力,甚至听不见周围越来越响亮的闲聊声。教授一进门,闲聊声立刻戛然而止。

这种紧张的寂静令人惊奇。有些大师懂得如何无言地创造这种气氛!阿佩尔教授开始讲课了。年轻人个个低头书写,一张张漂亮的面孔微微皱着眉头,跟上教授在黑板上推演的公式思路。这里只有最热心求学的学生。一切都要为数学让路!

阿佩尔身穿笔挺的燕尾服,嘴上留着修剪整齐的胡须,真是个极为标致的男子。他一步步论证着,平静的声音略带一点阿尔萨西亚①口音,每一个音节都十分清晰准确。他的论证从来都是那么清晰明了,仿佛能排除一切障碍,将世界玩弄于股掌之间。他力量强大,态度平静,在一切知识中最难以捉摸的领域冒险,把玩着数字,把玩着星辰。他从不乏想象力,往往摆出最富有的财主那种从容姿势,用极其自然的口吻说:

"我摘下太阳,把它抛出去……"

这位波兰姑娘坐在自己的座位上,脸上露出着迷的微笑。在她宽宽的前额下,一双浅灰色的眼睛闪烁出幸福的光芒。怎么会有人觉得科学枯燥乏味呢?什么比支配宇宙的永恒定律更迷人,什么比发现这些定律的人类智慧更美妙?这些非凡的现象看似无序,其实完全按照和谐的原理彼此联系。与之相比,小说显得多么空洞,童话故事又显得多么缺乏想象力啊!这位年轻姑娘的灵魂中涌动着对无限知识的向往,对物质及其规律的探求。只有爱的狂喜能与之相提并论。

---

① 阿尔萨西亚:在法国东北地区。

"我摘下太阳,把它抛出去……"

能听到一位态度安详神情庄重的科学家说出这么短短一句话,多年在遥远的乡间挣扎受苦都值了。

玛丽感到了无与伦比的幸福。

布罗妮娅的丈夫卡什米尔·德卢斯基在写给岳父斯科洛多斯基先生的信上有这样的内容:

德意志路九十二号
门诊时间一点至三点
星期一和星期四七点至八点免费门诊

敬爱的先生:

……我们一切都好。玛丽小姐学习非常认真,几乎所有时间都待在巴黎大学,我们每天只有在晚饭时才见一次面。她是个非常有独立个性的年轻小姐,尽管您赋予我对她的保护权,可她对我的这种地位既不表示敬意,也不服从,而且完全不顾我的权威和严肃态度。我希望她能变得有理智些,可我的这种教育才能迄今收效甚微。尽管如此,我们彼此相互理解,一起生活极为和谐。

我迫不及待地盼望布罗妮娅回家。我年轻的夫人似乎不急着回来,然而,家里却急需她,盼望着她。

玛丽小姐身体很好,气色也佳。

致以诚挚的敬意

这是德卢斯基大夫第一次写信描述他小姨子的情况。布罗妮娅回波兰去住几个礼拜,他便将玛丽安顿在德意志路上的家里住。不消说,这位口吻讥讽的姐夫对玛丽照顾得极好。在所有亡命巴黎的波兰人中,布罗妮娅选择的这一位当然是最漂亮、最聪明、最诙谐的。这位卡什米尔·德卢斯基有着用之不竭的活动能力。他曾分别在彼得堡、敖德萨、华沙求过学,因涉嫌参与密谋暗杀亚历山大二世沙皇,不得不逃出俄国。他在日内瓦曾任革命政治评论作家,后来入学巴黎政治科学院就读,接着又改专业学医,最后当了名医生。他出身于波兰一个富裕的家庭,由于在法国外交部有一份沙皇警察提交的报告,这份倒霉的文件让他永远无法获得移民身份定居巴黎。

布罗妮娅回到家的时候,丈夫和妹妹都欢呼着迎接她。卡什米尔信中说的没错,家里的确急需这位经验丰富的女主人回来料理各种事务。她回来仅仅几个小时,一切秩序便奇迹般恢复了。德意志路上大阳台朝向树木的三楼上这套小房子里,饭菜又有了滋味,灰尘消失得无影无踪,花瓶里插上了从市场买来的鲜花。布罗妮娅拥有组织的天才。

迁出巴黎市中心在布特萧蒙公园附近的拉维里特路租房子是她的主意。她借了一点钱,不动声色地去了几次拍卖行,结果,在一个晴朗的早上,这所房子里便摆好了曲线雅致的威尼斯家具,还有一台立式钢琴。窗户上挂好垂穗漂亮的窗帘后,便有了家庭气氛。年轻的妻子运用独创精神,安排好每个人利用房子的时间。在某些钟点里,这里是卡什米尔的外科诊室,专为屠宰场的屠夫看病;在另一些钟点里,这里又变成了布罗妮娅为妇女看病的妇科诊所。夫妇俩工作勤奋,从一家到另一家出诊看病人。

天黑以后,点上灯,他们便把一切忧虑抛在脑后。卡什米尔·德卢斯基喜欢娱乐。最辛苦的劳作或极度的贫穷都不能减少他的活泼和诙谐。漫长辛苦的几天过后,他就设法买几张最便宜的票,让大家上歌剧院享受一下。遇上经济拮据,他就坐在琴凳上为大家弹琴,他钢琴弹得极好。用不了多久,便会有人来按门铃。来的都是波兰侨民中的青年夫妇,他们都知道,"德卢斯基家来者不拒。"布罗妮娅离开片刻,回来的时候手里便端着热腾腾的茶,桌子上很快便摆上果汁、清水和糕饼。这些糕饼是这位当医生的妻子这天下午自己动手做的,她为一个病人看完病,在等待另一个病人的空隙时间里刚好能抽出做糕饼的时间。

一天晚上,玛丽在房子一头自己那间小屋里独自低头看书,准备用功到深夜,她姐夫忽然闯进来。

"穿上大衣,戴上帽子,要快!我有几张免费入场券,我们三个都去听音乐会。"

"可是……"

"别说什么可是!这是我对你说过的那位波兰钢琴家。这场演出票卖得很少,我们一定要给这个可怜的孩子捧捧场,把座位填满。我已经组织了一大群人,演出结束时要拼命鼓掌,一定要让这场音乐会显得非常成功……你真不知道他的琴弹得有多好!"

要想抗拒德卢斯基的命令简直不可能。这家伙身材高大,留着黑胡须,一双黑眼睛向来都闪烁着愉快的光芒。玛丽合上书本。三个年轻人摔上房门,冲下楼梯,飞跑着赶上正好过来的公共马车。

不久他们便坐在埃哈音乐堂里,座位有四分之三空着。玛丽看见舞台上出现一个身材高挑的瘦削年轻人,在他长相非凡的脸庞周围,一头棕红色头发像燃烧的火焰。他在黑色钢琴旁边坐下来,灵巧的手指把李斯特、舒曼和肖邦都弹活了。他的神态崇高而尊贵,沉浸在创作灵感中的眼神望着遥远的地方……玛丽出神地倾听着这位陌生演奏家的音乐,他身穿旧外套,尽管台下一排排座位有些并没有听众,可他看上去根本不是头一回登台演出的无名艺术家,倒像个皇帝,像个天神。

后来,这位音乐家有时晚上到德意志路上的家里来拜访,还带着一位高雅的年轻女子,名叫高斯卡夫人,两人相爱,后来结了婚。他谈起自己的悲惨生活,谈起自己的失意,谈起自己的奋斗,口吻中丝毫没有流露出痛苦。布罗妮娅与高斯卡夫人回忆起遥远的往事,当时她十六岁,曾陪伴母亲斯科洛多斯卡夫人旅行到疗养地去。"妈妈回到华沙后,"布罗妮娅笑道,"说是再也不敢带你去温泉疗养地了,因为你实在太美了!"

火红色头发的年轻人一时乐思泉涌,忽然停止交谈,奏出几个和弦音。接下来,德卢斯基家这台质量平平的立式钢琴仿佛着了魔,变成一架上乘乐器了。

这位钢琴家经常挨饿,可他依然楚楚动人。他在恋爱,情绪激动,经历中幸福与不幸兼而有之。他成了个天才的艺术家。后来,波兰解放后,在重建过程中,他一度担任波兰总理之职。

他的名字叫依格纳茨·巴德列夫斯基。

玛丽热情洋溢地投入新生活中的一切活动。她如饥似渴地努力学习,还从同学交往中获得乐趣。大学里的学习造就了同学之间的团结情谊。可她仍然怯生生不敢与法国人交朋友,交往的仅仅是波兰同胞:两位数学专业的同学克拉斯科夫斯卡小姐和迪丁斯卡小姐、莫兹大夫、学生物的同学达尼什、斯坦尼斯拉夫·扎垒、年轻的沃耶兹乔夫斯基等,这一小批波兰侨民在拉丁区形成了自由波兰的一个小岛。后来,扎垒娶了海拉,成了斯科洛多斯基家的一员,而沃耶兹乔夫斯基后来曾任波兰共和国总统!

这些贫穷的学生在一起组织圣诞晚餐会,几位好心的厨师为他们特别烹饪了华沙风味菜肴:紫红色波兰菜汤、蘑菇白菜、肉馅梭鱼、撒着罂粟籽的蛋糕、伏特加酒、浓茶。席间波兰业余演员表演了喜剧和戏剧小品。这些晚会的节目单当然都是用波兰文印刷的,还用象征性的图画作装饰:顶部,白雪覆盖的平原有座小屋,底部,一个男孩在阁楼里低头苦读。图片中当然有圣诞老人,只见他正从烟囱上往实验室里倾倒科学书籍。前面显著位置上,丢着个空钱袋,几只老鼠正在啃噬钱袋……

玛丽参加了这些狂欢活动。她没空学演出,没有在表演节目中担任角色,但是,在雕塑家瓦辛科夫斯基组织的爱国晚会中,她被选作造型剧《波兰挣脱桎梏》的女主角。

那天晚上,大家都不认识这位严肃的小女生了:她身穿老式束腰外衣,披着长纱,上面垂着富有民族色彩的穗子,头发垂在肩膀上。石榴裙的褶皱、白皙的皮肤、金色的头发、坚毅的面孔、斯拉夫式的颧骨,这些让流亡者们看到了自己民族的形象。

尽管玛丽和姐姐侨居海外远离故乡,但是看得出她们并没有真正离开华沙。她们不敢贸然深入巴黎市中心,本能地选择住在大都市边缘的德意志路上,这里距离她们抵达法国时的巴黎北站比较近。她们与祖国有着千丝万缕的联系,与父亲的通信便是其中一条重要的纽带。两位受过良好教养的孝顺女儿仍然用第三人称给斯科洛多斯基先生写信①,每封信结尾都要写上:"亲吻我敬爱父亲的双手。"每封长信都要向这位老人仔细叙述自己生动的生活,还要请父亲为自己代办各种各样的事情。她们从来不曾想过,除了华沙别的地方也能买到茶叶,也没想到在急需使用的时候,在法国也能买到价格合理的熨斗……

一次,布罗妮娅写信给斯科洛多斯基先生说:

---

① 用第三人称写信:在波兰语中,使用第三人称属于正式文体,表示对收信人的尊敬。

……如果亲爱的父亲能给我寄来两磅普通茶叶,我非常感谢,价格应该是两个卢布二十戈比。除此之外,我们不需要其他东西。玛妮娅也没有什么需要。

我们都好。玛妮娅气色非常好,我觉得,她过的艰苦生活丝毫没让她感到疲惫……

斯科洛多斯基先生在写给布罗妮娅的信中说:

亲爱的布罗妮娅:你说那只熨斗很好用,我很高兴。那是我亲自挑选的,我还害怕它完全不是你要的那种东西呢。我不知道该请谁去买,只好自己动手。尽管是在妇女用品商店里,可我还是自己买回来的。

玛丽自然把自己在雕塑家那里扮演波兰女子形象的事情向父亲描述了一番。但是,这位教师这次却并不热心:
一八九二年一月三十一日,斯科洛多斯基先生写信给玛丽说:

亲爱的玛妮娅:你写来的上一封信让我感到担忧。你在这次舞台剧中扮演那种积极角色让我感到难过。虽然你在演出活动中的初衷完全是天真的,但是,这却会让其组织者引人注意。你肯定应该知道,在巴黎有人密切监视着你们的行为,这些人把带头者的名字记下来,把他们的行为报告给这里,以备需要时使用。这可能导致很大的麻烦,甚至会禁止这些人在某些行业中就业。因此,凡是希望将来在华沙谋求职业而不致遭遇任何危险的人,就该懂得保持缄默,最好隐姓埋名当个隐士。诸如音乐会、舞会之类活动会让新闻记者当成素材,还会提到参加者的名字。要是有一天你的名字在这种报道中出现,我会感到极为忧伤。所以我才在上一封信中提出几句批评,请求你尽量不与人交往……

不知是出于畏惧斯科洛多斯基先生的权威,还是玛丽的良知反对这种无益的骚动，这位年轻姑娘不久便发现，这些无害的活动分了她的心，让她无法安心学习。她不再参加这种活动。她来法国不是为了在舞台造型剧中担任角色，只要一分钟不用于潜心苦读，就是一分钟的损失。

另一个问题产生了。在德意志路上这所房子里，生活十分舒适诱人，但是玛丽在这里不能完全集中精力。她不能阻止卡什米尔弹钢琴、接待朋友，不能在潜心解一个复杂方程式的时候阻止他闯进自己屋子，也无法不让这位年轻医生的病人们闯进房子。夜里，她时常被门铃声突然惊醒，接着听到有人来找布罗妮娅去为某个屠夫临产的妻子接生。

最重要的是，住在拉维里特路非常不方便，去巴黎大学有一个钟头的车程！日子长了，每天坐两次公共马车的车资就很昂贵。为此，家人专门讨论过一次，最后决定，玛丽搬到靠近大学的拉丁区住，那里离实验室和图书馆都近。德卢斯基夫妇坚持借给玛丽几个法郎，作为搬家的费用。第二天早上，玛丽就开始寻找出租的阁楼。

玛丽离开屠宰场附近的住房心里不无遗憾。这地方虽然环境不值得称道，但家里却充满温馨、勇气和善意。玛丽与卡什米尔·德卢斯基之间形成如同兄妹般的感情，这种感情终生没有发生过变化。多年以来，玛丽和布罗妮娅之间就建立起如浪漫故事中的关系：牺牲、忠诚、相互帮助。

布罗妮娅虽然怀有身孕行动不便，仍然亲自帮助妹妹收拾那一点点可怜的随身物品，最后装上一辆手推车作短途搬运。卡什米尔和年轻的妻子再次登上那趟熟悉的公共马车，从一辆马车的顶层换到另一辆马车的顶层，一直把小妹妹送到她的学生寓所里。

第九章 每月四十卢布

不错,玛丽的生活还没有到了难以为继的地步。她在德意志路上那所房子里度过了一个新环境适应期。如今这位姑娘慢慢开始独自生活了。在她眼里,与她擦肩而过的人似乎并不存在,仿佛他们不过是路上蹭到的墙壁,难得有什么谈话声能打进她心灵的沉寂。未来三年多时间里,她要独自投身学问,这正符合她梦想中的生活,这是一种与隐士和修士无异的"完美"生活。

她的生活也不得不像修道士那样简朴。自从玛丽自愿放弃德卢斯基夫妇提供的食宿后,她就得自行支付所有费用。她将自己的积蓄加上父亲给她寄的一小笔款子仔细分配,她的预算是每月四十卢布。

当时是一八九二年,一个住在巴黎的外国女子,怎么能靠这么一丁点钱过体面的生活呢?要知道,那笔钱只能合每天三个法郎,她还得靠这点钱付房租、应付三餐、购买必要的衣物、纸张和书籍,更别提还得支付大学的费用。这是这位年轻的学生亟须解决的问题。但是,玛丽从来没有发现有什么问题是不能解决的。

一八九二年三月十七日,玛妮娅在写给哥哥约瑟夫的信中说道:

你大概已经从父亲处得知,我决定搬到离学校比较近的地方住,我不得不这么做有几条理由,首先是出于本学期的考虑。这个计划已经实现了。我现在就是在新住址给你写信,地址在弗拉特路三号。屋子很小,不过房租十分低廉,而且非常合适。从这里只要走一刻钟就能到化学实验室,二十分钟就能走到巴黎大学。当然,没有德卢斯基夫妇的帮助,我绝对没有能力安排这一切。

我如今学习用功超过刚来时的一千倍。在德意志路上那所房子里,姐夫总是不停地打扰我。他绝对不能容我闲着没事,只要我回到家,他就要我陪他聊天解闷。为此我被迫跟他吵了一架。几天后,布罗妮娅和他觉得不好意思,来看我。我们一道喝茶,双方和解了。然后我们下楼去看望邻居,就是姓斯的朋友一家。

你妻子答应我要照顾父亲的,她做得怎么样?让她照顾吧,反正都一样,不过别让她把我在家里的地位完全夺走!父亲谈到她已经变得十分亲切了,我恐怕他不久便会把我忘掉……

照玛丽这样住在拉丁区每月只花一百法郎的学生不止她一个。大多数波兰同学都像她一样贫穷。他们有些是三四个住在一起,有些是独自生活,每天花费几个钟头收拾屋子、做饭、缝补衣服,凭自己的精明能吃饱肚子穿暖身子,有的衣着讲究些,有的随便些。布罗妮娅初来法国时也采用类似方式,她的烹饪本领在同学中间是十分有名的。

玛丽不屑于因循这种榜样。她太喜爱独处了,不愿与任何朋友合住。她学习太专心,根本不在乎自己的生活是否舒适。不过,就算她有意搞得舒适一些,也无能为力。这位姑娘自从十七岁就在别人家里当家庭教师,每天教课七八个钟头,在学习料理家务方面既没有时间也没有机会。布罗妮娅在帮助父亲料理家务方面学到的东西,玛丽根本不懂。于是,波兰侨民中间有一种传闻,说是"斯科洛多斯卡小姐不知道汤是用什么做的"。

她既不知道,也不愿去了解。她哪里舍得花费一个上午时间,去掌握做汤的秘诀呢?她宁愿花费这么长的时间读几页物理学,或者在实验室做一个有意义的分析。

她刻意将分心的事情从自己的日程表中排除掉,既不参加朋友间的聚会,也不与任何人接触。同样的,她认为物质生活并不重要,甚至觉得物质生活并不存在。根据她的原则,她为自己规定的是斯巴达式的生活①,几乎到了不近人情的地步。

弗拉特路、波特罗亚尔大道、弗扬替纳路……玛丽后来在这些地方住过的屋子都是一样的不舒适,不过租金都很便宜。第一处是在一个有简单家具的房子里,租户都是学生、医生、附近军营的军官。后来,这位姑娘为了追求绝对安静,就在一个中产阶级家庭的房子里租用了一个阁楼,房间就像佣人的住房。她花费每月十五法郎或二十法郎便租下这种极小的屋子,倾斜的屋顶上有个小窗户透进光线,从这种枪眼似的小窗,能看见一方天空。屋子里没有供热,没有照明,没有供水。

玛丽用她拥有的一切物品布置这个地方:一张铁折叠床,上面铺上她从波兰带来的床垫、一个炉子、一张白色木桌子、一把厨房椅子、一个洗脸盆、一盏煤油灯,上面罩着两个苏②买来的灯罩、一个从楼梯口水龙头打水的桶、一个只有碟子大小的酒精炉,以后三年中,她一直用这只炉子做饭。她有两个盘子、一把刀、一把叉子、一把勺子、一个杯子、一个平底锅,此外还有一个茶壶和三只玻璃杯,德卢斯基夫妇来看望她的时候,她就按照波兰风俗用这三只玻璃杯奉茶。遇上有客人来访,她待客十分殷勤,不过客人来访的情况极其罕有。这位姑娘会生起小火炉,让烟从蜿蜒曲折的烟筒里冒出去,她还会拉出屋角那只棕色大木箱当座位。这木箱既是她的衣橱,又是她的衣柜。

她当然不要人为她服务,每天一小时的清洁费用便远远超出了她的预算。交通费用也省掉了,玛丽不论天气好坏都步行去巴黎大学。煤的消耗量控制在最低水平,她每年冬天仅仅使用一两袋煤块,是从街角的店铺里买来,自己一桶一桶沿着陡峭的楼梯一直提到七层楼,每登上一层楼,她都要停下脚步喘喘气。她的照明花费也很少,天一黑,这位学生就到圣日内维埃图书馆去,那是个幸福的避难所,里面有明亮的煤气灯,而且相当暖和。这位可怜的波兰姑娘会在那里双手捧住脑袋一直用功到十点钟关门。这以后,就需要她在自己屋子里点煤油灯照明看书,一直到凌晨两点钟。

---

① 斯巴达式的生活:古希腊城邦斯巴达的生活方式,以简朴刻苦著称。
② 苏:法国旧币辅币名,二十苏等于一法郎。

最后,玛丽疲倦得两眼都红了,这才不得不放下书本,倒在床上睡觉。

在卑微的实践技能方面,她只会做一件活计,那就是缝纫,这是西科尔斯卡寄宿学校"女红"课留下的纪念,也是在斯茨组基当家庭教师的漫长日子里留下的纪念,当初这位家庭教师一边督促孩子做功课,一边做着缝纫活计……我们不能轻率地假定,这位流亡者会偶尔买块廉价布料,自己动手做件新衬衫来穿。正相反,她似乎发誓要永远身穿从华沙带来的衣服,尽管这些衣服已经破旧不堪,也决不放弃。她总是注意保护自己的衣服,遇到学习太疲惫了,就动手在洗脸盆里洗衣服,还要缝补完整。

玛丽不承认自己会感到冷,也不承认自己肚子饿。为了节省买煤的钱,有时候也是由于根本不去留意,她常常忘记在烟筒弯曲的小火炉里生起火,结果,在写下一串串数字和一道道方程式的时候,往往感觉不到自己的手指已经冻僵,也留意不到两个肩膀在颤抖。要是能喝一碗热汤,吃一点肉,她会感到舒服得多,可玛丽连汤也不会做,更舍不得花费一个法郎外加半个钟头时间去烧排骨。她很难得走进肉店,更不用说下饭馆吃饭了,毕竟价格太昂贵。一连几个星期,她只吃涂着黄油的面包,喝的只有茶。她想吃点像样的东西,就去拉丁区一家小饭店吃两只鸡蛋,或者买一块巧克力或一点水果。

靠这种饮食维生,几个月前离开华沙时身体结实的姑娘很快便患上了贫血。她常常从书桌旁站起身时觉得脑袋晕眩,紧赶几步倒在床上,立刻就失去了知觉。苏醒过来后,她就问自己怎么会晕倒,心里觉得可能自己得了病,但是又会像蔑视一切那样,蔑视自己的疾病。她从来没想过,自己的唯一疾病是营养不良导致的虚弱。

她自然还要对德卢斯基夫妇夸口,说自己的生活安排无与伦比。每次她去看望他们,他们问起她的烹饪手艺是否有进步,问她每天吃些什么,她的回答总是扼要的一两个字。要是她姐夫说她气色不佳,她就说那是因为学习用功的缘故,事实上,她也真的认为这是她身体疲惫的原因。然后,她会作一个手势,让大家别考虑这种生活琐事,继续与她的外甥女玩耍。她非常喜爱布罗妮娅的女儿。

有一天,玛丽当着自己一位同学的面晕倒了。那位同学慌忙跑到德意志路去找两位年轻的大夫。两小时后,卡什米尔奔上七层楼,来到姑娘住的阁楼上，只见这位姑娘已经不顾面色苍白，开始学习第二天的课程了。她为妻子的妹妹检查了身体，也仔细查看了她空空如也的盘子和平底锅，在整个屋子里，他只找到一种可下肚的东西：一小包茶叶。他立刻明白了，开始盘问。

"你今天吃过什么东西？"

"今天？我不记得了。我刚刚吃过午饭。"

"午饭吃的是什么？"卡什米尔不肯就此罢休，继续追问道。

"有樱桃，还有……还有各种其他东西。"

最后玛丽不得不说实话，自从昨天晚上起，她只吃过几根小红萝卜，还有半磅樱桃。她一直学习到凌晨三点钟，睡了四个钟头，然后就去大学了。回来后，她吃完那几根小红萝卜，然后就晕倒了。

这位大夫没多说话，他气坏了。他生玛丽的气，玛丽那双灰色的眼睛看着他，带着深深的倦意和天真神色。他也深深自责，埋怨自己对这个"小东西"不够关心，他曾向斯科洛多斯基先生保证说要照顾好她的。他不顾小姨子一再抗议，把她的外套和帽子递给她，要她带上下一个星期用的书籍和笔记本，然后沉下脸，不由分说带她到了拉维里特路的家里。来到家门口，他大声叫布罗妮娅，布罗妮娅连忙奔向厨房。

二十分钟过后，玛丽便一口口吞咽着卡什米尔大夫为她开的药：一大块夹生牛肉、一盘酥脆油炸土豆。她的脸上奇迹般出现了血色。当天晚上，布罗妮娅亲自来到妹妹准备好床铺的屋子里，在十一点钟为她熄了灯。在几天时间里，玛丽吃得很好，受到良好的照顾，接受了"治疗"后，又恢复了体力。接着，她心里牵挂着即将到来的考试，保证说以后一定要懂道理，便返回她的阁楼。

但是，第二天她又开始靠喝西北风过日子。

学习……学习！玛丽全身心投入学习，为自己取得的进步如痴如醉，觉得自己能掌握人类业已发现的一切知识。她上数学、物理、化学课，一点点熟练掌握了科学实验的技术和细致的手法。不久李普曼教授交给她一些研究工作去做，虽然这些研究并不非常重要，只是给她个表现思维敏捷和独创性的机会，可她却感到十分喜悦。巴黎大学的物理实验室是一间又高又宽大的房间，有两道奇特的螺旋楼梯通往里面的一个走廊。玛丽·斯科洛多斯卡就在这里谨慎地一试身手。

她热爱那种专注而宁静的气氛，热爱实验室的环境，直到她生命的最后一天，她喜爱这种环境都胜过喜爱任何其他地方。她站着工作，从来都是站着工作，站在摆放精密仪器的橡木桌子前，或者站在化学实验的通风罩前，照料着烧杯里猛烈冒着泡进行的反应。她身穿一件皱巴巴的肥大工作服，与旁边沉思的年轻人没有区别，大家都仔细注意着眼前的烧杯和仪器。她也像大家一样，尊重这里专心的气氛，不弄出响声，不说一句废话。

一个学士学位不够，玛丽决心要拿两个学位：一个物理学学士学位，一个数学学士学位。她以前订的计划要求很低，如今要求迅速膨胀起来，速度快得让她没时间向斯科洛多斯基先生透露，也没胆量对父亲这么说。她心里清楚，父亲正焦急地等待着她，等她返回波兰。这位好先生一如既往地向她提供帮助。但是，老人显然朦胧地感到担忧，自己孵化的小鸟羽翼渐丰，在多年的服从和牺牲之后，如今具有了独立性，要振翅高飞了。

一八九三年三月五日，斯科洛多斯基先生在写给布罗妮娅的信中说道：

> ……你上次信中首次谈到玛妮娅打算参加学士学位考试。虽然我问过她，可她在给我的信中对这事绝口不提。写信告诉我，这些考试何时举行，玛妮娅希望什么时候通过考试，考试需要多少费用，得到文凭需要多少钱。我必须事先作通盘考虑，便于给玛妮娅寄钱，我个人也要以此为基础做出计划。

> ……我打算把现在住的房子再保留一年，供我自己和玛妮娅居住，如果她回来，这所房子非常合适……玛妮娅可以慢慢招募一些学生，无论如何我都愿意与她分享自己拥有的东西。我们可以把事情安排好，并不费事的……

无论玛丽如何胆怯，每天都不可能不见到人。有些人对她十分热心友好。在巴黎大学，人们对外国女性十分重视。这些外国女子尽管贫穷，但一般都富有天分，她们从遥远的地方来到这所大学，往往能激起法国青年的同情。巴黎大学曾被龚尔古兄弟①称作"学问的奶妈"。这位波兰姑娘受到了吸引。她发现自己"铁杵磨针"的同学都尊重她,而且希望与她亲近,有时甚至可能变得过分亲近。玛丽一定非常美丽。她的朋友迪丁斯卡小姐是一位迷人而特别热心的女子,她自封为玛丽的保镖,一天甚至挥动雨伞,威胁要对一群过分殷勤的崇拜者动粗。

这位年轻姑娘一方面任凭迪丁斯卡小姐赶跑那些她并不感兴趣的人们,另一方面却接近那些并不向她献殷勤的人们,与他们谈学习中的问题。在一堂物理课与实验的间歇时间,她同保罗·潘勒维教授闲谈,同未来法国科学界的先驱人物查尔斯·莫林和让·佩韩交谈。这种关系谈不上交情,玛丽没有时间结交朋友,没有时间谈情说爱。她爱的是数学和物理学。

她的头脑太精确,思路太清晰,斯拉夫式的混乱休想破坏她的努力。她有着铁一般的意志,有着追求完美的疯狂品味,也有着令人难以置信的坚毅。凭着自己的耐心和执著,她一步步实现了自己的目标:首先,她在一八九三年得到了物理学学士学位,后来又在一八九四获得了数学学士学位。

她决心把法语学到完美境界,因为这是她绝对不可或缺的语言。许多波兰人在法国生活了许多年,仍然只能结结巴巴用单调的句子说话,她却极其认真地学习拼写和句法,使句子无可挑剔,并尽力改正自己的地方音。后来,她的发音中只有那个小舌音仍然稍有些不纯正,不过听起来十分婉转柔和。

她靠每月四十卢布成功地维持了生活,有时不得不从必不可免的费用中设法节省,不过有时候也能获得某种奢侈:时而晚上出去听一场歌剧,有时到郊外散散步,还能从树林里采摘到鲜花带回来,让她的桌子上一连几天熠熠生辉。她原先有过的农民气质并未消失,如今身处这个大城市中,她仍留意着树木是否萌出新绿,只要有一点点时间和余钱,她就匆匆赶到树林里去。

一八九三年四月十六日,玛丽在写给斯科洛多斯基先生的信中说:

---

① 龚尔古兄弟:指法国自然主义小说作家爱德蒙·龚尔古和于勒·龚尔古(Edmond Louis Antoine de Goncourt 1822—1896,Jules Alfred Huot de Goncourt 1830—1870)。

上个星期日,我去了巴黎附近的兰西,这是个漂亮宜人的近郊。那里的丁香和果树都开了花,就连苹果树也盛开着花儿,空气中飘满了花香。

　　在巴黎,四月初树就绿了。现在树枝都已抽出新绿,栗子树也开花了。天气热得像是夏天,到处一片绿油油。我的屋里已经开始燥热。幸而到了七月份备考的时候,我就不在这儿住了,因为这间屋子的租期七月八日终止。

　　考试越临近,我就越觉得准备不够。万一发生最糟糕的情况,我就得等到十一月复考,要是那样的话,我就得损失一个夏天,我可不愿发生那种情况。考试情况如何,到时候再看吧……

　　七月来临。那是个折磨人的早晨,三十位同学关在一个考场里,大家焦急、难受、遭受磨难。玛丽精神极度紧张,考题上的字在她眼前乱跳,在这份决定命运的考卷上,她甚至读不懂题意,读不懂什么是"课程命题"。考试结束后,接着是一连几天的等待,最后公布成绩的庄严时刻到来了。玛丽与竞考者们①及其家长一起挤在那间阶梯教室中。竞争成功者的名单要在这里按照成绩高低先后宣布。大家互相推挤着,喧哗着,等待考官入场。忽然全场一片肃静。她听见自己的名字第一个宣读出来:玛丽·斯科洛多斯卡。

　　谁也猜不到她此时情绪有多激动。她从同学们的祝贺声中脱出身来,跑得远远的。假期开始,她该回波兰老家了。

　　波兰穷人回家是有规矩的,玛丽严格遵守着这种规矩。她把自己的床、火炉和厨具都存放在一个同胞那里,这位波兰人还有足够的钱在夏天的几个月里保留自己租的房间。她退掉自己租的阁楼,离开前把屋子彻底打扫了一遍。她向门房的女佣道别,买了些打算在路途上吃的食物,她计算过自己剩下的钱,然后走进一家大商店,做了一桩一年来从未做过的事:

---

① 竞考者们:巴黎公社革命之后,法国大学不收学费,高中毕业生可随意入学,但每年考试不合格便被淘汰。因此考试就是竞争下一学年继续学习的机会。

买几件小摆设和围巾……

回国时口袋里还带着当地的钱是丢人的。不论是按照流行时尚，依从风俗，还是出于保持风度的考虑，都应该在巴黎北站上车之前把钱花个干净，把所剩的钱全都用在给家人购买礼物。这么做不是很聪明吗？两千公里之外，在铁路的另一端，有斯科洛多斯基先生、约瑟夫和海拉，有熟悉的家，有吃不尽的食物，还有裁缝，只要花几个格罗兹，就能裁剪缝制衬衫和厚厚的毛料外套。玛丽十一月份回到巴黎大学时，就可以身穿这些衣服。

等她回到巴黎大学时，会显得神情欢乐，身体丰腴。斯科洛多斯基家在波兰的亲戚都不喜欢看到她气色不佳，在这三个月里，亲戚们都会请客，把她喂得饱饱的。然后她又要去度过一个学年，又要刻苦学习，为考试做准备，会再次变得消瘦。

但是，每逢秋季来临，玛丽必然产生同样的忧虑：她怎么才能返回巴黎？她的钱上哪儿去筹集？每个月花费四十卢布，她的积蓄已经枯竭了。一想到父亲为了帮助她，自己连一点小小的享乐都放弃了，她便觉得羞愧。在一八九三年，她感到绝望，几乎打算放弃旅行了。就在这时，一个奇迹出现了。去年，迪丁斯卡小姐曾操起雨伞保护她，如今，这位迪丁斯卡小姐又一次出面保护她。她确信玛丽必然有了不起的前途，便在华沙上下活动，为玛丽申请"亚历山大奖学金"。这种奖金是为成绩优秀的学生在国外深造而设。

她得到六百卢布！足够靠它生活十五个月了！玛丽懂得如何为别人求助，却从来没有想过为自己的事向人咨询，更没有勇气提出必要的申请了。她大喜过望，立刻赶往法国。

一八九三年九月十五日，玛丽从巴黎写信给哥哥约瑟夫说：

> ……我已经租到了房间，屋子在七层楼，外面的街道清洁而雅致，房子很适合我。请告诉父亲，我原先打算租的房子很不方便，这间屋子我觉得非常满意。屋子里有一扇能关得很紧的窗户，等我把一切都安顿好了，冬天不会冷，特别是屋里有木地板，而不是砖地。与我去年租的房子相比，这儿简直是座宫殿。租价是一年一百八十法郎，比父亲跟我说的那一处便宜六十法郎。

我用不着说你也知道,我回到巴黎觉得很高兴。再次离开父亲让我难过,不过我很高兴看到他身体健康,精力旺盛,没有我也过得很好。尤其是你们都住在华沙。我打算拿我的整个生命做赌注,因此我觉得留在这里不必感到内疚。

我目前在毫不间断地研究数学,为的是等课程开始能赶上进度。我每周三次与一位法国同学一道讨论我通过的考试内容。请告诉父亲,我已经习惯了这种学习生活,不像以前那样感到疲惫了,我也不愿放弃这种生活。

今天我开始布置这个学年要住的这个小角落——虽然十分寒碜,不过有什么办法呢?我不得不自己动手做一切事情,要不然就太昂贵了。我必须把家具都摆好,我把这些东西叫做家具其实太夸张了,其实合在一起还不值二十法郎呢。

我要尽快给约瑟夫·博古斯基写封信,请他介绍实验室的情况。这关系到我未来的工作。

一八九四年三月十八日,玛丽在写给她哥哥的信中说:

……我很难把自己生活中的详细情况描述给你听,因为生活十分单调,而且实际上没什么乐趣可言。不过,我并不觉得单调,让我遗憾的只有一件事,那就是日子太短,时光太快,永远也看不出取得了什么进展,只能看出还应该做什么。要是不喜欢自己的工作,真能让人失去勇气。

我希望你的博士论文能够通过……看来,我们谁的生活都不容易。可这又有什么关系?我们必须坚定不移,最重要的是要对自己有信心。我们必须相信,自己在某种领域有天分,不论需要付出多大的代价,都必须实现自己的目标。也许一切到头来都会有好的结果,尽管此时我们似乎觉得希望渺茫……

她能获得亚历山大奖学金实在幸运。玛丽刻意节俭,设法让这六百卢布多用些时日,好在演讲厅和实验室的天堂中尽量多留一段时间。几年之后,全国工业促进协会请她进行一项技术研究,她以同样的刻意节俭风格,从自己的第一次收入中省出六百卢布,送到亚历山大奖学金委员会,交给那里的秘书,这位秘书惊呆了。该委员会的历史中从来没有送还奖学金的记录。玛丽接受这笔奖学金的时候,把这笔钱视作对她的信任,视为一种信用贷款。在她不屈的灵魂中,她认为这笔钱在自己手里多留片刻,都是一种不诚实的行为,因为对于另外一个贫寒的青年女子,这笔钱可能是个救生圈。

每当重读我母亲就她这段生活用波兰文写的一首散文诗,追忆她昔日有时面带微笑说出的幽默话语,看着她自己喜爱的唯一照片:一个女学生目光坚定、下巴坚毅的一幅小照片,我便始终感到,她喜欢这些艰苦奋斗的岁月远远胜过别的生活方式。

啊,学生时代过得多么艰苦顽强,
她周围的青年个个热情而欢乐
其他青年渴望寻找轻松的愉快!
可是,在孤独中
她过着默默无闻却无比幸福的日月,
她在自己的陋室中找到了热诚
使她的心胸变得无比宽广。

这幸福的时光已经消逝,
她必须离开科学的领地
到外面为衣食奔忙
踏上生活的灰色路途。
她疲惫的精神一再一再
返回那些屋顶下面
回到她永远感到亲切的角落
那里有过苦苦的无声奋斗
那里还留着记忆的宝藏。

  毫无疑问,玛丽后来也有过其他欢乐。然而,即使是在她爱意绵绵的时刻,即使是在她成功和享誉的时刻,这位永远孜孜不倦的学生,从来没有像哪位穷学生苦苦奋斗时一样对自己感到满足,感到骄傲。她为自己的贫穷感到骄傲,为自己独自生活在外国的一个城市里感到自豪。当时她在可怜的小屋里灯下苦读,觉得自己的命运十分渺小,却仿佛与某种她敬仰的高尚生活神秘地联系在一起,仿佛将成为昔日伟大科学家卑微的同伴。那些人也曾像她一样,躲在光线黯淡的小屋里,像她一样逃离自己的时代,也像她一样鞭策自己的才智,超越业已为人类掌握的知识领域。

  不错,这英雄般的四年并不是玛丽·居里生活中最幸福的时光,然而,在她眼睛里,这四年却是最完美的一段时光,最接近她仰望的顶峰,她认为自己的使命便是利用得到的训练抵达那个顶峰。一个年轻而孤独的人完全沉醉在学习中,尽管"生活无着",却在过着最充实的生活。一种强烈的激情使这位二十六岁的姑娘获得了极大的力量,让她无视经受的磨难和贫困,将卑微的生活化为神奇。后来,恋爱结婚,生养孩子,承受做妻子当母亲的忧伤,从事繁杂而令人心碎的艰苦工作,这些要让一个幻想家恢复真实的生活。但是,在那些让她着魔的时刻中,虽然她比以后任何时期都穷苦,可她却像个孩子一样无忧无虑。她是在另外一个世界中轻松翱翔,她永远认为那才是唯一纯洁而真实的世界。

在那样的冒险生活中,不可能天天都是好日子。常常会发生意外事故,突然打乱一切,而且无法补救:无法克服的疲惫,不得不治疗的短期疾病。还有其他令人恐惧的灾难:唯一的鞋子鞋底磨穿几个洞,最后彻底不能再穿,不得不买双新鞋。这就意味着把几个星期的预算彻底打乱了,这笔巨大的开销不得不从多方面弥补,从食物中节省,从灯油中节省。

遇上冬季比往年漫长,七层上的阁楼里一片冰冷,冷得让玛丽无法入睡,冷得她浑身发抖,牙齿打战。而她的煤已经用光……可这又算得了什么?难道一个波兰姑娘能向巴黎的严冬屈服?玛丽重新点上煤油灯,看看四周,打开大木箱,把自己的所有衣服都拿出来,能穿的衣服都穿在身上,然后再钻进被窝里,把其余衣服和衬衫都盖在薄薄的被子上,可她还是觉得太冷。玛丽伸手把唯一的椅子拖过来,干脆也压在被子上面,让自己有一种重量和热量的感觉。

现在她只能静静等待睡意来临,因为她已经成了上面这个架子的活基础,为了保持架子不倒,她不能移动。与此同时,水桶里慢慢结了一层冰。

第十章　皮埃尔·居里

玛丽已经将爱情和婚姻从自己的生活计划中排除掉了。

这事并不特别令人吃惊。一个出身贫寒的姑娘，初次恋爱便以失恋和屈辱告终，很容易发誓永远不再恋爱。另外，一个斯拉夫女学生若心怀知识方面的抱负，也很容易放弃一般女子的追求的婚姻、幸福、情感，以便全身心投入自己的事业。纵观所有时代，凡渴望在音乐或美术等方面有所建树的女子，都藐视谈情说爱、生育子女之类俗套。她们往往在追求荣耀的美梦破灭后，才可能转而重视家庭生活。如果她们的事业真能成功，那也是以牺牲自己的感情生活为代价的。

在热爱科学的情结支配下，玛丽在内心中建立起一个不能改变的精确宇宙模型。在这个模型中，她对家人的热爱以及对多灾多难的祖国衷心的热爱自然也占有一席之地。她的感情仅此而已。其余感情皆无足轻重，皆不存在。这便是这位二十六岁的漂亮女子心中对自己做出的规定。尽管她独自住在巴黎，尽管她天天能在巴黎大学和实验室中遇到年轻男子，但她毫不动心。

玛丽心中怀着自己的梦想，不顾贫穷折磨，不畏紧张学习的过度劳累。她不懂得休闲，不知道什么是危险。自尊心和胆怯就是她的保护伞。此外，她心里还有一种不信任感：自从佐家拒绝接受她当儿媳以后，她便产生一种朦胧的观念，认为穷女子不可能得到男子的忠诚和爱情。这些微妙的理论加上痛心的回忆，使她决心恪守自己的独立生活。

一位与世隔绝的波兰才女过着枯燥的生活，一心只想着学习，这一点儿也不令人吃惊。但是,一位法国科学奇才却在不自觉地一心等待着这位波兰姑娘,这就让人感到奇怪,甚至让人感到不可思议了。更神奇的是,当玛丽还是个小女孩,在诺佛立普基路上那所狭小的房子里梦想来巴黎大学求学的时候,皮埃尔·居里已经在巴黎大学做出几项物理学上的重要发现,可他竟然回到家里在日记上写下如此忧郁的话:

……在为了享受生活而热爱生活方面,妇女远远胜过我们,因此天才女子十分罕见。当我们受到神秘的热情驱使,希望步入某种反自然的途径,当我们全身心投入某种工作而疏远身边最亲近的人,我们就不得不与女人对抗。母亲最希望占有儿子对自己的爱,哪怕儿子是个白痴也不在乎。情妇也希望占有情人的爱,为了得到哪怕一个钟头的爱,就是牺牲世界上最罕有的天才也不管不顾。在这种对抗中,我们永远不是她们的对手,因为女人站在非常有利的一边:为了生活和天性,她们要把我们争取过去……

许多年过去了,皮埃尔·居里把自己的身心完全献给了科学事业,却并没有结婚,遇到过的小姑娘有的不屑一顾,有的十分漂亮,可他一概不理睬。如今他已经三十五岁,但没有爱过一个姑娘。

他漫不经心翻动自己搁置已久的日记,重读墨迹已经褪色的笔记,几个遗憾的字眼跳进他的眼帘:

……天才女子十分罕见……

后来,玛丽描绘他们一八九四年第一次会面的情形,用了如下单纯而略带羞涩的词语:

我进屋的时候,皮埃尔·居里正站在通往阳台的落地窗前。虽然他当时已经三十五岁了,可我觉得他还很年轻。他那外表稍带不经意的庄重姿态和清澈的目光打动了我。他说话缓慢谨慎,举止态度质朴,微笑既庄重又活泼,让人产生信任感。我们开始交谈,很快就十分投机。谈话题目是一些科学方面的问题,我喜欢就这些问题询问他的看法。

他们是通过一位波兰人科瓦尔斯基先生相互认识的,这位先生是瑞士弗里堡大学的物理教授,当时正同他年轻的妻子一道在巴黎访问。玛丽以前在斯茨组基见过他妻子。这是他们的蜜月旅行,同时也进行科学工作。科瓦尔斯基先生在巴黎举行了几次讲座,并且参加物理协会的研讨会。他一到巴黎就打听玛丽,询问她的近况。玛丽向他诉说了当时的忧虑:波兰全国工业促进会请她研究不同种类钢产品的磁性特征,她已经在李普曼教授的实验室着手研究,不过她还要做矿物质分析,并为金属样品分类,要用到比较笨重的设备,目前的实验室已经太挤,容不下那么笨重的设备。玛丽不知道该上哪儿去搞实验。

约瑟夫·科瓦尔斯基先生略加思索后对她说:"我有个主意。我认识一位极有才干的科学家,他在拉赫芒德路的理化学校工作。也许他那里有个工作间。他肯定能给你出点主意。明天晚饭后到我那儿去陪我和妻子喝茶。我把那位年轻人也请来。也许你知道他的名字,他叫皮埃尔·居里。"

那个平静的夜晚,这对年轻夫妇的寄宿公寓房间里气氛平静,这位法国物理学家与那位波兰女学生立刻产生了好感,彼此开始接近。

皮埃尔·居里有一种非常独特的魅力,庄重里透着潇洒。他身材高大,肥大的衣服不合时尚,穿在身上显得有点松松垮垮,不过看上去符合他天性中的优雅风度。他的双手颀长,手指敏感。他的面孔普通,几乎没什么表情,不修边幅的胡须使他的脸看上去有点长,但是,在温和的眼睛陪衬下,这张脸显得十分好看。他的眼神简直无法比拟:深沉、平静,不为任何事物着迷。

虽然这个人总是沉默寡言,从不提高嗓音,但他掩盖不住自己罕有的智慧和独特的个性。在这个优越的智慧难得与道德价值观保持一致的国家里,皮埃尔·居里在人性方面几乎称得上是个独特的典范:他既有才能,人品又高尚。

从一开始，他就被这位很少开口的外国姑娘吸引住了，他强烈的好奇心更增强了她的吸引力。这位斯科洛多斯卡小姐真是个颇令人惊奇的人……她是个波兰人，从华沙来巴黎大学学习，去年以第一名的成绩通过物理学考试，几个月后还要通过数学考试……她灰色的眼睛周围出现一点细小的皱纹，显得有些心事重重，难道这是因为她不知道在哪儿安置自己的钢铁磁性测试仪器？

一开始，大家泛泛而谈，不久就变成了皮埃尔·居里与玛丽·斯科洛多斯卡之间的科学对话。玛丽带着一丝胆怯和敬意，提出一些问题，倾听皮埃尔的建议。他转而描绘让自己着迷的结晶学现象，说自己正在从事结晶规律的研究，并讲述了自己的计划。这位物理学家自忖道，使用科技术语与一位女子谈起自己喜爱的工作，涉及许多复杂的公式，而这个年轻迷人的女子不但能理解，而且感到兴致勃勃，甚至能正确而敏锐地与他讨论某些细节……这多么奇怪，又多么有趣啊！

他看着玛丽的头发，看着她高高隆起的前额，看着她那双让实验室的酸类和家务劳动弄得粗糙的双手。她的娴雅态度让他感到心慌意乱，她丝毫也不做作更让他感到惊奇。他开始在记忆中挖掘，男主人邀请他来见面时，曾介绍过这位姑娘的情况：她一连工作了好几年，这才积攒起足够的钱，登上前来巴黎的火车，她因缺少钱，所以独自住在一间阁楼里……

"你打算永远住在巴黎吗？"他问斯科洛多斯卡小姐。话一出口，他自己也不清楚为什么会这么问。

玛丽脸上浮出一丝阴影，接着用歌唱般的语音回答道：

"当然不。如果我能顺利通过学士学位考试，今年夏天我就回华沙。我愿意秋天返回来，可我不知道有没有这个能力。以后我要在波兰当个教师。我会设法发挥自己的才干。波兰人没有权利抛弃自己的祖国。"

科瓦尔斯基夫妇加入他们的谈话，转向俄国人欺凌波兰的痛苦话题。三个背井离乡的人回忆起故乡，谈起家人朋友的消息。皮埃尔听着玛丽谈起她的爱国热忱与社会责任，他既感到惊奇，又隐约感到一丝郁闷。

他是个物理学家，心里只有物理学，无法想象天赋如此惊人的姑娘，怎么会把思想用在科学之外的事情上，也想象不出她对未来的计划竟然是调动自己的力量去抵抗沙皇。

他想再次与她见面。

皮埃尔·居里是个什么人物?

他是个天才的法国科学家,在本国几乎默默无闻,但是在外国同行之间却已经享有盛誉。

皮埃尔·居里在家里排行老二,一八五九年五月十五日出生在巴黎居维埃路上一所房子里,父亲欧仁·居里是位医生,祖父也是医生。他们家祖籍在阿尔萨西亚,世代信奉基督教,原来属于小资产阶级,几代人之后,改变门风钻研学问,成为知识分子和科学家。皮埃尔的父亲靠行医维生,但热心科学研究。他一度在巴黎自然历史博物馆工作过,发表过有关肺结核传染方面的著作。

他的两个儿子雅克和皮埃尔自幼喜爱科学。皮埃尔性格独立喜爱幻想,不能适应学校纪律和有系统的学习。他从来没上过学。居里大夫了解自己的儿子,知道他个性太强,不可能成为出色的学生,起初自己指导他学习,后来把他托付给一位非凡的教师巴兹尔先生指导。巴兹尔先生的自由教育结出了硕果,皮埃尔·居里在十六岁时便获得了科学学士学位,十八岁获得物理学硕士学位。十九岁那年,他被任命为理学院德山教授的实验助教,在这个职位上工作了五年。他与哥哥雅克一道从事研究。雅克也有学位,在巴黎大学实验室工作。二位年轻的物理学家不久便宣布,发现了一种重要的物理现象:"压电效应"。他们在实验工作中发明了一种具有广泛实用价值的新仪器:石英晶体压电计,可精确测量出微小的电量。

一八八三年,兄弟二人不得不分手。雅克受聘蒙彼利埃大学任教授,皮埃尔担任了巴黎市立理化学校实验室主任。虽然他在实验教学中引导学生要花费很多时间,但他继续从事自己在结晶物理学上的理论研究。这一研究的成果是对称性原理,该原理成为现代科学的基础之一。

皮埃尔重操旧业,继续从事实验研究,发明了超灵敏科学天平"居里天平"。后来他从事磁性方面的研究,得到一项具有极其重要意义的成果:发现了磁性的一个基本定律——"居里定律"。

尽管做出如此大的贡献,也获得了辉煌的成就,还必须在学校里随时指导三十位学生,可是到了一八九四年,他工作十五年后获得的代价,仅仅是从国家工资中得到每个月三百法郎的报酬,这与工厂里技工的工资不相上下。

英国著名科学家凯尔文勋爵来巴黎,在物理学会听了皮埃尔·居里的报告,感到极大的兴趣。尽管他年事已高,享有崇高的地位,但他写信给年轻的物理学家,谈及他的研究,要求与他会面。

一八九三年八月,凯尔文勋爵写信给皮埃尔·居里。信中有如下内容:

尊敬的居里先生:
　　感谢您费心为我提供仪器,使我能够方便地观察你和令兄在实验发明中的重大成果:石英晶体压电计。
　　我已然向《哲学杂志》发函,明确声明你的研究成果在我之前。这个函件应该能赶上在十月号上发表,如果时间来不及,那么肯定会在十一月号上登载……

他在一八九三年十月三日的信中说:

尊敬的居里先生：

我希望明晚抵达巴黎。如蒙通报本周末之前何时方便前往你的实验室与你会见，我将不胜感谢。

在这几次拜访中，两位物理学家长时间讨论科学方面的问题。这位英国科学家一定感到十分惊奇，他没想到皮埃尔·居里不但没有助手，而且工作环境很差，大部分时间都花费在报酬很少的苦差事上。凯尔文勋爵把他看做著名物理学家，而这个人的名字在巴黎竟然几乎无人知晓。

皮埃尔·居里不仅是个非凡的物理学家，而且是个不计较名利的人。有人建议他去竞选某一位置，以便改善自己的物质条件，他回答道：

有人告诉我说，某位教授有可能辞职，建议我提交继任申请，我以为，提出任何职位申请都是不名誉的，我不做这种极为不道德的事情。我很抱歉对你说这番话。我相信，最有害心灵健康的事情莫过于为这类事情劳神。

物理学院校长提请为他颁授一种勋章（学院棕榈勋章），他写了下面这封函件表示拒绝：

校长先生：

穆塞先生告诉我，您有意再次提请校行政当局为我授勋。

谨呈此函请您不必提请。如果您为我申请到这枚勋章，将使我不得不当面拒绝，因为我决意永不接受任何种类的勋章。敬请免却我当众拒绝的麻烦，以免难堪。

若您的初衷是对我表示关切，您的心意我已经领受，并衷心感谢。您为我提供种种帮助，使我工作方便，我十分感动。

他还具有作家的气质，至少能够胜任当一名作家。这个人受过奇特的教育，他的写作风格具有独创性，优雅而有力：

"扰乱渴望思考的心绪。"①

既然我孱弱无力,为了不让我的思绪随风飘零,不为人们呼出的最轻微气息所左右,我要么需要让周围的一切完全保持静止,要么像个嗡嗡作响的陀螺飞速旋转,让运动本身阻挡外界事物侵入。

我在缓缓旋转时尝试加快速度,这时,任何无足轻重的事物都可能阻碍我,不论是一个字眼、一个绯闻、一篇报纸上的文章或是一次专访,这些都可能让我停转,阻碍我成为陀螺仪或陀螺,延缓我的速度,或让我永远得不到足够的速度,只有得到这种速度,我才能不顾周围事物,集中注意于自身。

人无法避免饮食、睡眠、怠惰和恋情,不得不接触生活中最温情的东西,然而人不能屈服。在不得不做各种事情的时候,必须保持不随波逐流的思维,使之处于支配地位,使之在卑微的头脑中不受干扰。人必须使生活变成一个梦想,并且使这个梦想变为现实。

总之,他有着诗人和艺术家的敏感和想象力,也体会到诗人和艺术家的失意和悲哀。

一八八一年,他在一篇日记中写道:

我将来会成为怎样的人?我很少有完全支配自己的时候,平常,我的生命总有一部分在昏睡。我仿佛觉得,我的头脑一天比一天更愚钝。以前,我还可以在科学领域或其他领域漫游,如今,我几乎不接触任何学科,也不再能潜心钻研。可许许多多事情在等着我去做!难道我的头脑虚弱得不能响应身体的要求?难道思想本身都不能调动起我可怜的头脑?那这只头脑便没什么价值了!难道骄傲和雄心都不能给我一点点激励?难道要让我就这么活着?想象中,我觉得能找到足够的信心,把我从这成规中

---

① 引自维克多·雨果的剧作《国王取乐》。

拉出去。想象力或许能激励我的头脑,把它带出去。可我恐怕这想象力也已经死去了……"

这位诗人兼物理学家立刻被玛丽·斯科洛多斯卡迷住了。他清楚这是位独特的姑娘。皮埃尔·居里以温和而坚韧的态度努力与这位姑娘建立友谊。他在物理学会的两三次会议上再次见到她,她当时列席旁听科学家们就新研究所作的报告。他为了表示敬意,将自己新发表的一本专著赠给她,题目是:《论物理现象中的对称性原理:电场与磁场的对称性》。他在扉页上题词:"赠给斯科洛多斯卡小姐,著者谨致敬意,您的朋友,P.居里。"在李普曼教授的实验室里,他也看见她身穿肥大的工作服,默默弯腰操作仪器。

后来,他请求拜访她。玛丽把自己的地址给他:弗扬替纳路十一号。她态度友好而拘谨,在自己的小屋里接待了他。皮埃尔见她生活在如此极度的贫穷中,心里非常难过,不过他内心中又不禁赞叹,这位女子的性格与她周围的环境毕竟十分协调。在这间几乎空荡荡的阁楼里,玛丽身穿破旧服装,神态却热情而执著,在他眼里无比美丽。她年轻的面庞因苦行僧般的学习生活而消瘦憔悴,在这间朴实无华的阁楼里真是最合适不过了。

几个月过去了。相互尊敬与相互崇拜加强了两人的友谊,亲密感和信任感日渐增加。皮埃尔·居里为这位波兰姑娘的智慧与敏锐而折服。他服从她,听从她的忠告,不久便在激励下摆脱慵懒状态,写出一篇关于磁性实验的著作,并交出一篇富有才气的博士论文。

玛丽仍然相信自己是自由的。她似乎不愿听他说出那几个决定性的字眼,而这位科学家也不敢贸然开口。

这天傍晚,他们又一次聚在弗扬替纳路上那间小屋里,这也许是他们第十次在这里相聚了。这是个六月末的一个黄昏,屋子里相当温暖。桌子上,在玛丽为即将举行的考试而学习的数学书籍旁边,摆着一瓶白色雏菊,这是皮埃尔和玛丽外出散步时一道采摘的。姑娘用可靠的酒精炉烧水沏茶。

这位物理学家一直在仔细叙述让他放心不下的工作。接着,他突然改变话题:

"我希望你能认识一下我的父母。我与他们一道住在西奥克斯的一所小房子里。他们人缘很好。"

他对她描述了自己的父亲：个头高大，举止笨拙，一双蓝眼睛十分活泼，头脑聪明脾气却十分暴躁，像滚烫冒泡的汤，不过待人极为友善。他又谈起自己的母亲，她身体病弱，不过操持家务仍然是把好手，她不畏艰难，神情愉快，勇气十足。他回忆起自己有趣的童年时光，与哥哥雅克在树林里无休无止地漫游……

玛丽听着听着不禁感到惊讶。这是多么神秘的相似与巧合啊！只要把细节稍加修改，把地点从西奥克斯的小房子移到华沙，说的就不再是居里家，而变成斯科洛多斯基家了。他们的宗教信仰不同，居里大夫是个无神论自由思想者，两个儿子都没有在教堂受过洗礼，但是两家人的生活完全一样，同样聪明高尚，同样崇尚文化，同样热爱科学，同样热爱自然，父母与子女同样亲密无间。玛丽脸上浮出微笑，觉得随便多了，她也讲述了自己在波兰乡间度假时的故事，而且，几个星期后，她就要再次返回故乡了。

"可你十月份要回来的，对吧？向我保证你要回来！你留在波兰不可能继续你的研究。你现在无权抛弃科学……"

这几句表示关切的话听起来十分平常，却表达出皮埃尔心中的深切忧虑。玛丽体会到，皮埃尔口头上说："你现在无权抛弃科学，"其实他心里想的是："你无权抛弃我。"

两人间一时沉默下来。接着，玛丽抬起那双灰色的眼睛望着皮埃尔，回答的声音十分温和，却仍然带着迟疑：

"我看你说得对。我也想回来——非常想回来。"

又有几次，皮埃尔谈到了未来。他请求玛丽嫁给他，但是回答却不令人愉快。嫁给一个法国人，永远离开自己家，放弃爱国活动，抛弃波兰！斯科洛多斯卡小姐认为，这等于是可怕的背叛行为。她不能，绝对不能。她以优异的成绩通过了考试，现在一定要返回华沙，至少要在故乡度暑假，也有可能再也不离开家。她向这位沮丧的年轻科学家许诺，愿意保持两人间的友谊，可这对他已经不够了。可她没做任何保证便登上了火车。

他的心随她而去了。她父亲到了瑞士，要在车站接她，他也愿意去那里见她，或者去让他嫉妒的波兰。但这是办不到的……

于是,他就在遥远的地方继续写信向她求婚。在整个夏天的几个月里,不论玛丽走到哪里,都会收到笔迹潦草到近乎仿童体的信件,在克里塔兹、伦伯格、克拉科夫、华沙,她都会收到写在廉价纸张上的信,发信地址是物理学校,内容是竭力说服她回巴黎,提醒她说,皮埃尔·居里在等待着她。

一八九四年八月十日,皮埃尔·居里在写给玛丽·斯科洛多斯卡的信上这么说:

听到你的消息是我最大的喜悦。要有两个月得不到你的消息,这是我最大的不幸。你随便写来几个字都会受到极大的欢迎。

我希望你好好休养,十月份回到我们身边时变成个精力旺盛、气色美好的姑娘。我自己并不打算去任何地方,我要留在这个国家,整天待在敞开的窗前,或待在园子里。

我们已经相互保证过,要做最要好的朋友,对不对?只希望你不改变主意!当然,没有一种诺言有约束力,这种事情不能强求。但如果我们能在生活中彼此接近,那仍旧是件好事,我们继续沉醉在自己的梦想中,你的爱国梦,我们的人道主义梦,还有我们的科学梦。我几乎不敢相信这些梦想能成真了。

在这些梦想中,我相信只有最后一种梦想是合理的。我的意思是说,要想改变社会结构,我们是没有力量的。即使有这种力量,我们也不知道该怎么做。若采取行动,不论朝哪个方向努力,在延缓某种无法避免的演变方面,我们永远无法确定自己的行动是好是坏。然而,从科学的角度上,我们或许有希望做出某些成就。这里的基础是坚实的,我们做出的任何发现,不论多么渺小,都会成为知识的一部分。

想想吧,我们都同意做好朋友,但是,如果你离开法国,不出一年,这种友谊就变成柏拉图式的纯精神友谊了,两个人再也见不着面。难道你与我在一起不是更好些吗?我知道这个问题惹你生气,你不愿再听。另外,我也觉得从各个方面看,我都配不上你。

我想请求你允许我在弗里堡与你"偶然相遇"。不过,要是我没弄错,你在那里只待一天,当然要陪伴我们的朋友科瓦尔斯基先生。

请相信我的绝对忠诚
皮埃尔·居里

如果你能写信给我,向我保证十月份回来,我会非常快乐。来信请直接寄到:塞纳区,西奥克斯,萨伯隆路十三号,在这个地址我能尽快收到信。

一八九四年八月十四日,皮埃尔·居里给玛丽·斯科洛多斯卡的信中说:

我无法打定主意去见你。我犹豫了一整天,最后做出了这个决定。读了你的信,我的第一印象是你不愿让我去。我的第二印象是,你还是友好地答应让我陪你待三天,我几乎要准备动身了。接着,我感到羞愧,觉得这样追求你违背了你的意愿。最后,我打消了念头,因为我几乎能肯定,我去了那里会让你父亲感到不悦,而且会破坏他与你在一起感到的喜悦。

现在时间太迟了,我又后悔没动身。如果我们有三天能在一起,让我们不会因为两个月分离而相互淡忘,难道不是能加强我们之间的友谊吗?

你是个宿命论者吗?还记得四旬斋狂欢日的情景吧?那天我在人群中忽然找不到你了,我便感到,我们的友谊关系也会那样,在双方不情愿的情况下突然中断。我不是个宿命论者,不过我们各自的性格有可能造成这种结果。我从来不知道在关键时刻该采取什么行动。

从这一方面讲,对你应该是有利的,因为我不明白为什么一定要你留在法国,要你背井离乡,离开家人,而我却拿不出什么来补偿你做出的这种牺牲。

你说自己完全是自由的,说这话的时候是不是稍有点自命不凡?我们起码是双方感情的奴隶,是我们热爱的人所抱偏见的奴隶。我们必须谋生,因此都是一部大机器中的一个零件……

最大的痛苦莫过于被迫向我们周围的社会偏见让步。但是人常常需要做出这种让步,根据自己的力量强弱情况决定让步程度之多寡。如果让步不够,会被碾碎,让步太多,又会失去自我,我们会因此憎恶自己。我现在的主张与十年前大不相同了。当时,我相信人应该在各方面有棱有角,不向环境低头。我觉得应该不但突出优点,而且突出缺点,我当时只穿工人才穿的蓝衬衫……

你看,我已经衰老软弱,觉得自己大不如前了。希望你过得非常愉快。

你忠实的朋友
皮埃尔·居里

一八九四年九月七日,皮埃尔·居里写给玛丽·斯科洛多斯卡的信中说:

……你可以想象出,你的信让我非常不安。我热切地建议你十月份回到巴黎。如果你今年不能回来,我会感到极为痛苦。不过,我要你回来并非出于朋友间的私心,只是我相信你在这里可以更好地工作,而且可以做更加实在有益的工作。

如果有人以头撞墙期望把墙推倒,你会怎么想?也许这主意源于美好的愿望,但这个主意本身却十分可笑,而且是愚蠢的。我相信某些问题需要从全局角度解决,目前不能通过当地手段来处理;如果从事一项没有出路的工作,可能会极为有害。我还相信,这个世界上没有正义,但最强大的政治体制,或者说是最强大的经济实体最终必将占上风。工作累得筋疲力尽,同时却过着悲惨的生活,这是一种令人反感的事情,然而,心中的反感并不能使这种现象消失。这种现象是有可能消失掉的,从经济角度观察,人就像某种机器,只有各种机器不受外力影响而正常运转,才能发挥其优势。

你理解自私的方式令人惊异!我二十岁那年遭遇过一桩可怕的不幸。在一种可怕的情形下,我失去了热爱的童年朋友。我一直鼓不起勇气对你谈这件事。在许多个日日夜夜中,我死死想着一个念头,而且从折磨自己中获得某种喜悦。后来我诚心发誓,要过一个苦行僧般的生活,心里向自己保证,以后只对物质发生兴趣,从此永远不考虑自己,也不考虑人类。自从那时以来,我常常扪心自问,如此放弃生活难道不仅仅是个为了忘却过去而搞的恶作剧?

在你的国家通信是否自由?为此我有疑虑,觉得未来最好不要高谈阔论,虽说都是纯哲学性质的内容,但可能被严重曲解,给你带来麻烦。

你愿意给我写信的话,仍寄到萨伯隆路十三号来。

你忠实的朋友

P. 居里

一八九四年九月十七日,皮埃尔·居里在写给玛丽·斯科洛多斯卡的信中说:

你的信让我大为不安。我觉得你心中烦恼,拿不定主意。收到你从华沙寄来的信,我稍感放心,觉得你心中恢复了平静。看到你寄来的照片我高兴极了。衷心感谢你寄照片给我。

你终于要回巴黎了。这给了我极大的喜悦。我非常希望我们至少能成为不分离的朋友。不知你是否同意?

假如你成为法国人,可以轻而易举在高中或女子师范担任教师。你喜欢做这种工作吗?

你非常忠实的朋友

P. 居里

> 我把你的照片拿给我哥哥看过了。不知道你是否反对？他很欣赏你的照片，还说："她的容貌就算不是倔犟，也是非常坚定。"

能激发一个男人写出如此动人的信函，难道这本身不是在享受一种了不起的盛誉吗？

十月份到了。皮埃尔心中洋溢着幸福。玛丽如约返回了巴黎。他又能在巴黎大学的演讲厅见到她，又能在李普曼教授的实验室见到她了。但是，这一年她没有住在拉丁区，她以为这是自己在巴黎生活的最后一年。布罗妮娅在沙头敦路三十七号开了间诊所，把一间与诊室相连的屋子给玛丽住。由于德卢斯基夫妇仍然住在拉维里特路，布罗妮娅只有白天才来这里，因此玛丽晚上在这里学习很安静。

在这所不但阴暗而且颇为阴郁的住房里，皮埃尔·居里再次向她求婚。他胸中有着与未来妻子相同的忠诚，由于没有掺杂其他成分，他的忠诚更加全心全意。科学是皮埃尔唯一的目标。他的目标不但奇特，而且几乎令人无法置信，他把心灵的追求与感情活动融合在了一起。他感到自己受到玛丽的吸引，可这既是受到爱情的激励，同时也出于最急迫的学术需要。

他甚至愿意牺牲一般人所说的幸福，去追求只有他自己才清楚的另一种幸福。他向玛丽提出一个建议，乍一听仿佛荒诞不经，容易让人看做接近这位女子的伎俩，但这个建议却独具他的个性。他询问道，即使玛丽不爱他，是否起码能同意一种纯粹朋友间的安排，与他一道工作？为此住进"莫费塔路的一套住房，那里的窗户正对着花园，套房可分隔成独立的两部分"。

如果不同意这一建议，（既然一切需求都得付出代价）如果他皮埃尔·居里去波兰谋个职业，她是否愿意与他结婚？他可以在那里教法语课，然后利用可能得到的设施，继续与她一道从事科学研究……

在这位从前受到波兰乡绅一家藐视的姑娘面前，这位天才苦苦恳求着。

玛丽把皮埃尔愿意移居国外的建议倾诉给布罗妮娅，表示了自己的困

惑与焦虑。她觉得自己没有权利接受这种牺牲,可皮埃尔竟然如此爱她,竟然提出这种想法,这让她感动,也让她不安。

皮埃尔得知这位姑娘在德卢斯基夫妇面前提到自己,便从这一侧翼发起了新攻势。他以前见过布罗妮娅几次,便前去拜访她,结果得到了布罗妮娅的全力支持。他请布罗妮娅陪玛丽一道去西奥克斯见他父母。居里大夫的妻子把布罗妮娅拉到一旁,用温和动人的声音请求她劝说妹妹。

"全世界的人谁也比不上我家皮埃尔,"居里老夫人一口咬定说,"叫你妹妹别犹豫。她嫁了咱儿子比跟了别人幸福得多。"

必须再过十个月,这位执拗的波兰姑娘才肯考虑结婚。玛丽就像斯拉夫"知识分子"那样,受到生活与责任的大道理制约。她的一些道理高尚而细致,另一些道理则显得十分幼稚。皮埃尔早已明白,其实玛丽的过人之处并不在于她那些道理。玛丽与成千上万受过教育的同胞共同遵循某些原则,这位科学家对那些原则并不关心。让他感到着迷的只有她全身心投入学习研究的精神。他赏识的只有她的天才,她的勇气和高尚品质。这个娴雅的女子拥有伟人的性格与天赋。

至于原则,他自己在很长一段时间里也有自己的生活原则,但生活却证明他自己的原则是荒谬的。他也曾发誓永不结婚。他不需要像她那样保卫波兰,可他原来始终认为,婚姻与献身科学的生活如同水火一样不能相容。他青年时期热恋失败,那个悲剧性的结果使他本能地躲避女人。他不想再恋爱。独身原则拯救了他,让他避免了平庸的婚姻,最终等到了玛丽这个无与伦比的女子,一个为他"量身订制"的女子。如今,他不能犯傻,不能为了什么"原则"让无比幸福的机会从身边溜走,不能放走这绝妙的合作伴侣。他要赢得这位姑娘,赢得这位波兰人,赢得这位物理学家,这三种属性对他都是不可或缺的……

于是,他与斯科洛多斯卡小姐不断地交流着,话语温よ和缠绵,他保证给她以保护,他天天出现在她的生活中,以深沉而无法抵御的魅力影响她。最终,皮埃尔·居里渐渐将那位年轻的苦行僧重新变成个正常的姑娘了。

一八九五年七月十四日,玛丽的哥哥约瑟夫亲切写信给她,代表斯科洛多斯基一家表示了对她的谅解:

> ……你现在已经是居里先生的未婚妻子,我要首先对你致以最诚挚的祝贺和美好的祝愿,愿你与他在一起生活幸福美满,我和认识你的所有人都相信,你有高尚的心灵和优秀的品格,理应享受这样的幸福与欢乐。
>
> ……我认为你有权按照自己的心愿生活,任何一个公正的人都不能为此责备你。我了解你,相信你灵魂深处永远是个波兰人,而且你内心中永远都属于我们这个家庭。我们也会永远爱你,永远把你看做我们家的一员。
>
> 我愿意看到你永远住在巴黎,生活幸福美满,而不愿你回祖国为承担概念过于渺茫的职责而牺牲终生。我们现在应该做的,就是排除各种障碍,尽量常常见面。
>
> 亲爱的玛妮娅,请接受我的一千个吻,并再次祝你幸福、美

满、成功。请代我向你的未婚丈夫致以亲切问候,告诉他,我欢迎他成为我们家庭的未来成员,我愿意毫无保留地向他奉上友好情谊,也希望他同样以友谊和尊重对待我。

几天之后,玛丽写信给她少年时期的朋友卡齐娅,宣布了自己做出的决定:

  你收到这封信的时候,你的玛妮娅已经改用丈夫的姓氏了。我正要与去年在华沙对你说过的那个男人结婚。我不得不永远住在巴黎,这让我感到伤心,但是我还有什么办法呢?命运让我们两人深深相爱,分开的想法让我们无法忍受。

  我没有提前写信给你,那是因为这一切都是不久前决定的,十分突然。整整一年,我都拿不定主意。最后我才接受了在这里定居的想法。你收到这封信之后,请给我写信,地址是:拉赫芒德路四十二号,理化学校,居里夫人收。

  从今以后,这就是我要使用的姓氏。我丈夫是这所学校的教师。明年我要带他回波兰,让他了解我的国家,我肯定会介绍他见我最亲爱的干姐姐,希望你喜欢他……

七月二十六日早晨,玛丽最后一次从她沙头敦路上的住房里醒来。这天的天气好极了。姑娘的面庞十分美丽,脸上露出她的同学从来没见过的熠熠神采。今天,斯科洛多斯卡小姐要结婚,要成为皮埃尔·居里夫人了。

她梳理好一头漂亮头发,穿上结婚礼服。这套服装是卡什米尔·德卢斯基的老母亲赠送的礼物,这位老人现住在德意志路的房子里。当时玛丽说:"我只有每天穿的这身衣服,如果您好心送我衣服,最好是每天都能穿的深颜色,好让我日后进实验室也能穿。"

在布罗妮娅的指导下,丹古赫路上的一个小裁缝为玛丽做了一套海军蓝色毛料服装,还有一件有淡蓝色条纹的衬衫,玛丽穿上显得既年轻又漂亮。

玛丽喜欢自己的婚礼,在这个重大的日子里,一切细节都与其他婚礼不同。婚礼上没穿白色婚纱，没有交换金戒指，没有举行婚宴。他们也没有举行宗教仪式。皮埃尔是个不相信宗教的自由思想者，玛丽也早已不遵教规了。他们没有请律师来公证财产，这对新婚夫妇的财物，只有两辆闪闪发亮的自行车，是前一天用一个表亲寄来的礼金买的，除此之外他们一无所有。这年夏天，两个年轻人要骑着这两辆自行车在乡间漫游。

这的确将是一场美好的婚礼，参加婚礼的人没有一个对新娘新郎漠不关心，也没有出于好奇或嫉妒的人。一小群人陪同前往西奥克斯的市政厅，然后去皮埃尔父母在萨伯隆路的那个小花园，其中有布罗妮娅和卡什米尔，有几位大学里关系密切的朋友，还有从华沙来的斯科洛多斯基先生和陪他一道来的海拉……这位教师认为，要用最正确最谨慎的法语跟居里大夫交谈，因为这关系到他的荣誉。首先，他压低声音，以动情的音调对居里大夫说了几句发自肺腑的话："玛丽是个值得你疼爱的儿媳。自从她降生那天起，她从来没给我惹过麻烦。"

早上，皮埃尔去接玛丽。他们需要上卢森堡车站乘火车去西奥克斯，双方的父母则在西奥克斯等他们。明媚的阳光下，他们坐在公共马车顶层穿过圣米歇尔大道，从这辆"凯旋战车"顶上，两人凭高视下，望着周围熟悉的环境。

到了巴黎大学理学院门口，玛丽搭在伴侣胳膊上的手抓紧了一点，望着他的眼睛，只见他的目光明亮而平静。

第十一章　年轻的伴侣

玛丽从事的事情样样成功,婚姻也是一样。她犹豫了整整一年后,才嫁给皮埃尔·居里。如今她已经是他的妻子了,便以对生活的远见和柔情安排共同的生活,要把小日子过得非常幸福。

他们最初的共同生活过得如诗如画。皮埃尔和玛丽骑着自己形影不离的自行车在法兰西岛①周围的路上漫游。他们在车子后座上捆着几件衣服,还有应付多雨夏季的刷胶斗篷。到了午饭时间,他们就坐在林间空地的苔藓上吃面包、奶酪、桃子和樱桃。到了晚上,他们随意找家无名客栈投宿一宵。在客栈里,他们能喝到浓浓的热汤,住进一间壁纸褪色烛光摇曳的屋子。寂静的夜色中,只有他们孤零零两个人,不时听到远处的犬吠声、夜鸟的低鸣声、猫儿的嘶叫声,还有屋子里地板的刺耳嘎吱声。

他们想要徒步探索一下树林和山岩,就跳下车子步行一段。皮埃尔热爱野外活动。毫无疑问,这种长途默默散步对他的天才气质是必不可少的,平稳的节奏有利于他进行科学思索。他只要到了外面花园里,就不能不有所活动。他不懂得如何休息,也不喜欢预先安排好行程的旅行。他没有时间概念,为什么人应该在白天行走,而夜里就不能出门?为什么人的一日三餐要有固定时间?自从童年时期开始,他就有随意突然走开的习惯,有时是在黎明,有时是在黄昏,谁也不清楚他会在三天后才回来,还是一个钟头后就回来。早年他与哥哥一道漫游的情景,他记忆犹新:

---

① 法兰西岛:法国北部地区旧名,以巴黎为首府。

啊,那是多么美好的时光,令人愉快的孤独,远离巴黎,远离千百桩烦人的琐事……我在树林里独自过了几夜,心里一点儿也不后悔,也不后悔在孤独中任凭几个白昼从身边溜走。如果有时间,我愿意叙述在那里做的许多白日梦。我也愿意描述让我着迷的山谷,那里的一切都浸透了植物的芬芳,比埃弗河从中穿过的美丽丛林清凉湿润,忽布藤缠绕的树木如童话宫殿前的柱廊,那些光秃秃的石头山让石楠映得通红。我们在那里度过了极为快乐的时光。一想到米尼埃树林,我永远都有愉快心情。在我知道的所有地方里,这是我最喜爱的一处,我到了那里会感到极为快乐。我常常夜里出门,循山谷而上,回来的时候,脑子里便有了几十个念头……

一八九五年夏天的"新婚漫游"更加甜美,爱情增强了旅行的乐趣,使周围景色更加漂亮。只消在自行车上蹬几千下,在乡村客栈支付几法郎房钱,这对年轻人便能独自享受几个漫长而令人着迷的日日夜夜。

一天,皮埃尔和玛丽将自行车存放在一个农人家里,两人离开大路,随意沿一条小径信步走去,身上只带着一个小指南针和几个水果。皮埃尔大步走在前面,玛丽紧跟在后面,她并不觉得疲惫。她不再顾忌礼仪,将裙子挽起一点,方便行走。她头上没戴帽子,上身穿件白色紧身衣,看上去清新而漂亮。她脚上穿一双结实的鞋子,腰上系一条皮带,虽然不很雅观,却相当实用,皮带上的小袋子里藏着一把刀、一点钱和一块表。

皮埃尔边走边说出心中的想法,内容是关于他耿耿于怀的晶体研究工作,他甚至没有回头望一望妻子的眼神。他知道玛丽懂得他的想法。他也清楚,如果她做出回答,那一定是非常有见地、有益处、有独创性的。她对自己在大学里下一年的研究也有个重大的计划。她要为竞争职业做准备,而且基本上确信,理化学校的校长舒曾伯格会批准她与皮埃尔在同一个实验室做她的研究。他们可以生活工作都在一起,永远不分离。

密林中,他们来到一个芦苇环抱的池塘边。皮埃尔在这个沉睡的池塘里发现了让他欣喜的动植物。他对空中和水中的动物有着丰富的知识;火蜥蜴、蜻蜓、法螺等等。他年轻的妻子舒展身子躺在河岸上,他冒着掉进水中来个不情愿冷水浴的危险,动作灵巧地从一棵倒伏的树干上走过去,探出手采摘黄色鸢尾花和浮在水面上的浅色荷花。

玛丽平静地躺着,望着天空的浮云,差不多有了睡意。她忽然她惊叫起来,因为觉得手心有个又凉又湿的东西。原来是个肚子一鼓一鼓的绿色青蛙,是皮埃尔刚才故意丢在她手心上的。他并不是要拿她开玩笑,他以为熟悉青蛙是极为自然的事情。

"皮埃尔……你真坏,你这个皮埃尔!"她的动作像个吃了惊吓的孩子,连声抱怨着。

这位物理学家吃了一惊。

"难道你不喜欢青蛙?"

"喜欢倒是喜欢,可我不愿意青蛙跳到我手里。"

"这可是大错特错了,"他不经意地说,"观察青蛙是桩有趣的事。把手轻轻展开,就会知道它有多可爱了!"

他把那只小动物捉回来,玛丽放心地笑了。他把青蛙放到池塘边,让它获得了自由。休息够了,再次上路,他继续沿那条小径走去,妻子跟在他身后,身上装点着野生装饰品鸢尾花与荷花。

皮埃尔·居里再次沉思起来,考虑着研究工作中的问题,忘记了眼前的树林、天空、青蛙和池塘。他思索着研究工作中面临的大大小小困难,思索着费解的晶体成长奥秘。他描绘着即将为一项新实验准备的仪器,接着,他再次听到玛丽明确的声音,听到她思路条理的问题,听到她认真考虑后做出的回答。

在这些幸福的日子里,男人与女人从未有过的美好联系缔结起来了。两颗心一起跳动,两个身体结合在一起,两个天才的大脑学会了共同思考。玛丽不能嫁给别人,只能与这位伟大的物理学家结合,只能与这个聪明而高尚的人结合。皮埃尔也不能娶别的女子,只能与这位美丽而温柔的波兰姑娘结婚,她一瞬间显得幼稚,转眼间又表现得出类拔萃。她既是个朋友、妻子、爱人,又是位科学家。

接近八月中旬时,这对度过美好夏天的年轻夫妇既快乐又疲惫,在尚提利附近一个名叫"雌鹿"的农舍住下来。这里也是布罗妮娅的众多发现之一,这座清静的农舍她已经租用了几个月。在这里,玛丽和皮埃尔与德卢斯基老夫人、卡什米尔、布罗妮娅和他们的女儿海伦相聚了。海伦有个昵称,叫"露"。斯科洛多斯基老师和海拉延长了在法国的居留期限,也来到这里。

这次内容丰富的长假成为大家珍贵的回忆,后来这批人难得经常相见了。他们体会到这所林间小古屋充满了诗意的魅力,林子里有很多锦鸡野兔,地上覆盖着铃兰,浓浓的友谊气氛将两个民族的三代人笼罩其中。

皮埃尔·居里得到他妻子家庭所有成员的敬慕。他与岳父斯科洛多斯基先生谈科学话题,与小露一本正经作问答对话,小露年仅三岁,长相漂亮,性格活泼,逗人喜爱,大家都把她当成掌上明珠。有时候,居里大夫和老夫人从西奥克斯来尚提利与大家聚会。于是,大餐桌旁便增加两个人的位置,交谈更加热烈,话题从化学转向医学,又转向儿童教育,从法国的社会观,谈到波兰的一般观念。

法国人对外国人往往有一种本能的不信赖,而皮埃尔丝毫也没有这种思想迹象。他完全被德卢斯基和斯科洛多斯基这两家人迷住了。为了向妻子表示爱心,他不顾玛丽带着喜悦的反对,做出一项令人感动的努力——开始学习波兰语。波兰语是欧洲语言中最难学的,而且由于这是一个被征服国家的语言,它已经成为没有用处的语言了。

皮埃尔在"雌鹿"农舍接受了"波兰化"影响。到了九月份,他把妻子带回西奥克斯,这时轮到玛丽接受"法兰西化"影响了。她丝毫也不反对。她敬爱自己的公婆,在斯科洛多斯基先生和海拉回到华沙后,两位老人对她十分慈爱,减轻了她的思乡之苦。

皮埃尔娶回个拉丁区阁楼上来的外国贫寒女子,但这并没有使两位善良的老人觉得难堪或震惊,他们有博大的胸怀。两个老人从一开始就欣赏玛丽。让他们受到触动的不仅仅是她"斯拉夫人的魅力",更有她令人着迷的智慧和性格。他们的长子雅克也同样为她着迷,与皮埃尔的妻子保持着亲密的友谊关系。

玛丽在西奥克斯生活圈子里很少遇到让她惊奇的事,其中让她惊讶的一点,无疑是发现公公与他的朋友们有着强烈的政治热情。居里大夫仍然热爱着一八四八年的思想①,而且与激进人物亨利·布利松保持着密切联系。他非常富有斗争精神。玛丽从小生长在对抗外国压迫者的斗争环境中,习惯于在平静状态下为社会理想献身。如今,她开始了解法国人热衷的党派争执。她旁听着冗长的争论,听着人们对激进理论做出的解释。她觉得有点厌倦时,就躲在丈夫身旁。丈夫总是保持着沉默,独自苦思冥想。在星期日,萨伯隆路那所小花园里的客人总是想拉皮埃尔参加友好争论,这位物理学家有时便口气温和地回答道:"我不善于发火。"仿佛是在为自己开脱。

玛丽曾写道:

> 皮埃尔·居里没有积极参加政治活动的倾向。他受到的教育和他的情感使他同情民主主义和社会主义思想,但他不受任何党派教条的束缚……在公共场合与个人生活中,他不主张使用暴力。

德雷弗斯案件使皮埃尔·居里改变了保守沉默态度,对政治斗争产生了热情。但是,他的行为并非倾向于某种宗派意志,而是自然而然站在了无辜受害者一边,他是个正直的人,出于正义感才与不公平行为作斗争。

十月份,这对年轻夫妇迁到格拉西埃尔路二十四号的一个小套房居住。这所房子的窗户外面是个大花园,但除此之外,房子内部一点儿也不舒适。

对这套房子里的三个小房间,玛丽和皮埃尔丝毫也未加装饰,他们甚至拒绝接受居里大夫赠送的几件家具。每添加一只沙发或椅子,他们早上就得多清理一件东西,还得在搞卫生的日子动手把它们擦亮。玛丽没时间做这种事。居里夫妇已经决定不在家里请客,也不请朋友来聚会,要沙发和椅子又有什么用处呢?要是有个好事的家伙登上五楼,想要跑进这个小爱巢扰这对夫妇,他只要探着脖子看看屋里,以后就再也不会来自找没趣了。屋子里只有书籍和一张白色木桌子。桌子一头是玛丽的椅子,另一

---

① 一八四八年的思想:指法国资产阶级革命的主导思想。

头是皮埃尔的椅子。桌子上堆放着一本本物理学论著、一盏煤油灯、一束鲜花。除此之外没有任何其他东西。要是有人来到这屋里,桌子旁边没有可坐的椅子,只有皮埃尔和玛丽礼貌中略带惊讶的目光,最厚颜的客人也只得赶紧逃走。

皮埃尔的生活中只有一个理想:在他深深热爱的女子陪伴下作科学研究,而这个女人的生活目标也是从事科学研究。玛丽的生活更加艰苦了。在执著的学习研究之外,如今又增加了当妻子的任务,琐细而累人。她不再能忽视物质生活了,不能像自己在巴黎大学求学时期一样,生活俭朴到不顾一切的地步。他们度假回来后,她买到的第一样东西,就是个黑色封面的账簿,封面上用烫金大字印着:支出账。

皮埃尔·居里这时在物理学校每月挣五百法郎,玛丽拿到大学毕业文凭能开始在法国任教前,这五百法郎便是这对夫妇的唯一收入。

这笔收入相当不错了,有了这笔进项,这对简朴的夫妇生活无忧,再说,玛丽懂得如何节俭。困难在于如何在二十四小时内干完一天繁重的工作。学校在实验室给了玛丽一个位置,她整个上午和下午都在那里度过,在实验室工作就是她的快乐。但是,回到格拉西埃尔路的家里,她就得扫地,整理床铺。皮埃尔的衣服要洗熨,他的饭菜要她安排,可他们并没有请女佣……

玛丽早早起床上市场,晚上从学校回家,就挽着皮埃尔的胳膊,带他进杂货铺或牛奶店。早上去实验室前,她先要把午饭吃的菜削干净择好,以前,斯科洛多斯卡小姐无忧无虑,甚至不知道汤是用什么配料做的,那种日子如今已经一去不复返了。皮埃尔·居里夫人为了维护面子,学会了这些本领。婚事一定,这位善于学习的学生便私下请德卢斯基老夫人和布罗妮娅教了她几堂烹饪课。她实习做烧鸡、油炸土豆,尽妻子的职责为皮埃尔预备好有益健康的饭菜,可皮埃尔不在乎饭菜,而且总是心不在焉,甚至没有留意到她付出的巨大艰辛。

一种幼稚而偏执的想法在刺激着玛丽。万一她的法国婆婆有一天驾临,看见一盘烹饪不佳的碎炒鸡蛋,而且不由自主把心中的想法说出来:真不知道华沙姑娘受的是什么教养!那该是多大的耻辱!玛丽反复琢磨一本食谱,在页边空白处,她认真用精确的科学术语作了扼要笔记:报告自己的试验经过、失败原因、成功总结。

她发明了几样简单菜肴,几乎用不着怎么烹饪。还有几样可以自己慢慢炖熟,并不耽误她在学校的研究工作。不过,做饭也像化学实验一样难,也同样神秘。她该怎么避免通心粉粘在一起?炖牛肉是放进冷水还是直接用热水?青豆该煮多长时间?玛丽站在炉灶前,两颊红红的,不断地叹着气。以前只吃奶油面包、红萝卜、樱桃,只喝茶,那时的日子多简单啊!

渐渐地,她的理家知识在增加。过去,煤气炉子有好几次随意把肉烤焦,现在这炉子终于规矩了。玛丽出门前,总是以物理学家的精确性调整火焰大小,然后朝炖锅不放心地再瞅上一眼,这才关上门奔下楼梯,赶上丈夫,两人一道朝学校走去。

一刻钟后,她低头望着另外一种容器,但是用同样谨慎的姿势,调整实验室燃烧炉的火焰高度。

八小时的科学研究,外加两三个钟头的家务劳动,这还不算完。到了晚上,她要翻开账簿,在赫然印着"先生用度"和"夫人用度"几个大字的栏目下记载每日支出。这以后,玛丽·居里才能在白色木桌一端坐下来,专心为大学毕业考试的职业资格竞争做准备。煤油灯另一侧,皮埃尔在为物理学校的新课程准备教学大纲。她常常感觉到,丈夫那双漂亮的眼睛在盯着看她,她也会抬起目光迎着他的眼睛,接受爱恋和赞赏的眼神。两个相爱的人便会默默交换一个微笑。他们的窗户上,到凌晨两三点钟还射出灯光。在这个只有两把椅子的屋子里,书页的翻动声和钢笔沙沙书写声,如同热烈而持久的乐章,在不停地演奏着。

一八九五年十一月二十三日,玛丽在写给约瑟夫的信中说道:

……我们一切都好。我们两人都健康,生活十分和谐。我在一点点布置我们的房间,不过我打算让屋子保持一种简单风格,免得操心,也用不着费事,我们得到的帮助很少,只有一个女人每天来干一个钟头,帮着洗盘子干重活。我自己做饭,整理家。

每隔几天,我们就去西奥克斯看望我丈夫的父母。我们的工作并不因此中断,那里的二楼上有我们的两间屋子,我们需要的东西那里都有,因此在那里非常舒适,实验室不能做的部分工作可以在那里完成。

天气好的时候,我们就骑自行车去西奥克斯,只有在下大雨的天气,我们才会乘火车。

我"有利可图的"工作尚未确定下来。今年我有希望得到一种在实验室的工作。那是一种半科学性质半产业性质的职业,我喜欢这工作胜过教书。

一八九六年三月十八日,玛丽在写给约瑟夫·斯科洛多斯基的信中说:

……我们的生活一如既往,比较单调。除了德卢斯基一家和在西奥克斯我丈夫的父母,其他人我们都不见。我们难得去听一场歌剧,也没什么娱乐活动。到了复活节,我们也许让自己轻松几天,出外旅行几天。

我没有前去参加海拉的婚礼心里十分难过。如果我们家没人住在华沙,不管有多困难,我恐怕也会设法筹措旅费去参加的。好在海拉身边还有咱家的亲人。我就不得不剥夺自己的权利,不享受这种极大的快乐了,毕竟我不能不有所顾忌。

几个星期来,这里非常炎热。田野里已经一片葱绿。在西奥克斯,二月份就能看到紫罗兰,如今遍地都是,连花园里的假山上都长满了。在巴黎的街道上,到处有卖花的,花很多,价格便宜,我们家从来鲜花不断……

一八九六年七月十六日,玛丽写信给约瑟夫和他妻子,信中说道:

亲爱的哥哥嫂嫂:我今年多想回家去拥抱你们哪!可惜我不能有这个念头。我既没有时间又没有钱。我正要参加竞争职位的考试,要到八月才完。

在这次竞争中等教育任职资格的考试中,居里夫人成绩排名第一。皮埃尔一句话都没说,自豪地伸出有力的胳膊,搂住妻子的脖子。两人手挽手回到格拉西埃尔路的家里。他们一回家就给自行车轮胎打好气,收拾起行囊,启程前往奥弗尼去旅行。

他们不但脑力过人,体力也无比充沛!他们的度假方式也是在发泄自己的体力。

后来玛丽写道:

> 这天给我们留下了美好的记忆。这是个阳光明媚的日子,我们长时间艰苦爬坡,穿过奥布拉高原上碧绿的田野,那里的空气非常纯净。另一个难忘的记忆是一个夜景。那天傍晚,我们在特鲁耶尔峡谷中徘徊,远处飘来的一阵民歌声把我们迷住了,歌声来自顺流而下的一条小船。我们没有计划好行程,要想黎明前回到住处已经不可能了。途中遇到几辆马车,拉车马见了我们的自行车受了惊,我们不得不穿过几块耕地,后来,我们在幻觉般的月光下穿过高原地带,夜色中,我们看到牛栏里的奶牛,它们瞪着平静的大眼睛对视着我们,一本正经的神态,仿佛感到纳闷。

他们婚后第二年与前一年没什么不同,只有玛丽的健康状况有了变化,她怀孕后身体感到不适。居里夫人想要孩子,但是身体难受让她恼火,因为她不能站在仪器前面研究钢铁的磁性特征了。

一八九七年三月二日,玛丽在写给卡齐娅的信中抱怨道:

> 亲爱的卡齐娅:这封祝贺你生日的信过时了。过去几个礼拜,我身体很不舒服,弄得我连写信的力气和精神都没了。
>
> 我不久要生孩子,但伴随这一希望而来的方式非常残酷。我一连两个月持续头晕,从早到晚都不停,我疲乏得厉害,身体虚弱,虽然表面上看不出有病,可我无法工作,情绪低落。
>
> 我婆婆现在病重,让我的精神更加苦恼。

一八九七年三月三十一日,玛丽在写给约瑟夫·斯科洛多斯基的信中说：

> 这里一切照旧。我的身体一直很难受，不过表面上看还好，并不显得有病。我婆婆一直病重，因为她患的乳腺癌是不治之症，我们都很沮丧。最让我担心的是，她的病会在我分娩的时候到了最后关头。要是那样的话，我可怜的皮埃尔就要承受非常艰难的几个礼拜了……

皮埃尔和玛丽结婚后，两年来形影不离，连一个钟头都没有分开过。一八九七年七月，他们第一次离别。斯科洛多斯基老师来法国度过这年的夏天，与女儿一道住在布朗港的格雷·豪克斯旅馆，照料着玛丽，直到皮埃尔从巴黎脱出身来为止。

一八九七年七月，皮埃尔写信给玛丽说：

> 我甜蜜亲爱的小姑娘，我的挚爱：我今天收到了你的信，感到非常高兴……这里没什么新鲜事，只是我非常想念你，我的灵魂都随你而去了……

这几行字是用波兰文写的，显然下了很大的工夫。这位物理学家努力学会这种艰深的语言，他希望掌握其中所有的温柔字眼。玛丽也用波兰语给他回了封信，信中用的都是初学者能看懂的短句子：

> 我亲爱的丈夫：这里天气好，阳光明亮，天很热。没有你我非常难过，快来吧。我从早到晚等待你，可总是看不到你来……我还好，我尽量工作，但是，普安加赫的书比我预料的难懂。我一定要跟你谈谈这书，我们可以一道重新读一遍某些章节，因为这些地方我觉得重要，却很难懂。

皮埃尔后来改用法语写信，在那些用"我甜蜜亲爱的小姑娘，我的挚爱"开头的信里，他匆匆叙述自己在西奥克斯的生活，以及他一学年结束时的工作。他还郑重其事地谈到为即将出生的小宝宝准备襁褓、内衣、外套、小衬衫之类事情：

> 我今天通过邮局给你寄去个包裹，里面的两件针织外套我记得是从庞夫人那里买的，一件是最小号的，另一件大一号。有弹性的针织外套最小号的就行，但是布料的必须大些。两种尺寸的婴儿外套都得有……

他忽然改用庄重而罕见的词语，表达他的爱：

> 我想念你，我最亲爱的，你充实了我的生活，但愿我能得到新的能力。我仿佛觉得，只要我像现在这样集中全部精力想你，就能看见你，知道你在做什么，也能让你感觉到此刻我完全属于你——可我不能看到一幅清晰的画面。

八月初，皮埃尔奔赴布朗港。人们自然会假定，由于玛丽已经有八个月身孕，他会非常体贴自己的妻子，陪她平静地度过一个夏天。结果却并非如此。这对夫妇像疯子似的不顾一切，或者说像科学家似的对一切都不管不顾，竟然骑着自行车出发去布勒斯特，像没事人似的照样跑很远的路。玛丽声称自己丝毫不觉得疲惫，皮埃尔居然相信了她。他懵懵懂懂觉得她是个超人，不会受到人类规律的束缚。

然而，年轻妻子的身体这次却承受不住了。玛丽不得不含着极大的愧疚，缩短旅途回到巴黎。九月十二日，她生下了女儿艾莱娜。艾莱娜是个漂亮的婴儿，这将是个未来的诺贝尔奖获得者。居里大夫前来助产，居里夫人咬紧牙关，一声都没喊。

生孩子没有张扬，花费的钱也很少。九月十二日的账簿记载中，在"特殊支出"下记载着这天的开支："香槟酒，三法郎。拍电报，一法郎十生丁。"在"疾病"项下，年轻的母亲写下："医生和护士：七十一法郎五十生丁。"居里一家在九月份的总支出为四百三十法郎四十生丁。这个月花销太大，玛丽在四百三十法郎这个数目下面划了两道粗粗的黑线，表示愤慨。

玛丽甚至从来没考虑过，需要在家庭生活与科学事业之间做出选择。她下定了决心，要做一名贤妻、良母、科学家，绝不在任何一种身份中弄虚作假。她有激情、有意志，一定要获得成功。

一八九七年十一月十日，玛丽在写给斯科洛多斯基先生的信中说道：

……我仍然在哺育我这个小公主，不过，近来我们很担心，恐怕不能继续让她吃我的奶了。三个星期来，艾莱娜的体重突然减轻，孩子看上去像是有病，仿佛情绪低落，不再活泼了。最近几天才有所好转。如果孩子的体重能正常增加，我会继续哺喂她。如果不行，我就雇一名奶妈。虽然这样我会感到伤心，而且会增加费用，可我不能让任何事情阻碍我孩子的发育。

这里天气仍然很好，阳光和煦，天气炎热。艾莱娜每天都由我或佣人抱着在室外走走。我用一个小洗脸盆给她洗澡。

不久，玛丽不得不遵医嘱停止亲自哺喂女儿。但是，每天早上、中午、晚上、夜里，她都要为孩子换尿布、洗澡、穿衣服。保姆抱着孩子去芒苏利公园散步时，年轻的母亲已经在实验室忙碌工作，为全国工业促进协会完成钢铁磁性实验，撰写出报告。

就这样，在同一年的三个月时间内，玛丽·居里生下了第一个孩子，并拿出了第一项研究成果。

有时候，她这种多功能的生活体系似乎无法维系。自从怀孕后，她的健康状况就变坏了。卡什米尔·德卢斯基和居里家常看的佛提埃大夫都说她左肺叶上有结核病灶。由于她母亲死于肺结核，他们恐怕她受到遗传影响，都劝她去疗养院住几个月。但这位固执的科学家并不把他们的话放在心上，对他们的建议直截了当表示拒绝。

她要操心的是其他事情。她要为实验室操心，要为丈夫操心，要为这个家操心，要为女儿操心。小艾莱娜因开始长牙而哭泣，有时着了点凉，偶尔有点微不足道的磕磕碰碰，这些都会在这个平静的家里掀起波澜，让两个物理学家担心得几个晚上睡不好觉。有时候，玛丽会突然从物理学校奔向芒苏利公园，担心保姆把孩子弄丢。其实并没有丢，她看见在他们习惯走的那条环形小路上,那个女人正推着小童车,她能看见里面有个白色的东西。

她公公给了她很大的帮助。艾莱娜出生几天后,居里大夫的妻子去世了,从此这位大夫便热心照顾着这个小婴儿。在他照顾下,小女孩在萨伯隆路上家里的小花园开始学步。皮埃尔和玛丽从格拉西埃尔路迁居到凯勒曼大道上的一所小房子里,老人便搬来跟他们同住。他是艾莱娜的第一位教师,也是她最好的朋友。

波兰姑娘玛妮娅·斯科洛多斯卡于一八九一年十一月那天早上启程,带着几个沉重的包裹,坐三等车厢抵达巴黎北站。她学习物理学、化学,找到了一个女人的完整生活。她走过了多么遥远的旅途啊。她克服了大大小小的障碍,却没有在任何时刻想过,她所做的一切都需要有无比的坚韧和过人的勇气。

这些奋斗和这些胜利使她的身体发生了变化,也使她的容貌发生了变化。看过玛丽·居里三十岁刚过拍的一幅照片,人们不可能不受到触动。原先那位身材粗短健壮的姑娘,如今变成个苗条消瘦的妇人了。人们不禁想说:"多么奇特迷人的美妇人啊!"但是,当着这位天庭饱满眼神仿佛望着另一个世界的女人,这种话谁也不敢说出口。

居里夫人将要戴上荣誉的桂冠,她因此将使自己变得更美。

第十二章 镭的发现

这位年轻的妻子每天料理家务,给幼小的女儿洗澡,用平底锅做饭。同时,在物理学校那个简陋的实验室里,这位女物理学家正要做出现代科学上最重要的发现。

到了一八九七年底,玛丽多年奋斗的结果,是获得了两个学士学位、一份中学任教资格文凭、写出一个关于退火钢料磁化性能的专论。她分娩后身体刚刚恢复,便立刻回实验室工作了。

她事业发展的下一阶段,按理该是争取博士学位。在这一问题上,她踌躇了好几个星期。她必须选一个题目,要有丰富的原始资料。这就像作家确定下一本书的题材时,会犹豫不决地向自己提出许多问题。玛丽与皮埃尔一道研究最新的物理学著作,寻找一个做论文的题目。

在这种关键时刻,皮埃尔的建议具有不可忽视的重要意义。这位年轻女子带着对丈夫的敬意,把自己看做他的学徒。他是个老物理学家,比她的经验丰富多了。说得更准确些,他甚至是她的领导人,是她的"老板。"

但是,毫无疑问,玛丽的性格和天性在做出这个重大选择上起着举足轻重的作用。这个波兰姑娘自幼便具有探险家的好奇心。正是由于她的这种本能,她才离开华沙来到巴黎大学求学,才宁愿独自待在拉丁区的阁楼里,而不愿住在德卢斯基家舒适的小窝中。她在林中散步时,从来要选择人迹罕至的荒凉小径。

这一刻,她就像个旅行者,在思索长途旅行计划。她低头望着地球仪,指点着某个遥远的国度,那个陌生的名称能激起她的想象力。这位旅行者突然决定不去任何地方,只去那里。玛丽翻阅着最近发表的实验研究报告,一位法国科学家亨利·贝克莱尔前一年发表的著作吸引了她。她和皮埃尔熟悉这部著作,她重新阅读一遍,以习惯的认真态度仔细研究着。

伦琴发现 X 射线后,亨利·普安加瑞便产生一个想法,希望确定诸如 X 射线这类射线是否由"荧光"体在光的作用下放射出来。亨利·贝克莱尔也被同样的问题所吸引,他研究了"稀有金属"铀的盐类。他没有观察到预期的结果,却发现了另一种完全不同的现象,他无法对此做出解释。他发现,铀盐不必接受光照也能发出一种性质不明的射线。将铀的一种化合物放在黑纸包着的照相底片上,这种物质能透过黑纸使底片感光。这种令人惊奇的铀盐像 X 光一样,能让周围空气变成导体,用验电器可测出其导电性。

亨利·贝克莱尔确信,这种令人惊讶的属性并非源于日光照射,因为将铀盐在黑暗中保存几个月后,它仍然具有这种性质。这是物理学家第一次观察到放射现象,后来,玛丽·居里给这种现象定名为"放射性"。但是,这种射线的性质及其来源当时仍是个谜。

贝克莱尔的发现让居里夫妇感到着迷。虽然铀盐发出的射线能量极其微小,但他们想要弄明白,这种能量是从哪里来的,这种射线的性质如何?这将是个引人入胜的研究课题,将是一篇有分量的博士论文主题!由于这还是个未经开发的领域,这个主题对玛丽具有强烈的诱惑力。贝克莱尔的研究是最近的事态,迄今为止,她还没注意到欧洲有人尝试对铀射线做深入研究。关于这个专题的所有文献,仅仅是亨利·贝克莱尔在一八九六年在科学院提交的几篇论文。以此为出发点,那将是一次惊心动魄的探险,是一场对未知王国的探索。

剩下的问题,就是她该上哪儿去搞实验。这是个困难的问题。皮埃尔与物理学校的校长交涉了好几次,得到的结果等于没结果:玛丽可以自由使用学校底层一个用玻璃包起来的储藏室,目前堆着不用的机器设备和杂物。里面阴冷潮湿,没什么技术设备,更没有舒适可言。

尽管没有正常配电,也没有开始科学研究所需的各种材料,但她不懈地努力着,最终还是设法在这个洞穴中安装了自己工作所需的仪器。

在这里做实验并不容易。空气潮湿,温度变化,这些是精密仪器的大敌。这间小工作室的环境不但对敏感的静电仪有害,对玛丽的健康也一样有不良影响。不过这些都无关紧要。屋子里冷得无法忍受的时候,这位年轻女子就在笔记本上记下摄氏温度,解解心头怨气。我们发现,在她的记录册上,一八九八年二月六日这天的记录,除了公式和数字之外,还有这样一条:"这里的温度为六度二十五分。"只有六度!玛丽在后面加了十个小惊叹号,表示自己的不满。

这位博士学位候选人关心的首要问题是测量铀射线的"电离能力",也就是说,铀射线使空气变成导体并在静电仪上产生读数的能力。她使用的方法特别好,这是她实验获得成功的关键。这种方法是两位她熟悉的物理学家为研究其他现象发明的。这两位物理学家是她的丈夫皮埃尔·居里和他哥哥雅克·居里。她用的技术设备只有一个"电离舱"、一台居里静电计,还有一台石英压电静电计。

几个星期后,玛丽获得了初步结果。她确定出,所研究的铀样本重量与这种令人惊奇的辐射量成正比;得到精确测量的辐射量不受外界温度、光照或铀的不同化合形式所影响。

一个外行也许不觉得这些观察结果有什么特殊,但是这位科学家却发生了极大的兴趣。物理学上常常发生这样的情况:某个现象若经过几次研究无法得到解释,人们便将这种现象归入已知的定律,这种情况会使研究者失去兴趣。这就像读一本情节组织不佳的侦探小说,读者在第三章就弄明白,一个外表狰狞的女嫌疑人,其实不过是个诚实的家庭主妇,生活中毫无秘密可言,于是读者就觉得失望,撇开这本书不读了。

这种情况在玛丽这里并不存在。她对铀射线研究越深入,就越觉得这种射线是以前基本不为人所知的东西,与任何其他东西没有相像之处,也不受任何因素的影响。尽管这种射线的能量很弱,却有非同凡响的独特性。

玛丽反复思索这种神秘性,想要发现真相。她感觉到,这种尚不可知的辐射是原子的一种属性,不久,她便能证明这一点了。她提出一个问题:尽管这种现象仅仅是从铀观察到的,但这并不能证明铀是唯一具有放射能的化学元素。其他物质为什么不能具有同样的能?也许人们发现铀具有放射性仅仅出于偶然,于是物理学家便认为只有铀具有放射性。她必须从别的元素中寻找放射性……

说干就干,玛丽撇开对铀的研究,决定审查所有已知元素,既研究纯元素,也研究其化合物。不久她便得到了结果。钍的化合物也能像铀的化合物一样自然产生射线,而且强度与铀的射线相当。这位物理学家的假设是对的:并不是只有铀才能产生这种令人惊讶的现象,必须给这种现象定个明确的名称。居里夫人提出了"放射性"这个名字。凡具有这种特殊"放射"能力的元素,就叫做"放射性元素"。

这位年轻的科学家完全被放射性迷住了,她不知疲倦地用同样的方法研究各种形式完全不同的物质。好奇心是科学家的首要品质,而玛丽把女子无比敏锐的好奇心发挥到了极致。她并不限于观察盐类、氧化物等简单化合物,她想从物理学校收集的矿石中采集标本,作为自己的一种消遣,用静电计对这些标本统统作一遍检查,就像海关检查一样不放过任何可疑物质。皮埃尔表示赞成,与她一道挑选她希望检查的各种矿石,有坚硬的、有易碎的、也有奇形怪状的。

玛丽的想法很简单,如同天才的偶然发现一样简单。玛丽如今站在一个交叉路口。成百上千的研究者也曾来到过这个交叉路口,在这里不知所措地徘徊过几个月,甚至许多年。他们也像玛丽一样,检查过所有化学物质,发现了钍具有放射性,他们不断地自忖,这种放射性是从哪儿来的?然而却无功而返。玛丽也向自己提出同样的问题,也觉得奇怪。但她把惊异转化成了有成果的行动。她利用了所有可能的证据,如今她要转向未经探索的领域,转向未知的领域了。

她预先知道检查这些矿石可能得到什么结果,或者说,她以为自己对此是了解的:不含钍或铀的标本,检查结果准是"惰性的"。而含有钍或铀的标本则具有放射性。

实验证明她的预见是对的。玛丽撇开那些惰性矿石,专心研究其他样本,测量其放射性。接着,出现了一个引人注目的现象:受检对象的放射性强度远远大于含铀或含钍标本的正常值!

"准是实验偏差导致的"这位年轻女子想道。科学家们在实验中遇到意外现象,第一反应从来是怀疑。

她不为所动,使用同样的样品重新开始测量。她重复测量了十次,二十次,最后不得不承认这一事实:她从这些矿物中观察到的异常辐射强度,绝对不是由于这些矿石含有铀和钍。

这种异乎寻常的强辐射是从哪里来的?只有一种可能的解释:这些矿石一定含有微量的放射性物质,这种元素比铀和钍的放射性强得多。

但这是什么物质呢?在玛丽以前做过的实验中,她已经检查过所有已知化学元素了。

这位科学家的回答非常合乎逻辑,更具有杰出思想家的勇气:这些矿石肯定含有一种放射性物质,而这种物质是一种迄今尚未发现的化学元素,这是一种新的元素。

一种新的元素!这可是一种迷人而又诱人的假说,不过这仅仅是个假说而已。直到此刻,这种强放射性物质仅仅存在于玛丽和皮埃尔的想象中。但它的确存在。它的存在十分明确。一天,这位年轻女子去看望布罗妮娅时,以勉强克制住的激动声音对布罗妮娅说:

"你知道吗,布罗妮娅,我无法解释的那种射线来自一种新元素。这种元素是存在的,我一定要发现它。对此我们有把握!我们把这现象对一些物理学家说过,可他们都认为我们的实验有误,建议我们仔细一些。可我相信我没弄错。"

这是她独特生活中的独特时期。外行对研究工作者及其发现往往形成虚假而完全错误的看法。"发现的瞬间"并非永远存在。科学家的工作太细致,太具体,在辛勤劳作中,确定的成功不可能像一道闪电似的忽然展现在眼前,让他感到眼花缭乱。玛丽站在自己的设备前面,也许从来没有体验过成功带来的突然陶醉。这种陶醉心情分散在许多天的决定性工作中,变成对极大希望感到的兴奋。她经过缜密推理,证实自己追踪的是一种未知元素,于是她将这一秘密吐露给姐姐,因为姐姐永远是她的同盟者。那一定是个欢天喜地的时刻……姐妹俩并没有相互说温存的话语,但当时一定重温过自己的生活:等待的年月、相互做出的牺牲、求学时充满希望与信心的艰苦生活。

仅仅是在四年前,玛丽曾写道:

我们谁的生活都不容易。可这又有什么关系?我们必须坚定不移，最重要的是要对自己有信心。我们必须相信，自己在某种领域有天分，不论需要付出多大的代价，都必须实现自己的目标。

她说的这种"天分"如今要把科学推上一条迄今无人问津的道路。

她提交给科学院的第一篇论文是由李普曼教授转交的，发表在一八九八年四月十二日的《学报》上。"玛丽·斯科洛多斯卡·居里"在论文中宣布，在沥青铀矿石中可能存在一种具有强放射性的新元素。在通往发现镭的探索旅程中，这是她走完的第一阶段。

这位女科学家的直觉告诉自己，这种奇妙的物质肯定存在。她已经宣布了它的存在，但它的面纱还有待揭开。现在，她要通过实验证实自己的假说，把这种物质分离出来。她必须确切地宣布："它的确存在。"

皮埃尔·居里带着热情密切关注着妻子在实验中的迅速进展。虽然他没有直接参与玛丽的工作，但他不断地帮助她，提出自己的评论和建议。由于她的实验结果性质惊人，他毫不迟疑地决定暂时停止自己在结晶方面的研究，努力帮助她寻找这种新物质。

在这项紧迫而宏伟的任务需要得到合作时，一位伟大的物理学家来到玛丽身边，这位物理学家就是她生活中的伴侣。三年前，爱情让这位杰出的男子与这位杰出的女子结合在一起，让他们结合在一起的也许不仅仅是爱情，还有某种神秘的预见，某种共同事业的崇高本能。

在拉赫芒德路上那间潮湿的小工作室里，如今的研究力量增加了一倍。两个头脑和四只手联合在一起，共同寻找那种未知的元素。从这一时刻开始，在居里夫妇的共同工作中，就不可能辨别出哪一部分工作属于哪一个人的成绩了。我们知道，玛丽将铀的射线选为自己的博士论文题目，后来却发现其他物质也有放射性。我们还知道，她检查了许多矿石之后，宣布存在一种放射性很强的新化学元素，由于这一结果具有极端重要性，因此皮埃尔·居里决定中断自己性质完全不同的研究，以便与妻子一道分离出这种元素。从一八九八年五六月份起，两人的合作持续了八年之久，最后，发生了一件不幸事故，才使这种合作终止。

至于在这八年的工作中，哪一部分成绩该归功于玛丽，哪一部分归功于皮埃尔,我们不能分开,也不应该分开,这是这对夫妇绝对不愿意的事情。从皮埃尔·居里在这种合作前取得的独创性成就中,我们已经了解到他的个人天才。从他妻子在这一发现中最初的直觉和才华横溢的开端,我们也领略到她的天才。后来,不幸成为寡妇的玛丽·居里不屈不挠地独自挑起这门新科学的重担,通过一步步研究,将这门新科学推向和谐的广泛应用,她的个人天才于是再次为我们所认识。我们因此有证据认为,这个男人与这个女人在这种杰出的合作中,彼此投入的智慧与精力是平等的。

愿这种确定无疑的事实能满足我们的好奇心,并让我们感到钦佩。我们不该尝试把这对相爱的人分开。在他们写满公式的工作笔记中,两人的笔迹混杂在一起;在他们发表的科学著作上,差不多都签着两个人的名字。在这些著作中,处处都有"我们发现……"和"我们观察到……"之类字眼。有时由于不得不清楚区分是谁的工作,他们便会使用如下动人的措辞:

> 某些含有铀和钍的矿石(沥青铀矿、铜铀云母、云母铀矿等)由于能发出贝克莱尔射线,因此具有很强的放射性。在以前的一篇论文中,我们中的一位指出,其放射性甚至远大于铀和钍的放射性,并陈述自己的观点,认为这一结果是由于这些矿石中含有微量放射性非常强的物质。
>
> (皮埃尔·居里和玛丽·居里,
> 科学院《学报》一八九八年七月十八日)

玛丽和皮埃尔在一种名叫沥青铀矿的矿石中寻找这种"放射性非常强"的物质,这种矿石在未经提炼状态下,放射性比从中提纯的二氧化铀强四倍。但是,这种矿石的精确成分,人们很久以前便了解。因而,这种新元素的含量一定非常少,因而科学家还没有注意到,化学分析也没有找到它。

真正的物理学家总是从两种可能性中挑选比较不引人注意的一种。他们做出了计算——那是一种"可悲的"计算。这两位合作者认为,在这种矿石中,新元素的含量充其量不过百分之一。他们认为这一含量太少了。假如他们原来就知道,他们寻找的这种放射性元素在沥青铀矿中的含量仅有百万分之一,他们该有多么惊愕啊。

以放射性为基础,他们使用一种自己发明的化学研究方法,开始耐心寻找。他们通过普通化学分析法,将沥青铀矿石中的所有元素分离出来,然后测得到的各元素的放射性。逐一排除之后,他们发现"反常的"放射性物质隐藏在矿石的某些部分。随着他们的进展深入,调查范围渐渐缩小。这与警察搜索一个街区采用的方法完全相同,搜索一座座房子,将罪犯藏身处的范围缩小,最后抓到罪犯。

然而,他们要找的罪犯不止一个:沥青铀矿的放射性主要集中在两个不同的化学部分里。居里夫妇认为,这显示出,存在着两种新元素,而不是一种。在一八九八年七月,他们宣布肯定发现了其中一种元素。

"你得给它定个名字。"皮埃尔对他年轻的妻子说。他的口吻仿佛是请她为自己的女儿艾莱娜取名字。

婚前名叫斯科洛多斯卡小姐的女科学家默默思索了片刻。她的心飞向了自己的祖国,如今,在世界版图上,她的祖国已经被抹去了。她朦胧想道,不知这个科学事件是否会在俄罗斯、德国和奥地利这几个压迫者的国家受到宣传。她怯生生地回答道:

"我们叫它'钋①'好吗?"

在一八九八年七月科学院的学报上,我们读到以下这一段文字:

> 我们相信,我们从沥青铀矿中提取的物质中,含有一种迄今尚未发现过的金属元素,其分析特性与铋相近。如果这一新金属元素的存在得到确定,我们提议将它命名为钋,这个字根源自二作者之一的祖国国名。

玛丽为新元素选择这一名称,证明她虽然成了法国人,成了一位物理学家,却并没有背弃她原先的爱国激情。另外一件事也能证明玛丽的爱国心:她的论文《论沥青铀矿中所含放射性新元素》在科学院的《学报》上发

---

① 钋(Polonium):这个元素名字的词根与波兰(Poland)的词根相同。居里夫人以此发现纪念她的祖国。

表之前,她将一份手稿寄回了祖国,寄给约瑟夫·博古斯基。博古斯基是工农业博物馆那个小实验室的主任,玛丽曾在那里做过她平生第一次实验。这篇论文刚刚在巴黎发表,华沙就在一份名叫《瑞阿特罗》的画报月刊上几乎同时刊登出来。

在格拉西埃尔路上的那所房子里,生活一如既往。只是玛丽和皮埃尔比往常更加忙碌。夏季的暑热到来时,年轻的妻子抽空到市场上买回几篮水果,按照居里家的传统方法,煮好腌制起来供冬天食用。她将窗户上的百叶窗关上,挡住外面能把树叶都烤焦的炎热。然后到奥尔良火车站托运走两辆自行车,像成千上万的巴黎年轻女子一样,与丈夫和孩子一道外出度假。

这一年,这对夫妇在奥佛涅地区的奥胡克斯租了一所农家的房子。离开拉赫芒德路的有害环境,他们很高兴能呼吸到这里新鲜的空气。居里一家到蒙特、勒皮、克勒蒙、多雷尔山等地旅游。他们登山、钻山洞、在河里游泳。他们单独待在乡下时,就天天谈论他们叫做"新金属元素"的钋和尚待找到的"另外一种元素"。到了九月,他们就要回到那间潮湿的工作室,以饱满的热情重新研究那些没有光泽的矿石……

一桩伤心事打搅了玛丽对工作的陶醉心情:德卢斯基一家就要离开巴黎了。他们打算定居在奥地利属下的波兰地区,在喀尔巴阡山区的扎科巴纳建立一个肺结核疗养院。分别的日子到了,玛丽和布罗妮娅相互道别,心里怀着悲苦。玛丽失去了一位朋友,失去了一个保护人,第一次产生了离乡背井的感觉。

一八九八年十二月二日,玛丽在写给布罗妮娅的信中说:

> 你想象不出你在我的生活中造成多大的空虚。你们两人走后,除了我丈夫和孩子外,我在巴黎失去了值得眷恋的一切。我仿佛觉得巴黎都不复存在了,那里只剩下我们住的房子和工作的学校。
>
> 请向德卢斯基老夫人询问,你们留给我的观赏植物是否应该浇水,每天应该浇几次?这种植物是否需要高温和阳光?
>
> 虽然天气很糟糕,下雨不断,道路泥泞,不过我们都好。艾莱

娜要长成个大姑娘了。她吃东西很挑剔，除了牛奶和木薯粉，其他东西都不好好吃，甚至不好好吃鸡蛋。请来信告诉我，照她这么大的孩子，什么食谱比较合适……

居里夫人在那值得纪念的一八九八年写下一些笔记，尽管平淡无奇，但也许正因为平淡，才更值得我们引述。有些笔记是写在一本名叫《家庭烹饪》的书里，密密麻麻写在书的页边上，说的是如何做醋栗果酱：

我用了八磅果子和等量冰糖。煮沸十分钟后，用细筛过滤，得到十四罐非常好的果酱，虽然并不透明，却"凝结"得很漂亮。

在一本灰色布封面的学校笔记本上，年轻的母亲逐日记载了小艾莱娜的体重、食物内容、乳牙生长的情况等。在宣布发现钋之后过了一个星期，一八九八年七月二十日这天的记载中，有如下内容：

艾莱娜会用手势表示"谢谢"了。她现在四肢着地爬得很好，会说："格格利，格格利，格。"她整天都待在西奥克斯的园子里，在一块地毯上翻滚，爬起身，坐下去。

八月十五日在奥胡克斯写下这样的内容：

艾莱娜已经长出第七颗牙齿了，这颗牙在左边下面。她能独自站住半分钟。过去三天，我们在河里给她洗澡。每次洗澡她都哭，不过今天是第四天，她不再哭了，还用小手打水玩。

她跟猫儿玩耍，还追着猫儿大声嚷叫。她不再害怕生人。喜欢唱个不停。把她安顿在椅子上，她就往桌子上爬。

三个月以后，玛丽在十月十七日用自豪的口吻写道：

艾莱娜会走路了，从此不再爬。

在一八九九年一月五日的记载中,有这样的句子:

　　艾莱娜长出第十五颗牙齿了!

在一八九八年十月十七日提到艾莱娜不再爬的记载和一月五日说她长出第十五颗牙的记载之间,在关于醋栗果酱的记录之后,还有一段记录值得一提。

这是一篇由玛丽·居里、皮埃尔·居里和一位名叫格·贝蒙特的合作者共同撰写的论文。准备投给科学院,在一八九八年十二月二十六日的《学报》上发表。这篇论文宣布,在沥青铀矿中存在有第二种新元素。

我从论文中摘录以下几行:

　　根据以上列举的种种理由,我们因此相信这种放射性的新物质中含有一种新元素。我们建议将它定名为镭。
　　这种放射性新物质中肯定含有大量的钡,尽管如此,其放射性仍相当强,因此,镭的放射性一定非常强烈。

第十三章　四年棚屋下

从人群中任意挑出一个,要他阅读发现镭的报告,这人对镭的存在肯定深信不疑。普通人的批评眼光不够敏锐,专业知识有限,想象力不很丰富,因此易于接受预料之外的事实,并表示赞叹,不论这种事实显得多么非同寻常。

然而,居里夫妇的物理学家同行接受这个消息的态度却略有不同。钋和镭的属性特别,等于推翻了科学家几个世纪来固有的基础理论。人们该如何解释这些放射性物体的自然放射性?这一发现打乱了已有知识结构,与根深蒂固的物质构成观念相矛盾。虽然物理学家对皮埃尔和玛丽的研究结果发生了强烈的兴趣,也意识到其无限广阔的发展空间,但还是要等到决定性的结果产生之后,才能深信不疑。

化学家的态度更加直率。依照对元素的定义,对于一种新物质,化学家只有看到、摸到、称重、检查,知道它与不同酸的反应特性,并且确定其原子量后,才肯相信其存在。

然而,迄今为止,谁也没看到过镭。谁也不知道镭的原子量,因此,恪守原则的化学家得出的结论是:"没有原子量就等于没有镭。让我们看到镭,我们才能相信你们。"

为了把钋和镭拿给持怀疑态度的人看,为了向世界证明他们的"孩子"的确存在,也为了使自己完全确信,居里夫妇需要再艰苦工作四年。

他们的目标是提取出纯净的镭和钋。在二位科学家业已提取的放射性最强的产物中,这两种推论出的物质也只有点不易察觉的痕迹。皮埃尔和玛丽已经掌握了一种方法,他们希望利用这种方法分离出这两种新的金属元素,但是只有加工数量极大的原料,才能将它们提取出来。

他们面对着三个痛苦的问题:

如何得到数量足够的矿石?他们可以利用什么建筑物来提炼?提炼所需经费从哪里来?

隐藏着钋和镭的沥青铀矿是一种昂贵的矿石,人们在波希米亚的圣约阿希姆斯塔尔提炼这种矿石,为玻璃制造业提供铀盐。若干吨沥青铀矿石太昂贵了,不是居里夫妇使用自家财力能应付的。

但是,他们的智慧弥补了财力的不足。两位科学家预料,工厂提取铀之后,矿渣中的钋和镭肯定会原封不动地保留下来。没有理由怀疑,这些新的金属元素不能从矿渣中提炼出来。虽然沥青铀矿石非常昂贵,但是提炼铀之后剩下的矿渣却几乎没什么价值。他们请一位奥地利同行向圣约阿希姆斯塔尔矿的经理们询问,是否能以合理的价格购买数量较大的这种矿渣。

这个问题很简单,但是必须有人考虑此事。

他们当然需要购买这种原料,并支付到巴黎的运输费用。皮埃尔和玛丽从自己微薄的积蓄中拨出这笔款子。他们并不糊涂,因此没有申请官方贷款……如果两位物理学家仅仅靠一种重大发现的线索,请求巴黎大学或法国政府拨款,去购买沥青铀矿渣,准会受到人们耻笑。他们的申请书准会被压在某一级办公室的案卷里,他们不得不等待几个月才能得到答复,而且到头来很可能遭到否定。法国大革命创造了公制测量系统,建立了师范学校,在许多方面促进科学事业,但是,一个多世纪之后,政府仅仅从法国大革命的传统和原则中保留了一句名言,那就是革命法庭检察官孚基埃—丹维尔判处化学家拉瓦锡上断头台时说过的:"共和国不需要科学家。"

巴黎大学有数不清的建筑物,难道不能借给居里夫妇一个合适的工作室?显然不行。皮埃尔和玛丽多次奔走,结果终归徒劳,两人又回到奔走的出发原点,也就是皮埃尔授课的物理学校,他们又回到玛丽做最初一批实验的那间小屋子。这间屋子外面有个院子,院子另一头有个木棚屋。这是个没人用的棚屋,屋顶的天窗玻璃早已破碎,一下雨就漏。以前医学院

把这地方用作解剖室，但是，长久以来，人们觉得这地方就是停放死尸也不合适了。棚屋里没有地板，地面上铺着一层不平整的沥青，家具只有几张破损的厨房桌子，也不知道这里为何会挂着一块黑板，还有一个旧的铸铁火炉，上面的烟筒已经生了锈。

连工人也不愿在这种地方干活，不过玛丽和皮埃尔愿意在这里凑合工作。用这个棚屋还是有优点的，它实在太破烂不堪了，没人会拒绝让他们使用。舒尔曾伯格校长一向待皮埃尔·居里很好，他无疑对不能提供更好的场所表示遗憾，不论他说过什么，总归他没有别的地方可提供。这对夫妇还是觉得高兴，因为学校并没有将他们连同实验用的材料一起撵到马路上去。他们向他道谢，说"这就行"，还说他们会"尽量利用这棚屋"。

他们占用这间棚屋后，从奥地利来了答复。好消息！他们特别幸运，最近提取过铀的矿渣并没有运走。这批废料堆放在圣约阿希姆斯塔尔矿附近一片松林间的空地上。承蒙苏伊斯教授和维也纳科学院斡旋帮忙，拥有这家国营工厂的奥地利政府决定，向需要这种东西的两个法国疯子赠送一吨这种矿渣。如果日后大量需要这种东西,可以从矿场以最优惠条件购买。这次,居里夫妇只需要支付一吨矿石的运费。

一天早上,一辆像送煤车一样的货运马车停在拉赫芒德路物理学校门前。有人通知了皮埃尔和玛丽。两人身穿实验室工作服,帽子也没戴便匆匆跑到马路上。皮埃尔从来没有露出过激动神色,此时也保持着平静,但是玛丽比较容易激动,看到卸下马车的一袋袋矿渣,不禁喜形于色。这是沥青铀矿石,是她的沥青铀矿石。几天前她已经收到了货运站的到货通知。她迫不及待地要满足自己的好奇心,她要打开一个袋子,马上看看自己的宝贝。她剪断绳子,打开粗布口袋,双手插进没有光泽的棕色矿渣里。只见矿渣里还夹杂着波希米亚的松针呢!

镭就藏在这种像路边灰土一样的矿渣里,玛丽必须从里面提炼出镭,即使不得不处理山一般多的惰性矿渣,她也毫不动摇。

最让玛妮娅·斯科洛多斯卡陶醉的学生生活是在阁楼里度过的,如今,玛丽·居里又要在一间废弃的棚屋里享受极大的喜悦了。这是一种奇特的新开端,也许在玛丽之前,没有哪位女子有过这样的经历,但是她的两次富有刺激的微妙幸福时刻都选在了最简陋的背景下。

在不舒适方面,拉赫芒德路上这间小棚屋超越了能想象出的各种可怜的简陋设施。由于上面有个天窗,夏天里面热得像温室。到了冬天,人们不知道降霜好些,还是下雨比较舒服。下雨时,漏雨的滴答声无休无止,一滴滴落在地上,敲打着工作台。两个物理学家不得不在工作台上做出标记,以免将仪器放在漏雨处。遇上外面结冰,里面的人也得挨冻,根本没地方逃避,即使把火炉烧到白炽状态也无济于事。走到几乎能碰到火炉的地方,才会感觉到一丝热气,离开两步,立刻又是冰天雪地。

玛丽和皮埃尔最好还是待在室外的严寒中,因为他们的技术设施可怜,没有将有害气体排向室外的通风罩系统。他们的大部分提炼工作只好在院子里露天进行。遇上骤然降雨,两位科学家就得匆匆将设备搬回室内,把门窗打开通风,免得让烟熏得窒息过去。

玛丽大概没向佛提埃大夫吹嘘过这种非常奇特的结核病治疗方法。

后来她写过如下一段话:

  我们没钱,没有实验室,也没有助手,只得独自搞这项重要而艰苦的工作。这就像无本生利创造某种东西。卡什米尔·德卢斯基曾把我的学生时代称作"我小姨生活中的英勇岁月"。我可以毫不夸张地说,这一时期是我和丈夫共同生活中的英勇岁月。

  ……然而,我们生活中最美好幸福的年月,就是在这间可怜的小棚屋中度过的,我们把生活完全献给了工作。有时候,我整天用一根长度与我身高差不多的铁棍搅动冒泡沸腾的东西。到了晚上,我累得筋疲力尽。

  就在这样的条件下,居里夫妇从一八九八年到一九〇二年一连干了四年。

  在第一年里,他们忙于化学分离镭和钋,研究这种生成物的放射性,这时放射性越来越强。不久,他们认为分头工作的效率更高。皮埃尔设法确定镭的性质,以便更好地了解这种新金属元素。玛丽继续搞化学提纯,制取纯镭的盐类。

  在这种分工中,玛丽选择了"男人干的活计",干的是劳工的苦活儿。棚屋内,她丈夫专心搞着精细实验。院子里,玛丽身穿满是尘土酸渍的旧工作服,头发让风吹得乱摆,眼睛喉咙让滚滚浓烟呛得发疼。她独自支撑着整整一个工厂。

  后来,她在一个记录中写道:

  我每次处理的原料多达二十公斤,结果棚屋里放满了沉淀物和各种溶液的罐子。搬运容器,倾倒溶液,一连几个钟头不停地搅动溶化锅里沸腾的东西,这些活儿真能把人累死。

  镭似乎不愿让人类揭开它的真面貌。玛丽以前多么天真啊,她以为沥青铀矿中的镭含量高达百分之一呢。这种新物质的放射性极强,微量的镭散布在矿石中,就能产生触目惊心的放射现象,很容易就能观察和测量到它的放射性。要想把微量的镭从混合在一起的杂质中分离出来实在太困难了,几乎是不可能的。

工作从一天天变成一月月,最后是一连数年,但是皮埃尔和玛丽并没有气馁。这种材料抵抗着他们,保护着自己的秘密,但是也让他们着迷。爱情和追求知识的热情将两人紧紧结合在一起。在这间木棚屋里,他们一直过着"反自然"的生活,但她和他一样,生来就有不怕吃苦的天性。

玛丽后来写道:

感谢这种意外的发现,我们在这个时期完全被一个展现在眼前的新领域吸引住了。尽管我们的工作条件十分艰难,我们仍然感到非常幸福。我们在实验室度过许多日月,我们可怜的棚屋笼罩在庄严的宁静中。有时候,我们一边照料着正在进行的实验,一边来回走动,谈论着目前的研究和未来的工作。实在太冷了,我们就从火炉旁端杯热茶喝,缓和一下身子。我们仿佛生活在梦幻中,专心致志从事着唯一的事业。

……只有很少几个人来过我们的实验室,偶然有几位物理学家和化学家来,他们要么是来看看我们的实验进展,要么是来请教皮埃尔·居里,因为他在物理学的若干个分支科学方面很有些名气。他们就站在黑板前谈话。我对这种交谈记忆犹新,因为这种交谈能提起对科学的兴趣,也能激起对工作的热情,却并不干扰人的思考,不打扰平静的思索气氛,这种气氛才是实验室里真正有的气氛。

皮埃尔和玛丽独自待在这间陋室中时,往往离开仪器片刻,口吻平静地交谈一阵。一谈论起他们热爱的镭,两人就仿佛回到了自己的童年时代。

"我真想知道,它是什么,外观是什么样的,"一天玛丽带着强烈的好奇心问道,活像个孩子得到了买玩具的许诺,"皮埃尔,照你的想象,它该是什么样子?"

"我不知道,"这位物理学家口气温和地回答道,"我想它应该有漂亮的颜色……"

奇怪的是,在玛丽·居里这段时期的通信中,对于她做出的极大努力,我们找不到她自己的评论或形象的描述。但是，她以前在信中会不时冒出几句这种评论和描述。难道长期旅居国外使这位年轻女子疏远了自己的亲人？还是由于工作实在太繁忙，抽不出时间来？

她这时保持缄默的根本原因大概应该从别的方面寻找。她的生活变得十分特殊，而就在此时她写的信变得缺乏独创性了，这并非出于偶然。作为一个学生、一名教师、一个年轻的妻子，玛丽本来很善于讲述自己的生活……她目前遇到许多神秘而无法用语言形容的东西，这些东西让她全身心投入其中，而无暇与别人交流。她的亲人中，没有一位意识到她的忧虑，也没有一位能理解她追求的艰难目标。只有她的伴侣皮埃尔·居里能为她分忧。她心中非凡的想法和梦想只能讲给他一个人听。从这个时候起，玛丽不论亲疏，在所有人面前都表现得十分低调。她仅仅把自己生活中舒适的一面讲给大家听。她有时候带着丰富的情感讲述自己当妻子的快乐生活。一说到工作，只有平淡的几句话，用两三行文字通报一下消息而已，甚至不表示一下这工作对自己的重大意义。

从她的态度中我们感觉到，她决意不用文字描绘自己选择的独特事业。出于谨慎的谦虚态度，也出于避免夸耀和避免各种虚荣，玛丽将自己深深掩盖起来，或者说，她仅仅让别人看到自己的一个侧面。不论是由于羞怯，由于厌倦，还是出于理智，这位天才的女科学家把自己的形象掩盖了起来，只让人感觉到，她不过是个"与大家一样的女人"。

一八九九年，玛丽在写给布罗妮娅的信中说道：

我们的生活从来一个样。工作很多，不过睡得很好，因此健康没受影响。晚上的时间全都用在照料孩子上。早晨，我为她穿衣服，给她做饭吃，一般我在早上九点钟出门。在整整一年时间里，我们没去过歌剧院，也没去听过音乐会，没去拜访过任何人。可我们觉得一切都好……我非常想念家人，特别是想我的亲人们，想你们，想父亲。一想到我的孤单处境，我就觉得难过。此外，我没什么好抱怨的。我们身体都不坏，孩子成长得也好，我嫁了个最好的丈夫，任何人做梦都想不到有这么好的丈夫。我原来根本没料到会找到他这样的人。他真是上天赠给我的礼物，我们在一起生活的时间越久,我对他的爱就越深。

我们的工作正在取得进展。不久,我要就此专题做个讲座。原定日期是上个星期六,可我有事耽搁了,这个星期六没问题,要是不行,就得推到两个礼拜之后。

她用平淡口吻提到的工作其实有了极大的进展。在一八九九和一九〇〇这两年中,皮埃尔·居里和玛丽·居里发表了几篇论文,一篇的内容是关于发现了镭引起的"诱导放射性",另一篇论述这种射线携带的电荷。最后,他们在一九〇〇年的物理学大会发表了一篇论文,全面讨论各种带有放射能的物质。这篇论文激起了欧洲科学家们极大的兴趣。

放射性成了一门新科学,发展迅速,势不可挡,居里夫妇需要有合作者参与。迄今为止,只有一位名叫伯第的实验室工作人员偶然来帮过他们的忙,这是个诚实的人,只有下班后才来这里干活,他完全出于热心,几乎不愿让别人知道帮过他们的忙。但是,他们现在需要一流科技人员合作。居里夫妇的发现是对化学领域的重要拓展,需要认真研究。他们希望与有能力的研究人员合作。

玛丽后来写道:

我们对放射性的研究开始是孤军奋战。但是面对如此宏大的任务,我们越来越感到,合作是有益的。在一八九八年,学校的实验室主任格·贝蒙特曾一度帮助过我们。快到一九〇〇年时,皮埃尔·居里与一位年轻化学家安德烈·德比尔纳有了合作关系,德比尔纳是实验室教授弗里德的助手,深受教授器重。安德烈·德比尔纳愿意接受对放射性的研究工作。他特别承担起对新放射元素的研究,据猜测,铁族元素和稀土元素中有这种放射元素。他发现了这种元素,定名为锕。虽然他在巴黎大学理化实验室在让·佩林教授指导下工作,但他频繁光顾我们的棚屋来看我们,不久便成为我们的亲密朋友,也与居里大夫和我们的孩子们成了好朋友。

于是，在钋和镭分离出来之前，一位法国科学家安德烈·德比尔纳便为它们找到了一个"兄弟"：锕。

玛丽告诉过我们说：

> 大约就在这个时期，一位名叫乔治·萨尼亚的年轻物理学家开始从事 X 射线的研究，他频频来访，与皮埃尔·居里谈论这种射线、其次级射线、放射性物体产生的射线这三者之间的相似之处。他们一道研究这种次级射线携带的电荷。

圣约阿希姆斯塔尔矿先后几次给玛丽送来好几吨沥青铀矿渣，她便继续一公斤一公斤地提炼。凭着她惊人的耐心，在四年中她天天一身兼任数职，既是物理学家、化学家、技术工人、工程师，又是劳力工。凭着她的智慧和体力，那间棚屋的桌子上浓缩后的产物越来越多，其中镭的含量也越来越丰富。居里夫人在渐渐接近自己的目的地。她不再待在浓烟滚滚的院子里观察那只装满反应原料的大锅，如今已经到了将强放射性物质提纯和"分离结晶"的新阶段。但是，她的简陋设施比以前更加妨碍她的工作。这时，她需要一个洁净无瑕的工作室，设备要完全防尘、防寒、防暑。眼前这间棚屋四面漏风，铁屑煤尘飞扬，随意混进精心提纯的产物中，玛丽感到极为烦恼。每天各种小事故不断发生，消耗了她大量时间和精力，她有时感到极为伤心。

皮埃尔对这种无休无止的奋斗感到厌倦，准备放弃。当然他从来没想过要放弃对镭和放射性的研究，只是希望暂时撇下提纯镭的操作。眼前障碍重重，看来无法克服。他们难道不能等以后条件好了再接着干？皮埃尔·居里更加注重自然现象的意义，而不是其物质现状，看到玛丽把力气全都用光，取得的结果却微不足道，他觉得恼火，于是提出休战建议。

他并没有充分考虑到妻子的性格。玛丽想要分离出镭，那她就一定要办到。她蔑视身体的疲惫和客观的困难，甚至不在乎由于自己知识不足把事情搞得复杂化了。她毕竟不过是个年轻科学家，并不拥有皮埃尔从二十年的工作中得到的经验以及对过程的把握。有时候，遇上不熟悉的现象和计算方法，还得临时现学。

她的工作因此更加困难了！她饱满的额头下，眼睛闪烁着坚定的光芒，坚持待在她的仪器和试管旁边。

　　一九〇二年，在居里夫妇宣布可能存在镭后的第四十五个月，玛丽终于打胜了这场消耗战，她成功提取出十分之一克纯净的镭，初步测定了这种新物质的原子量为二二五。

　　原来有些仍持怀疑态度的化学家们终于在事实面前低下了头，在这位顽强过人的女子面前低下了头。

　　镭的存在正式得到了确认。

　　自从一九〇〇年以来，皮埃尔和玛丽就一直住在凯勒曼大道一〇八号那所小房子里。这所房子对他们很适宜。房子掩映在大道上的三排树木后面，从外面只能看到一堵颜色单调的墙和一扇小门。但是，在这座两层小楼背后，却藏着一个人们看不见的窄小花园，具有乡村风味，精致而安逸。由于有了这道"屏障"，他们可以骑自行车去郊外和树林，并不引起人们的注意……

　　这时是晚上九点钟，两人待在屋子里。与夫妇俩一道生活的老居里大夫已经回自己房间休息了。玛丽给孩子洗过澡，已经安顿她上床睡了觉。她习惯于在女儿的小床前盘桓很久。晚上艾莱娜发现妈妈不在身旁，就会不住地喊："咪！"我们两姊妹总是用这个称呼代替"妈妈"。玛丽不愿让孩子受苦，上楼坐在孩子床前，在黑暗中陪着她，直到孩子的呼喊变成有节奏的舒缓呼吸声，这才下楼来到皮埃尔身边。皮埃尔已经等得不耐烦了。尽管他是个性格温和的男人，但他也是个占有欲望和嫉妒心极强的丈夫。他习惯于让妻子总是待在自己身旁，只要她有片刻离开，他就不能自由思索。如果玛丽在女儿身边耽搁时间太长，她回来的时候就难免听到他不公正的责备，听起来其实滑稽：

　　"你除了那个孩子什么都不考虑！"

　　皮埃尔在屋里慢慢踱着步子。玛丽坐下来，动手为艾莱娜缝一个新围裙的褶边。她有许多原则，其中之一便是不给孩子买现成衣服。她认为现成衣服太花哨，不实用。布罗妮娅住在巴黎的日子里，两姊妹就一道为孩子们剪裁衣服，用的都是她们自己发明的样式。如今，玛丽仍然沿用那些式样。

但是,今天晚上她静不下心来。她精神兴奋,站起身突然说:

"咱们去那儿看看好不好?"

她的话里有一种乞求口吻,但这对皮埃尔完全是多余的,因为他也渴望回到两小时前刚刚离开的棚屋去。那里有镭,它像个有生命的东西一样神奇,像爱情一样让人依恋,镭正在从它居住的那间可怜棚屋向他们发出呼唤。

这天的工作十分艰苦,夫妇俩理应早早休息才对。但是皮埃尔和玛丽从来不按规矩行事。他俩穿上外套,跟居里大夫打了声招呼,就出了门。他俩手挽手步行,一路很少说话。这是个奇怪的地区,街道拥挤热闹,两旁是一座座工厂厂房、一片片荒地,再就是简陋的住房。他们穿过街道,来到拉赫芒德路,穿过那个小院子。皮埃尔把钥匙插进锁孔。门子开了,嘎吱嘎吱响着。这门子已经这样响过几千次了。他们走进自己的王国,自己的梦幻。

"别点灯!"玛丽在黑暗中说。接着她轻轻笑了一声,补充道:

"你还记得吗?你对我说过:'我想它应该有漂亮的颜色。'"

实际情况比他们很久以前想象的更加迷人。镭不仅仅"有漂亮的颜色",它还会自然发光。这间黑暗的棚屋里没有柜子,那些珍贵的颗粒就装在玻璃小安瓿里,放在桌子上和壁挂的架子上,黑夜里,那种物质的边缘发出持续不断的蓝色磷光。

"看哪……看哪!"这位年轻女子低声喃喃道。

她小心翼翼向前走,找到一张有草垫的椅子,在黑暗中默默坐下。两个人的脸都转向那些微光,转向那神秘的放射源,那是镭,是他们的镭。她俯身向前,弯下脑袋,带着热切心情,姿势就像一个小时前望着孩子酣睡。

她的同伴轻轻抚摸她的头发。

她永远不会忘记荧光下的这个夜晚,她要永远记住这个奇观。

第十四章　艰苦的生活

　　如果皮埃尔和玛丽能将全部精力放在那间简陋的实验室，全身心投入与自然的奋斗，那他们准会感到非常幸福。

　　可惜他们还得为其他事情操心，那些事情他们做得并不都很成功。

　　皮埃尔为了一个月五百法郎的工资，每月授课一百二十小时，还要指导学生做实验。做完这种令人筋疲力尽的工作，他才能抽出时间和精力从事研究。居里夫妇没有孩子的时候，玛丽能独自应付家务劳动，五百法郎供两夫妇使用还是足够的。但是，艾莱娜出生后，雇女佣和奶妈花去他们预算的很大一部分。他们不得不寻找新的收入来源，首先是皮埃尔外出寻找，接着玛丽也出动了。

　　这是两个优秀人物，因为每年缺少两三千法郎，却不得不厚着脸皮东奔西走。没有比这更让人感到沮丧的事了。问题还不仅仅是搞一种副业弥补收入的不足。我们知道，皮埃尔·居里把科学研究看做头等大事，宁肯不吃饭不睡觉也不能不去那间棚屋实验室工作。然而，他在学校的工作占去了他的大部分时间。他其实不该另搞副业，而应该减轻工作负担才对。可他们需要钱，又该怎么办呢？

　　其实办法非常简单。皮埃尔显然能够胜任在巴黎大学任教，只要能在那里担任教授，不但能得到每年一万法郎的收入，而且比物理学校的课时负担轻得多。他的科学知识能让学生受益，也能提高大学的声望。如果担任大学教授还有使用一个实验室的便利，皮埃尔对命运的要求便全部得到满足了。他卑微的要求无非是下面这些：得到一个赖以维生的教授职位，教授他的物理系学生;有个工作用的实验室。这个实验室应该具有那个棚屋没有的东西:供电和技术设备,有助手用的办公室,冬天要有点暖气……

这简直是疯狂的要求,是狂妄的梦想!直到全世界都承认了他的价值,他才在一九〇四年得到教授职位。而他需要的实验室却根本没有得到。死神比政府官员更敏捷,抢先夺走了伟大人物的生命。

皮埃尔揭开神秘现象时手段高明,也有解开物质谜团的天赋,但是,在谋求职位方面却愚钝不堪。他最大的弱点就是富有天才,这最能在竞争对手心里激起无法调和的嫉妒。他根本不懂得搞阴谋耍手腕。他最合法的资格对自己毫无用处,因为他并不懂得如何利用。

后来,亨利·普安加瑞在写到他的时候曾有这么一段话:

> 他随时准备谦让,在朋友面前如此,甚至在对手面前也是如此。他是人们说的那种"笨拙的候选人"。但是,在我们的民主国家里,候选人从来不缺乏。

一八九八年,巴黎大学有个物理化学专业的职位空缺,皮埃尔·居里决定申请这个职位。公平地说,对他的提名应该得到确认。但是,他没有上过师范学校,也没有上过理工学院,因此没有这些院校对毕业生的决定性支持。此外,某些吹毛求疵的教授表示说,他过去十五年宣布的各种发现,"严格地说"并不属于物理化学范围……他的申请遭到了否决。

弗里德尔教授是一位支持他的人,这位教授写信对他说:

> 我们失败了。我鼓励你提出申请却遭受了失败。但是讨论过程比表决对你有利得多,要不是这样,我就只剩下遗憾了。虽然李普曼、布提、伯拉和我都做出了努力,尽管反对你的人也赞扬你取得的非凡成就,但是,面对一个师范出身的人和一群数学家的偏见,又有什么办法呢?

"讨论过程对皮埃尔有利",这总算是个心理补偿。未来几个月不可能有报酬丰厚的职位,居里夫妇在聚精会神从事研究镭的伟大工作,他们宁愿勉强度日,也不愿把时间浪费在找工作的接待室里。他们继续做着可怜的工作,却并不抱怨。毕竟,五百法郎还不算极度贫穷。生活还是能过,只是十分艰难而已。

一八九九年三月十九日,玛丽在写给约瑟夫·斯科洛多斯基的信中说:

> 我们不得不精打细算。我丈夫的工资不够生活所需,但是,我们每年都能得到几笔额外收入,因此还没有负债。
>
> 不管怎么说,我希望我和我丈夫不久便能找到稳定的工作。到时候,我们不但生活无忧,而且还能为我们孩子的未来积攒一点钱。我希望先通过博士学位考试,然后再找工作。目前,我们研究新金属元素的工作太忙,我无法为博士学位考试做准备。不错,我的博士学位是以这项研究为基础的,不过通过博士学位考试要求做额外的研究,可我现在根本没时间搞那些研究。
>
> 我们的身体很好。我丈夫的风湿病不太要紧,因为他每天都喝牛奶、鸡蛋和蔬菜,他不喝酒,不吃瘦肉,每天喝很多水。我身体很好,从来不咳嗽,体检和痰检都证明,我的肺毫无问题。
>
> 艾莱娜发育正常。她十八个月时断了奶,不过我当然要让她长时间喝牛奶。现在我给她喝牛奶,吃"母鸡刚下的新鲜鸡蛋!"

一九〇〇年……账簿上记载的支出在增加,超过了收入。现在老居里大夫与儿子住在一起,家里包括一名女佣共有五口人。玛丽在凯勒曼大道上租了所房子,好住得下五口人。这房子的租金是一千四百法郎。迫于生活压力,皮埃尔经过申请得到了理工学院的辅导教师职位。干这桩苦差事能让他每年挣得两千五百法郎。

忽然,他们意外得到了一个聘用建议,但这个建议并非来自法国。虽然大众还不知道他们发现了镭,但这一发现已经在物理学界传开了。日内瓦大学愿特聘该校认作欧洲一流的科学家夫妇。该校校长愿聘任皮埃尔·居里为物理学教授,年薪一万法郎,另有住房补贴,由他指导一个实验室,"与居里教授签约后可增加实验经费,并可指定两名助手。在实验室经费允许的情况下,可完善物理实验仪器的配置。"玛丽可在同一个实验室中得到一个正式职位。

命运专好作弄人,送来了人长期以来渴望的东西。然而由于一桩小小的差异,却让人无法接受。假如发信地址不是"瑞士日内瓦州"而是"巴黎大学",居里夫妇会感到多么幸福啊。

日内瓦方面态度十分诚挚,给皮埃尔的聘约充满敬意,皮埃尔相当感动,便表示接受。到了七月,他和玛丽去了瑞士,受到同行的热情欢迎。但是,在度过夏天的过程中,他们心里产生了顾虑。难道他们不得不花费好几个月时间为适应重要的新教学工作做准备?难道因为设备运输困难,不得不中断提纯镭的工作?两个痴迷工作的科学家觉得无法忍受。

皮埃尔·居里叹息着给日内瓦发了一封信,表示谢忱,致以歉意,并辞去这一职务。他不顾舒适生活的诱惑,为了对镭的热爱,打定主意继续留在巴黎。到了十月份,为了得到更多额外收入,他放弃理工学院的辅导职位,接受了在巴黎大学理化自然科学学部的职务,地址在居维埃路上。玛丽也希望分担家庭重担,便向凡尔赛宫附近的赛弗尔女子高等师范学校提出任教申请。该校副校长向她发来了聘书,内容如下:

夫人:
　　我荣幸地通知您,根据我的推荐,赛弗尔师范学校聘请您在一九〇〇至一九〇一学年度讲授一、二年级物理课程。
　　敬请自本月二十九日星期一起接受校方的授课安排。

由于这两次"成功",他们家的经济在今后较长的一个时期稳定了下来。然而,在放射性实验需要大量投入精力的时候,他们的工作负担大大加重了。唯一能让皮埃尔体现其价值的职位是在巴黎大学任教授,人们不愿给他这个职位,却愿意给这位大师耗时巨大的次要工作。

居里夫妇集中精力为学生备课、出题、选实验项目。皮埃尔这时要教授和指导两批不同的学生。玛丽初次登台用法语授课,备课极其认真,为赛弗尔学校的女生组织实验也非常精心。她改进教学方法,授课富有创意,校长吕西安·普安加瑞感到非常惊异,向这位年轻的女教师表示祝贺。

玛丽做任何事都不会半心半意。

但是,他们因此浪费了多少精力,不得不牺牲多少做真正工作的时间!玛丽每周要去赛弗尔学校好几次,她手里提着沉甸甸的皮包,里面塞满批改过的作业,有时要在路边等半个钟头,才能搭乘上慢得让人难以忍受的电车。皮埃尔要从拉赫芒德路匆匆赶往理化自然科学学部所在的居维埃路,然后从居维埃路赶回拉赫芒德路的棚屋实验室。实验刚开始不久,又得离开自己的仪器,去辅导学校里的年轻学生,向学习物理的学生提问。

他本来希望,做这份新工作能让他使用实验室,那对他是个极大的安慰。但是,在理化自然科学学部,他只得到两间一丁点小的屋子。他太失望了,竟然背弃不愿向人提要求的本性,申请一个适于工作的大实验室。结果没有成功。

玛丽后来写道:

> 凡提出类似要求的人,都知道会在经济上和行政上遇到多大的困难,也不会忘记为了得到一丁点利益,要写多少封申请书,要多少次找人谈话。皮埃尔·居里为此感到极为灰心丧气。

作这种努力影响了居里夫妇的工作效率,甚至影响到他们的能力。皮埃尔尤其觉得疲惫不堪,认为减少工作时间成为刻不容缓的事情。就在这个时候,巴黎大学矿物学教授出了空缺,由于他发展了物理学结晶理论,因此特别适合这个职位。他提出了申请。结果却被他的竞争者夺走了机会。

蒙田①曾写过:"富有才干的人若过分谦虚,则可能长期默默无闻。"

皮埃尔·居里的朋友想方设法为他争取难以得到的教授职位。一九〇二年,马斯卡教授不断鼓励皮埃尔,要他向科学院自荐,认为他肯定能成功,而这样会对他的物质生活大有裨益。

他迟疑很久,最后勉强同意了。按照当时的惯例要拜访所有院士,他觉得这既愚蠢又丢人。但是学院物理系一致支持他。这感动了他,他成了

---

① 蒙田(1533—1592):法国思想家、散文家,其散文作品被认为是十六世纪法国散文登峰造极之作。

一位候选人。他在马斯卡的敦促下,他请求会见这个著名团体的每一位成员。

后来他成为名人,新闻记者便挖掘这位著名科学家的趣闻轶事。有一位记者描写皮埃尔·居里在一九〇二年五月搞的那轮拜访时写道:

……爬上楼梯,按门铃,叫人通报姓名,说明来意——这一切让这位候选人不由自主感到羞愧。更糟的是,他还得罗列自己获得过的荣誉,陈述自己的优点,吹嘘自己的科学工作,他觉得这些都不是人应该做的事情。结果,他反倒对自己的竞争对手表示诚挚的赞扬,说阿玛加先生比他居里更有资格进入学院……

选举结果在六月九日公布出来,在皮埃尔·居里和阿玛加先生两者中,院士们选择了阿玛加先生。

皮埃尔将这则消息告诉他的密友乔治·古伊:

亲爱的朋友:你的预料没错,阿玛加当选了。他得到三十二票,我得到二十票,热内得到六票。

为了这个美妙的结果,我耗时费力跑去拜访人,真觉得后悔。是物理系一致要把我推到头一名的位置,我只好顺从。

……因为我知道你喜欢听,才对你说了这么多废话,不过别以为这种小事对我有任何影响。

你忠实的朋友
皮埃尔·居里

不久,新上任的院长保罗·阿佩尔试图通过另一种途径帮助皮埃尔改善生活。这位校长就是原来玛丽·斯科洛多斯卡听课时为之着迷的那位教授。他知道居里有不屈的天性,于是为他准备了这样的方案。

保罗·阿佩尔写信给皮埃尔·居里说:

教育部要我拿出荣誉勋章提名。你的名字一定要写在这个名单中。我请求你将这件事当作对学院的贡献,准许我为你提名。我理解,像你这样有建树的人,对这种勋章并不感兴趣,但我要提出本学院成绩最卓越的人,提出在教学和科研中表现最出色的人。通过这种方式,部长可了解这些人,并了解我们巴黎大学的工作。你得到勋章后,佩戴或不佩戴当然可以随意,不过我请求你允许我为你提名。

亲爱的同事,请你原谅我如此打扰你。

你诚挚的忠实同事
保罗·阿佩尔

保罗·阿佩尔在写给玛丽·居里的信上说:

……我对李亚尔德校长多次谈到居里先生在工作中的优秀表现,谈到他的设备不足,也谈到他应该得到较大实验室的理由。校长利用七月十四日国庆授勋的机会,在部长面前谈起居里先生。部长显然对居里先生极为感兴趣,作为一个起点,他也许要通过授勋表示自己对他的兴趣。假如有这种可能,我请你利用你的影响力,劝居里先生不要拒绝。这件事情本身没什么价值,但是从实验室、津贴等因此产生的实际结果看,还是有相当价值的。

我请求你以科学和学院的最高利益着想,坚持要求居里先生允许我们为他提名。

这一次,皮埃尔·居里不愿"屈从任何事物"了。他对荣誉的深深厌恶感就足能为他此时的行为做出解释,此外,他还受到另一种感情的刺激。他认为,不向科学家提供工作所需的条件,却要给他颁授一枚珐琅质十字架,吊在一个红丝带上,作为对"优秀表现"的鼓励,这可实在太滑稽了。

皮埃尔·居里对院长的答复如下:

敬请转达对部长的谢忱,并请禀告部长,我根本没有获颁勋章的需要,不过我确实急需一间实验室。

他们放弃了过比较舒适生活的希望。既然得不到急需的实验室,居里便满足于在那间棚屋中搞自己的实验,在这间棚屋中度过的时光热情洋溢,足以安慰他们在各种方面受到的挫折。他们继续教书,这完全出于美好的愿望,并不感到痛苦。许多男孩对皮埃尔上过的课有着清晰而生动的记忆,心里怀着感激。在赛弗尔学校,许多女孩将自己对科学的热爱归功于玛丽,这位金发教师带有斯拉夫口音的科学论证如同歌唱一般动听。

　　教学工作和他们自己的研究工作让夫妇俩废寝忘食疲惫不堪。玛丽原先规定的"正常"生活规则抛在了脑后,她顾不得做饭,顾不得管理家务了。这对夫妇大量透支体力,并没有意识到这种行为不明智。有好几次,皮埃尔因为两腿突然剧痛,实在忍受不住,这才卧床休息。玛丽在坚强的神经支持下身体倒是没有垮。家人为她的结核病感到担心,她却以满不在乎的态度应付日常生活,结果疾病并没有把她缠住,她便认为自己的身体无比结实。但是,我们从她定时记录自己体重的小笔记本里看出,在棚屋里度过的四年里,她的体重减少了七公斤。这对夫妇的朋友们注意到她形容憔悴,脸色苍白。有一位年轻的物理学家甚至给皮埃尔·居里写信,专门请他们夫妇俩注意保重自己的身体。这封信就是居里夫妇生活中一幅令人担忧的画面,也是他们为事业做出牺牲的身体状况写照:

　　　　……在物理学会见到居里夫人,她的面貌变化大得让我吃惊。我十分清楚,她因做博士论文而过度劳累……不过,这也让我注意到,她没有足够的体力过你们二人这种纯精神的生活。我谈到的不仅是她,你也应该认为说的也是你自己。

　　　　我只想举一个例子:你们俩几乎不吃什么东西。我不止一次看到,居里夫人只吃两片香肠,喝一杯茶,就当成一顿饭。即使体格健壮的人,营养如此不足,难道不会受损害?想象看,如果居里夫人身体垮掉,你们的生活会变成什么样子?

　　　　她自己满不在乎或者固执己见,但这不能成为你推卸责任的借口。我料到你会说:"她不饿。她又不是孩子,哪会不知道该怎么做!"说实话,她真的不知道。她的行为就像个小孩子。我对你说这些，完全是出于朋友情谊。

你们没有留下足够的吃饭时间，而且食无定时，晚餐吃得太晚，结果胃口等待时间太长，机能减退，最后会失去正常功能的。毫无疑问，研究工作可能导致你们某一天推迟吃晚饭，但是你们无权养成这种习惯……你们不能一直像现在这样，把科学研究方面的当务之急与日常生活的每时每刻混淆在一起。这一点非常要紧。你们必须允许自己的身体有喘息的机会，吃饭前要心平气和地坐下来，吞咽的时候要慢，吃饭时要避免讨论忧心的事情，也不要谈论让精神感到紧张的事情。不要在吃饭时读物理学方面的书，也不要谈论物理学……

对别人的警告和责备，皮埃尔和玛丽天真地回答道："可我们也会休息。我们夏天要度暑假的。"

他们的确要休假，或者说，他们自认为是在休假。遇上好天气，他们像往日那样从一个地方漫游到另一个地方。他们所谓的"休息"，就是在一八九八年骑自行车周游塞文地区。两年后，他们沿海峡岸边从哈夫赫骑往索米河畔的圣瓦莱里，然后渡海前往诺曼底岛。一九〇一年他们去了浦尔都，一九〇二去过阿罗芒奇，一九〇三去特里港，后来还去过圣特罗让。

这些旅行让他们得到了身体上的休息和精神上的放松吗？值得怀疑。该受责备的是皮埃尔，他从来是个不安分的人，在一个地方待上两三天，他就把念头转向了工作，显得魂不守舍，再也待不下去。于是他就谈起要回巴黎，仿佛责备自己似的以温和的口吻对妻子说：

"我们已经很长时间没做过任何事情了。"

一八九九年，居里夫妇作了一次长途旅行，从中得到了巨大的乐趣。这是玛丽婚后第一次回到祖国，他们没有去华沙，而是到了奥地利属下的波兰领土，去了德卢斯基夫妇正在建设疗养院的地方扎科巴纳。就在泥瓦匠干活的工地隔壁，一群亲人相聚在"埃热公寓"。斯科洛多斯基老师也赶来了，这位老人依然十分活跃，四个儿女及其四家人都来此相聚，把老人乐得跟返老还童似的。

岁月过得多快啊！当年他的儿子和三个女儿在华沙当家庭教师，到处找学生，这事仿佛就发生在昨天。而今天，约瑟夫已经成了非常知名的医生，娶了妻子，生育了孩子；布罗妮娅与卡什米尔正要建立一个疗养院；海拉任教师在逐步成就自己的教育事业，她丈夫斯坦尼斯拉夫·扎垒是一家照相企业的领导人。小女儿玛妮娅在一间实验室工作，还发表了研究报告，他以前喜欢把家里这个最小的女儿昵称作"小淘气"。

皮埃尔·居里是家族里的"外国人"，于是备受关注。他的波兰亲戚都以带他参观波兰为荣。起初，他对乡间景色没有很大兴趣，觉得只有黑魃魃的松林直插云霄，后来，他攀登了一次名叫"利茜"的主峰，这才对这座高耸的山峦诗画般雄伟的景色着了迷。夜晚，他当着全家人对妻子说：

"这个国家真美。现在我明白人们为什么热爱它了。"

他刻意用刚刚学会的波兰语说出这两句话，虽然语音很糟，但他的亲戚们都表示赞赏，玛丽露出骄傲的微笑，乐得脸上熠熠放光。

三年之后，在一九〇二年五月，玛丽再次登上返回波兰的火车，这次她心急如焚！她收到家里来信，说父亲突然生病，做手术从胆囊里取出几块很大的结石。起初，她收到几封让她感到安慰的信，后来突然接到一封电报。父亲病危。玛丽迫不及待要动身，可护照签证手续繁杂，等了好几个钟头才办好各种红头文件。两天半的旅行后她才抵达华沙，来到约瑟夫住的房子里，父亲生前曾在此居住，但她来得太晚了。

一想到再也见不着父亲了，玛丽忍不住心中的悲伤。在旅途中，她已经得知了父亲的噩耗，就拍电报乞求姐姐们推迟举行葬礼。她走进灵堂，见里面只有一具棺材和几束鲜花。她固执得要命，坚持要求打开棺木。大家只好照办。父亲面孔平静，毫无生气，一个鼻孔原来流出的血，在脸上留下一道淡淡的血痕。玛丽向父亲告别，乞求他原谅。她常常为留在法国而暗自责备自己，老人一直希望在她的陪伴下度过晚年，结果她让父亲失望了。在打开的棺木前，她默默自责，心里怀着悔恨，最后哥哥和姐姐出面干预，才终止这痛苦的一幕。

玛丽从来心怀顾虑，但她这样折磨自己并不公平。她父亲晚年生活十分快乐，而且由于她才更加快乐。一家人全都孝敬老人，斯科洛多斯基先生儿孙满堂，忘记了无所作为的沧桑一生。他一生终极的快乐源于玛丽。这个女儿发现了钋和镭，巴黎科学院的论文集里，举世瞩目的论文上签着他女儿的名字。这位物理学教师因此激动不已。他一辈子忙于谋生，从来不能专心从事研究。对于女儿的研究工作，他一步步密切注意着，心里清楚其重要意义，预料到女儿的发现必然受到全世界瞩目。不久之前，玛丽向他通报说，通过四年坚持不懈的努力，她已经得到一些纯净的镭。在他去世前六天写的最后一封回信中，斯科洛多斯基先生复述了她信中的这几个字眼，颤抖的笔迹已经与他原来漂亮规矩的字体大不相同了。他在信上说：

> 你制得了纯净的镭盐！要是计算一下为了得到它所花费的劳动量，这肯定是所有化学元素中最昂贵的！看来它只有理论上的价值，这真可惜。
>
> 这里一切照常。天气温和，仍然有点凉。我现在得上床了，就此搁笔。亲切拥抱你……

如果这位好老人能多活两年，得知女儿与亨利·贝克莱尔和皮埃尔·居里共同获颁诺贝尔奖，那他该有多么幸福，多么自豪啊。他的小女儿，他的"安秀佩西奥"获得了诺贝尔奖！

玛丽离开华沙时，脸色更加苍白，身体愈发消瘦了。九月份，她再次返回波兰。丧事之后，斯科洛多斯基家的"儿女们"再次团聚，这证明兄妹间的手足之情依然存在。

到了十月，皮埃尔和玛丽返回那间实验室。两人都觉得十分疲惫。玛丽一边与丈夫合作从事研究，一边撰写提纯镭的结果报告。但她缺乏热情，什么都不能激起她的兴趣了。长期以来的生活方式对她的神经系统产生了奇怪的影响。她患了轻度梦游症，到了夜晚，她会起床在房子里到处走动，自己却毫无知觉。

接下来的几年发生了几桩不愉快的事件。首先是她怀了孕，接着意外流产了。这次失望的流产让玛丽深感悲哀。

一九〇三年八月二十五日，玛丽在写给布罗妮娅的信中说道：

> 这次意外让我觉得难过极了，我几乎没有勇气写信告诉任何

人。我本来已经觉得这是个孩子了,因此感到无比绝望,简直无法安慰自己。我求你给我写信,你是否认为这是我全身处于疲惫状态所致,我不能否认,自己没有注意保存体力。我一向对自己的身体很有信心,现在才为付出沉重代价而后悔莫及。这个孩子是个小女孩,生下来的时候还活着。我多想要她啊!

后来,从波兰又传来坏消息:布罗妮娅的第二个孩子,出生没几天就死于结核性脑膜炎。这是个男孩。

玛丽写信给她哥哥说:

德卢斯基家遇到的不幸让我难过极了。那个孩子本来就是健康的象征。如果照料如此周到的健康孩子都会遭遇不幸,别的孩子还有什么长大成人的希望呢?如今我一看到自己的女儿,就吓得发抖。布罗妮娅遭受的悲哀让我的心都碎了。

这些悲哀的事件给玛丽的生活笼罩上了阴影。另一桩痛苦更加严重,使他们的生活雪上加霜:皮埃尔病了。他常常受到剧痛的折磨,由于没有其他明显的症状,医生便笼统地称之为风湿病。那种疼痛频频袭击他,他往往一整夜痛苦呻吟,身体虚弱不堪。妻子吓坏了,只好整夜守在他身边。

尽管如此,玛丽仍然要在赛弗尔学校教书。皮埃尔也必须辅导他数目众多的学生,指导他们做实验。两个物理学家梦想得到的实验室离他们实在遥远,只好继续在棚屋里做精细的实验。

一次,皮埃尔不由露出一句抱怨,低声说了句:

"我们选择的这种生活太苦了。"

他以后再也没说过这种话。玛丽当时想表示不同意,可她也无法排除心中的焦虑。既然皮埃尔如此气馁,那他准是浑身的精力都用尽了。难道他得了什么可怕的疾病?难道可能是不治之症?难道玛丽自己能克服这种可怕的疲惫吗?过去几个月中,死亡的阴影一直在这个女人身边徘徊,一直在困扰着她。

"皮埃尔!"

这位科学家吃了一惊,扭头望着玛丽。她刚才的喊声充满痛苦,声音惊恐而压抑。

"怎么啦,亲爱的?你这是怎么啦?"

"皮埃尔……要是我们俩有一个死了……另一个也活不成……我们谁离开对方也不能活,对不对?"

皮埃尔缓缓摇了摇头。玛丽说出这番爱意绵绵的话,一时忘记了自己的使命。这让他记起,科学家无权背弃科学,那才是科学家终生的目标。

他凝视着玛丽悲哀扭曲的面孔,片刻之后,他口吻坚定地说:

"你错了。不论发生什么事,即使人变成了没有灵魂的躯壳,也必须继续工作下去。"

第十五章　博士论文和五分钟的谈话

既然献身科学，那么是贫是富，是快乐是悲伤，是健康是多病，又有什么关系？科学家就是为了探索和发现才来到这个世界上的，他们会不懈地探索和发现直到生命的最后一息。科学家不会与自己的事业对抗，即使遇到厌倦和反感的日子，他们的脚步也会自然而然把他们引向实验室和仪器。

因此，在那些困难的年月中，皮埃尔和玛丽成功进行研究，做出辉煌的成绩，对此我们不必感到惊奇。随着放射性科学的发展成长，给这门科学以生命的那对物理学家的精力在一点一点耗尽。

一八九九年到一九〇四年间，居里夫妇总共发表了三十二篇科学论文。有些论文是他们夫妇俩联合发表的，有些是单独发表的，还有一些是与其他科学家同行联合发表的。这些论文的题目都十分难懂，文章里充满了图表、公式，让外行望而生畏。然而，每一篇论文都代表着一次成功。我们阅读其中重要论文的枯燥目录时，应该想象出，其中含有多少对科学的好奇，隐藏着多少顽强的奋斗，也富有多少天才的智慧。

《论镭射线的化学作用》玛丽·居里和皮埃尔·居里，一八九九年。

《论放射性钡的原子量》玛丽·居里，一九〇〇年。

《新发现的放射性物质及其放射的射线》玛丽·居里和皮埃尔·居里一九〇〇年。

《论镭盐产生的诱导放射性》皮埃尔·居里和安德烈·德比尔纳，一九〇一年。

《镭射线的生理作用》皮埃尔·居里和亨利·贝克莱尔，一九〇一年。

《论放射性物质》玛丽·居里和皮埃尔·居里，一九〇一年。

《论镭的原子量》玛丽·居里，一九〇二年。

《论时间的绝对度量》皮埃尔·居里，一九〇二年。

《论诱导放射性和镭射气》皮埃尔·居里，一九〇三年。

《论镭盐自然释放的热量》皮埃尔·居里和安·拉伯德，一九〇三年。

《放射性物质研究》玛丽·居里，一九〇三年。

《论温泉水溢出气体的放射性》皮埃尔·居里和安·拉伯德，一九〇四年。

《镭射气的生理作用》皮埃尔·居里、查尔斯·布沙尔、弗·巴尔塔扎德，一九〇四年。

起源于法国的放射性科学很快便征服了其他国家。从一九〇〇年起，许多由伟大人物签名的信件投递到拉赫芒德路的实验室来，有来自英国、德国、奥地利、丹麦等国的信件，大家都希望提供资料。居里夫妇因此保持着与许多名人的通信，其中有威廉·克鲁克斯、维也纳的苏伊斯教授和博尔茨曼教授、丹麦探索者保罗森等。镭之"父母"向同行们慷慨提供解释和技术上的忠告。在若干个国家里，研究人员研究未知放射性元素成风，希望做出新的发现。这是一轮成功的追求，科学家们先后发现了新钍、放射性钍、锾、镤、和放射性铅。

一九〇三年，拉姆齐和索迪这两位英国科学家证明，镭能不断放出少量气体：氦气。这是首次证明原子衰变的例子。稍后，卢瑟福和索迪在英国引用玛丽·居里早在一九〇〇年发表的《放射过程衰变理论》，以其中的假说为基础，证明放射性元素尽管有时看似不可改变，却处在自然演化过程中，衰变速度越快，放射性"活动"便越强。

皮埃尔·居里后来写道：

这是元素衰变的准确理论。它与炼金术士理解的概念不同。

无机物质必然在时间的长河中依照永恒的规律不断地衰变着。

镭真是不可思议的元素！提纯成氯化镭，它看上去是一种没有光泽的白色粉末，能让人错当成厨房用的食盐。但是，人对它的性质认识越多，就越感到惊奇。居里夫妇是通过镭的辐射发现到它的，其辐射强度超过了所有预测值，竟然比铀的辐射强度大二百万倍。镭的射线已经得到仔细的科学分析和研究，并被分成三种不同类型，它们能穿过最不可能通过光线的材料，当然通过后会发生强度变化。只有厚厚一层铅才能挡住这种看不见的射线。

镭有自己的影子，有自己的幽灵。这种元素能自然产生一种特殊的气体，称作镭射气。这种气体也具有放射性，但是，尽管把它密封在玻璃试管里，它也要按照严格的规律进行自我毁灭。能够证明，许多温泉水里就有这种射气。

镭还有一个特性，那就是它能自然发出热。这个特性似乎违背了不可动摇的物理学基础。镭每小时发出的热量足以融化与之体积相当的冰。如果将镭与外界冷环境隔绝，它就能升温，能比周围空气温度高出摄氏十度以上。

镭几乎无所不能。它能透过黑纸让照相底板感光，能使空气变成导体，使一定距离外的验电器动作，能使装镭的玻璃容器变色，成为紫色或淡紫色，能一点一点将包裹它的纸或棉花变成粉末。

我们已经看到，镭能发光。

玛丽曾写道：

> 白天看不到它发出的光，但它发出的光在昏暗的光线下就能看到。黑暗中，一丁点镭发出的光就十分明亮，足可借着这光线读书。

镭似乎对自己了不起的天赋并不满足，还能使许多不能自然发光的物体发出磷光。

金刚石就能因靠近镭而发光:镭的作用可使金刚石发出磷光,可借此辨认真假金刚石。假金刚石在镭的作用下发光极弱。

最后,镭的射线具有"传染性",就像持久不变的香味,也像一种传染病。物品、植物、动物或人靠近装有镭的试管后,便立刻具有了"放射性",并可用灵敏的仪器测出来。这种传染性是皮埃尔·居里和玛丽·居里每天都需要抵抗的敌人,因为它能干扰精密实验仪器的测量结果。

玛丽曾写道:

> 研究强放射性物质,必须采取特殊预防措施,这样才能连续进行精密测量。化学实验室的各种物体,以及做物理实验用的仪器,在很短时间内就带有放射性,能透过黑纸使照相底板感光。屋子里的空气、灰尘,身上穿的衣服,一切都有了放射性。屋子里的空气成了导体。我们工作的实验室里,这种麻烦达到了严重的地步,我们无法让任何仪器完全受到隔离。

居里夫妇去世后很久,他们的工作笔记本仍然呈现出这种神秘的"放射性",结果,三四十年后,其"活跃放射性"仍然能影响测量仪器。

放射性、产生热量、生成氦气和镭射气,自身衰变——这已经远远偏离了惰性物质理论和原子不变的理论! 五年以前,科学家还相信,我们的宇宙是由确定的物质构成的,元素永远不会改变。现在我们却看到,每过一秒钟,镭的微粒就以强大的能量射出氦气原子。玛丽把这种微小而惊人的爆发称作"原子激烈衰变"。爆发后的残余物是射气原子,它能衰变成另一种放射性物质,然后继续衰变下去。因而,放射性元素构成一个奇怪而残酷的家族,其中每一个成员都自然由母物质衰变而来:镭是铀的"后代",钋是镭的后代。这些物质每一瞬间都在产生,也在按照永恒的规律自我毁灭,每一种放射性物质都在永远不变的"时间"内失去其一半物质,称作半衰期。铀的半衰期是几十亿年,镭的半衰期是一千六百年,镭射气的半衰期是四天,这种射气的"后代"半衰期只有几秒钟。

物质虽然表面看上去是静止的,但内部却包含着产生、碰撞、杀戮和自杀。物质内部的激烈变化受无法调和的命运支配,包含着生与死。

这便是发现放射性所揭示的事实。哲学家只得改写其哲学,物理学家也只好改写其物理学。

镭最迷人的奇迹是能为人类造福。镭是人类的盟友,能帮助人类对付一种凶残的疾病:癌症。

一九○○年,德国科学家沃克霍夫和吉塞尔共同宣布,这种新元素有某种生理效用。皮埃尔·居里不顾危险,立刻应用这种技术,用镭在自己胳膊上做实验。他的胳膊上出现了伤痕,他感到喜悦。他密切观察着伤痕的发展。在一篇写给科学院的报告中,他平静地描述自己观察到的症状。

射线作用后,皮肤上有六平方厘米的表面发红,就像烫伤一样,不过皮肤并没有疼痛感,或者说几乎没有痛感。几天之后,发红的区域没有扩大,颜色渐渐变深。到了第二十天,开始结痂,变成需要包扎的伤口。到了第四十二天,边缘重新开始生成表皮,逐渐向中心生长,射线作用后第五十二天,仍然有一平方厘米的伤口,呈灰色,表明深层肌肤有坏死。

我愿意补充一点,居里夫人挪动一个装有几十毫克强放射性物质的密封试管,尽管试管装在一个薄金属盒子里,但她仍然受到了类似的烧伤。一次持续时间为不足半小时的作用,可在十五天后产生一片红斑,留下与皮肤烧伤类似的水疱,需要十五天以上才能痊愈。

这些事实表明,伤口愈合期与射线强度和作用时间有关。

除了这些真实的效果外,我们在实验过程中处理放射性很强的产物时,双手受到不同程度的影响。双手一般会脱皮,拿过装有强放射性产物的试管后,手指末端变得僵硬,有时非常疼痛。我们两人中的一人指尖发炎,持续了大约两个星期,最后是脱皮,直到两个月后,疼痛还未彻底消失。

亨利·贝克莱尔把一个装着镭的玻璃管放在背心口袋里,结果也不情愿地受了烧伤。他又吃惊又愤怒,匆匆赶到居里夫妇那里,诉说自己的不幸,告他们这个可怕"孩子"的状。最后他做了个结论说:"镭这个东西,让人爱,也招人烦。"

接着,他连忙把这次并非自愿受试的结果记录下来,与皮埃尔的观察结果一并发表在一九○一年六月三日的《论文集》中。

射线的这种惊人能力让皮埃尔大受触动,他便利用动物研究镭的作用。他还与两位高级医师进行合作,这二位医师是布沙尔教授和巴尔萨泽教授。没过多久,他们便确认,镭可以破坏疾病细胞,能用来治疗几种肿瘤和某些种类的癌症。这种疗法称作居里疗法,后称作放射疗法。几位法国开业医生最先使用这种疗法治疗病人获得成功。这些医生有:道罗斯、威卡姆、多米尼西、德格赖斯等人。他们用的装有镭射气的试管是从玛丽·居里和皮埃尔·居里那里借来的。

玛丽亚曾写道:

> 镭对皮肤的作用是由圣路易斯医院的道罗斯医生研究的。镭在这方面的使用结果令人鼓舞,皮肤受它作用破坏后,重新长出来成为健康的皮肤。

镭是有用的,而且用处极大。

我们可以猜想到这种发现的直接后果。提取这种新元素不再仅仅具有实验意义,它已经变成不可或缺的有益材料。制镭工业就要诞生了。

皮埃尔和玛丽关心着这一工业的创建,没有他们提供的建议,这种工业就不可能创建起来。他们用自己创造的方法,在物理学校后面那个棚屋里处理八吨沥青铀矿渣后亲手提取出了第一克镭,这主要出自玛丽之手。渐渐地,镭的特性激发出应用方面的想象,这对夫妇找到了赞助,要组织大规模生产了。

在中央化学产品公司的安德烈·德比尔纳领导下,大批处理矿石的工作开始了。该公司同意,以非盈利方式搞这项工作。一九○二年,科学院拨给居里夫妇二万法郎贷款,"用于提取放射性物质"。他们立刻着手工作,一次处理五吨矿石。

一九○四年,一位精明而大胆的法国实业家阿麦特·德·李斯勒有意设立一家制镭工厂,为医生治疗恶性肿瘤供应产品。他为皮埃尔和玛丽提供了一个工厂附属实验室,在狭小的棚屋里不能做的实验就可以在这里做了。居里夫妇与弗·豪德平、雅克·丹纳等人合作。阿麦特·德·李斯勒委托雅克·丹纳负责提炼这种贵重物质。

玛丽从来没有离开过她提取的第一克镭。后来,她把这一克镭赠给了她的实验室。这一点点物质代表了她顽强的努力,除此之外并不具有其他价值。等到那间棚屋被拆除,居里夫人也不在人世时,这一克镭仍然是她伟大工作的辉煌象征,是两个人一生中英勇时期的象征。

后来提取出的镭具有不同的价值,那是商业上的价值。正式出售的镭是世界上最昂贵的物质:在最初生产的几年里,估计每克镭的销售价格为七十五万金法郎①。

如此贵重的材料自然值得评述。一九〇五年一月,一种名叫《镭》的期刊出版了第一期,该期刊专门登载关于放射性产品的文章。

镭得到了一种商业特征,既有市场价值,也有其出版物。阿麦特·德·李斯勒的工厂信纸上,不久便改用了大字印刷的信头:

  镭盐——放射性物质工厂
  电报地址:马纳河畔诺戎市,镭

几个国家的科学家做出富有成果的研究;一个新门类的工业创建起来;一种神奇的治疗方法初步得到试用,这些成就的取得,完全仰赖于一位年轻的金发女子在一八九七年做出的决定。这位女子怀着强烈的好奇心,将贝克莱尔对射线的研究作为自己的论文题目,后来她猜到存在一种新的物质,并与丈夫共同努力,证明这种物质的确存在,还分离出纯净的镭。

一九〇三年六月二十五日,这位年轻女子登上一个隐蔽的旋转楼梯,走进巴黎大学名叫"学堂"的一间小教室,站在黑板前面。玛丽开始做论文后,五年时间过去了。在此期间,她投身一项巨大的发现,由于没有时间整理材料,只好一再推迟博士考试。今天她站在了主考官面前。

她已经按照惯例,将自己的论文《放射性物质研究——斯科洛多斯卡·居里夫人撰写》交给了李普曼先生、布提先生、穆瓦松先生,供审阅。她竟然破例买了件黑色丝毛混纺的新衣服穿在身上——这简直令人难以置信!真实情况是,布罗妮娅前来巴黎旁听这次论文答辩,她说妹妹身上磨得发亮的衣服穿着太丢人,硬拉她去了一家服装店。跟店员讨价还价的

---

① 七十五万金法郎:合十五万美元。

是布罗妮娅,她揣摩衣料,决定哪些地方应做修改,根本不顾妹妹心不在焉的阴沉脸色。

不知两姐妹是否还记得,整整二十年前,在一八八三年那个明媚的六月份,为了让玛丽参加另一个重要活动,布罗妮娅曾为妹妹穿衣服。那是个严肃的早晨,小玛妮西娅身穿黑衣,在克拉科夫斯基大道上那所中学里,从一位俄国官员手中接过金奖章……

居里夫人站得很直,她的金发梳向脑后,挽成一个发髻,露出苍白的面孔和饱满的额头。面孔上有几道细细的皱纹,这是她打胜一场战役后留下的痕迹。许多物理学家和化学家都聚集到这间洒满阳光的屋子里,因此不得不加放了一些椅子。她要谈到的研究异常诱人,因此吸引来众多科学家。

老居里大夫、皮埃尔·居里和布罗妮娅也坐在教室后面,与旁听的学生们挤在一处。在他们附近有一群叽叽喳喳的年轻女孩子,她们是赛弗尔学校的女生,来这里为的是给她们的老师喝彩。

三位主考官身穿晚礼服,坐在一张长长的橡木桌子后面。他们轮流向应试者提各种问题。玛丽以温和的声音回答着布提先生、穆瓦松先生、李普曼教授的问题。穆瓦松先生蓄着动人的胡须,仿佛是他永恒的特征。李普曼教授是她的第一位导师,表情里带着微妙的鼓励。玛丽时而在黑板上画出一种仪器的设计,有时用粉笔写下一个关键公式。她用枯燥的技术语言解释自己研究的结果,用的形容词也十分平淡。但是在周围老老少少的科学家头脑中,她的描述却激起了一种根本的变化。玛丽冷静的话语化作一幅令人激动的辉煌图画:这是本世纪最伟大的发现。

科学家不重视口才和评论。主考官们在科学院向玛丽·居里颁授博士学位的时候,也用了朴实无华的词语,三十年后重读这些极其简单的词语,却能体会到其中深刻的感情价值。

主席李普曼先生用庄严的套话宣布:

"巴黎大学授予你物理学博士学位,评语是'极其优秀'。"

听众发出了这种场合难得听到的掌声。再次平静下来后,他以老学者谨慎的声音简单补充了一句友好的致辞:

"夫人,我代表全体主考人祝贺你。"

严格的考试,简朴庄严的仪式。所有天才的研究者和尽心尽力的工作者都受到同样对待,丝毫也不可笑。这种活动有其独特的风格和庄严。

在提交博士论文之前,也在法国和海外开发出工业制镭技术之前,皮埃尔·居里和玛丽·居里做出一个决定。这个决定他们并没有过多考虑,但是却对自己今后的生活产生了巨大的影响。

玛丽从沥青铀矿中提取纯净镭的过程中,发明了一种技术,并创造了一种制造工艺。

自从镭的治疗功效为人了解以来,人们便到处寻找放射性矿物。许多国家制定了开采计划,此风在比利时和美国尤甚。但是,这些工厂的工程师只有了解提取纯净镭的工艺秘密才能生产这种"奇妙的金属。"

一个星期日的早上,邮差送来一封美国来信。皮埃尔仔细阅读过后,把信重新叠好,放在桌子上。这位科学家与妻子谈论了其中的内容。

"我们必须稍稍谈一下我们的镭,"他口吻平静地说,"这个工业会有很大的发展,这一点现在已经确信无疑了。最近对恶性肿瘤的治疗已经收到成效,不出几年,整个世界都需要镭。刚才收到的这封信是美国布法罗寄来的,这些美国技术人员希望制取镭,要求我们提供信息。"

"那有什么呢?"玛丽对这个话题不感兴趣。

"是这样的,我们面临着两种选择。一种是毫无保留地公布研究结果,其中也包括提纯工艺……"

玛丽不经意地做了个表示赞成的手势,喃喃道:

"当然该这样。"

"另一种选择呢,"皮埃尔接着说,"就是坚持对镭的'发明'权益。如果做出这种选择,就需要在公布加工沥青铀矿的详细资料前,取得这种技术的专利,以便保证我们在全世界制镭工业中的权益。"

他以客观态度说明他们目前的形势。他说出"专利"和"保证我们的权益"这两个不大熟悉的字眼时,口吻中本能地带着一丝难以察觉的轻蔑。

玛丽思索片刻后说:

"不可能。这是违反科学精神的。"

皮埃尔紧张的神色舒缓了。为了对得起良心,他继续谈论道:

"我也是这看法……不过,我不想轻率做出这个决定。我们的生活十分艰苦,未来也没有改善的前景。我们有一个女儿,也许还会再生育孩子。这个专利对于孩子们和我们将意味着大量的金钱,那将是一笔财富,肯定能让我们过舒服日子,可以从此不再艰苦度日……"

他轻轻笑了一声,提到他唯一不忍放弃的东西:

"我们还能得到一个好实验室。"

玛丽的眼神变得坚定起来。她冷静思考着谋求物质补偿的想法,但立刻拒绝了。

"物理学家从来要原原本本发表自己的研究过程。如果我们的发现具有商业前景,那也纯属偶然,我们千万不能从中牟取利益。再说,镭要用于治疗疾病……我不可能借此牟利。"

她并不想努力说服丈夫。她猜想丈夫仅仅出于谨慎才谈论专利的事情。她口吻非常坚定,表示的正是两人共同的感情,那是科学家应有的正确观念。

沉默片刻后,皮埃尔重复说出玛丽那句话:

"不可能。这是违反科学精神的。"

他感到内心平静了,补充了一句话,仿佛为一个无关紧要的问题做出结论:

"今晚我给这些美国工程师写封回信,把他们要的信息告诉他们。"

二十年后,玛丽写道:

> 皮埃尔·居里取得我的同意后,做出了决定。我们不能从自己的发现中获益。我们不申请专利,而且毫无保留地公布了我们的研究结果,也包括制取镭的工艺。另外,我们向感兴趣的人们提供了他们所需的全部信息。这对制镭工业是大有益处的,他们可以在法国和其他国家自由发展,向科学家和医生供应所需产品。迄今为止,制镭工业所用的提取方法,仍然是我们提供的,几乎没有做出什么修改。
>
> 作为纪念品,"布法罗自然科学学会"赠送我一本美国制镭工业发展的出版物,里面附有皮埃尔·居里在一九〇二年到一九〇三年间完整回答美国工程师问题的回信复印件。

那个星期日,他们在短暂交谈之后仅仅一刻钟,皮埃尔和玛丽便骑上自己心爱的自行车,穿过让提利的大门,快速蹬着车子,驶向克拉玛特的树林。

他们在贫穷和富有之间做出了最终选择。那天晚上,他们回到家的时候疲惫不堪,怀中抱着从田野中采摘的两束野花。

第十六章 大敌

我们还记得日内瓦大学发来的信函。虽然瑞士最先向居里夫妇提供最适合他们才干的职位,但最先授予他们若干荣誉的国家却是英国。

在法国,他们获颁过几种科学奖:皮埃尔一八九五年获得普朗特奖,一九〇一年获得拉卡兹奖。玛丽三次获得盖格纳奖。但是,在一九〇三年六月英国皇家协会正式要求皮埃尔·居里就镭元素做讲座前,他们还没有得到过显赫的声望。皮埃尔应邀偕夫人前往伦敦参加了这次正式会议。

欢迎他们的是一张熟悉的面孔:友好慈祥的凯尔文勋爵。杰出的老人为这对年轻夫妇的成功引以为荣,像对待自己的成就一样,对他们的研究成果感到自豪。他带他们参观他的实验室,一路走去时,像父亲般搂住皮埃尔的肩膀。他带着真挚的喜悦指着他的合作者原来从巴黎赠给他的礼物:那是一位物理学家的真正礼物,是密封在一个玻璃试管中的一丁点珍贵的镭。

举行讲座的那天晚上,凯尔文勋爵坐在玛丽身旁。她是第一位走进皇家学院的女性。在拥挤的大厅里,英国科学界的人全都来了,其中有威廉·克鲁克斯、雷利勋爵、埃夫伯里勋爵、弗雷德里克·布拉姆威尔爵士、奥利佛·洛奇爵士、迪瓦尔教授、雷·兰克斯特教授、艾尔顿教授、汤普森教授、阿姆斯特朗教授……皮埃尔操着法语,以自己低沉的声音描绘镭的特性。接着他请人灭灯,开始动手做几项惊人的实验:他利用镭的魔力,使一定距离外的一张金箔验电器产生读数,让一个硫化锌屏发出磷光,使一块包在黑纸中的照相底板感光,还证明这种奇妙的物质能自然产生热量。

这一晚激起的热情第二天早上产生了轰动。整个伦敦都想见见镭的"父母。"居里教授和居里夫人受到邀请,请他们出席许多晚宴和宴会。

在这些盛大招待会上,他们听着人们向他们致祝酒词,以简短的话表示感谢。皮埃尔身上穿的是在理化自然科学学部讲课时那身燕尾礼服,衣服都磨得有些发亮了。尽管他极力表现出礼貌,但人们仍然不免觉得他有些心不在焉,仿佛难以理解人们这是在恭维他。玛丽觉得不安,因为有成千上万双眼睛在盯着看她——仿佛她是只稀有动物。女物理学家。真是桩稀罕事!

她身穿黑色服装,领口开得很小。一双让酸液腐蚀的手上连结婚戒指都没戴。在她身旁,许多裸露的脖子上挂着这个帝国最光彩夺目的精致钻石。玛丽望着这些珠宝饰物,心里感到真诚的喜悦。她还不无惊讶地注意到,一向对世俗之物漠不关心的丈夫,这时也盯着看那些项链和珠宝镶嵌的领饰。

那天晚上,她更衣时对皮埃尔说:"真没想到,世界上竟然有这么漂亮的珠宝,真是太漂亮了!"

物理学家笑了。

"你知道吗?晚餐过程中我脑子闲得发慌,就玩了个游戏:我计算着用每个在场女人脖子上的宝石可以换多少个实验室。到了该讲话的时候,我算出的实验楼数目多得惊人。"

几天后,居里夫妇返回他们的棚屋实验室。他们与伦敦的科学家结成牢固的友谊关系,计划搞几项合作研究:皮埃尔不久要与他的英国同行迪瓦尔教授共同发表一篇论文,内容是对镭的溴化物产生的气体所作的研究。

盎格鲁—撒克逊人忠于他们所崇拜的人。一九〇三年十一月,他们致函皮埃尔·居里和玛丽·居里,通知他们说,伦敦的皇家协会为了表示对他们的敬意,希望向他们颁授该协会最高奖:戴维奖章。

玛丽当时有病,便让丈夫单独去参加仪式。皮埃尔从英国带回一枚沉甸甸的金质奖章,上面刻着两人的名字。他在凯勒曼大道的住房里寻找一个安置这枚奖章的地方,可他实在太笨拙,竟然给弄丢了,好在后来又找到了。最后,他灵机一动把这劳什子给了女儿艾莱娜。孩子六年来从来没这么高兴过。

遇上朋友来访,这位科学家便让他们看她独自玩耍这件新玩具。

"艾莱娜特别喜欢这枚新硬币!"他便做出这句结论。

两次荣耀显赫的短暂旅行,一枚供小女孩玩耍的金质奖章:这不过是一个交响乐的序曲,逐渐磨进的最强音很快就要奏响了。

这一次,乐团指挥发出的演奏信号来自瑞典。

斯德哥尔摩科学院在一九〇三年十二月十日举行的"庄严大会"上正式宣布,当年的诺贝尔物理学奖金一半颁授给亨利·贝克莱尔,另一半颁授给居里先生和居里夫人,以奖励他们在放射性方面的诸项发现。

皮埃尔和玛丽由于过度劳累,身体状况不佳,不敢贸然在隆冬季节长途旅行。居里夫妇没有出面领奖,法国公使代表他们,从瑞典国王手中接过颁授的获奖证书和金质奖章。

一九〇三年十一月十四日,奥里维留斯教授写信给居里先生和居里夫人:

> 居里先生、居里夫人:
>
> 我已经荣幸地通过电报向你们通报,瑞典科学院在十一月十二日的会议中,决定将本年度诺贝尔物理学奖金的一半授予你们,作为对你们在研究贝克莱尔射线方面共同做出卓越成就的嘉奖。
>
> 受命颁发各奖项的机构,要在十二月十日的全体正式大会上宣布各项决定,在这之前,这些决定必须严格保密,届时要颁发获奖证书和金质奖章。
>
> 我谨代表科学院邀请你们参加这次大会,亲自接受颁奖。
>
> 根据诺贝尔基金委员会章程第九条,要求你们在这次大会后六个月之内,在斯德哥尔摩公开发表一次演讲,内容是你们获奖的研究内容。如能按规定时间前来斯德哥尔摩,当然最好在大会后几天内履行这项义务。希望这些安排对你们合适。
>
> 科学院盼望你们光临斯德哥尔摩,并请先生和夫人接受我最崇高的敬意。

一九〇三年十一月十九日,皮埃尔·居里致函奥里维留斯教授:

书记先生:

斯德哥尔摩科学院将本年度诺贝尔物理学奖金的一半授予我们,我们感到极为荣幸,深表谢忱。敬请转达我们的感激和真挚的谢意。

然而我们难以在十二月十日前往瑞典参加颁奖仪式。

我们两人都在学校任教,此时离开,必然严重影响教学工作,且停留时间将极其短暂,几乎没有时间结识瑞典科学家。

另外,居里夫人今年夏天身体欠佳,此时尚未康复。

我希望请求您准许我们推迟行期及讲演日期。我们可以在复活节前往斯德哥尔摩,如能允许在六月中旬前往则更佳。

秘书先生,请接受我们的敬意。

引述过这些客套的公文之后,我们还应该引用另一封信的内容,这封信出人意料,而且令人惊讶。信是玛丽用波兰文写给她哥哥的。写信日期值得注意:一九〇三年十二月十一日,这是斯德哥尔摩公开宣布获奖后的那一天,是个光荣的日子!在这一时刻,玛丽应该为自己的胜利陶醉才对。她的探索历程的确非同凡响,妇女在艰难的科学王国获取名望,此事尚属空前。她不但是第一人,而且当时也是世界上唯一享受此盛誉的女科学家。

一九〇三年十二月十一日,玛丽亚·居里在写给约瑟夫·斯科洛多斯基的信中说:

亲爱的约瑟夫:

深深感谢你们二位写来的信。别忘了代我向玛妮西娅(约瑟夫的女儿)表示感谢,她的短信写得真好,让我极为喜悦。我一抽出空来,就给她写回信。

十一月初,我得了流行性感冒,时间不算长,可现在仍然有点咳嗽。我去看了朗德利约大夫,他检查了我的肺,没发现毛病。他说我贫血,可我自我感觉身体很结实,现在比秋天做的工作还多,并不觉得太疲惫。

我丈夫去了一趟伦敦,接受颁给我们的戴维奖章。我身体疲惫,没跟他一道去。

我们得到了一半诺贝尔奖金。我不知道确切数目是多少,相信大约是七万法郎。这对我们是笔巨款。我还不知道什么时候能拿到钱,也许要等到我们去斯德哥尔摩的时候吧。我们还得在十二月十日后六个月内,去那里履行演讲义务。

我们没去参加颁奖仪式,因为安排旅行太复杂了。我身体也不够好,承受不住长途旅行(一连坐四十八小时火车,要是中途停车,恐怕时间更长),尤其忍受不了在严寒的冬季去那个寒冷的国家。要是去了,也只能停留三四天,而且会长时间打乱课程。

来函、摄影师和记者,这些都快把我们淹没了。真想挖个地洞藏起来求得一点平静。我们收到来自美国的邀请,要我们就自己的研究作系列讲座。他们问我们希望得到多少报酬。不论他们出的条件如何,我们都打算拒绝。我们费了很大工夫才逃脱人们想为我们举行的一场场宴会。人们见我们拒绝时态度坚决,才知道真的没办法了。

我的艾莱娜很好。她去一所很小的学校上学,离家挺远。在巴黎难得找到对小孩子适宜的好学校。

亲切亲吻你们,请不要把我忘了。

"我们得到了一半诺贝尔奖金……我还不知道什么时候能拿到钱。"

一个不久前自愿放弃财富的人写出这种话,显然意义非同寻常。如雷鸣般响亮的名声、报界和公众的敬意、众多正式的邀请、从美国架起的金桥,玛丽提起这些却像在诉苦。诺贝尔奖忽然间使皮埃尔·居里和她本人成为名人,可在她眼里,这个大奖仅仅意味着七万金法郎。由于这是瑞典同行对两位科学家研究工作的褒扬,因此,接受这笔钱并不"违反科学精神。"这笔钱既可以把皮埃尔从繁重的教学工作中拯救出来,也对他的健康有益!

一九〇四年一月二日,这张带给他们幸福的支票交给了银行在戈贝林路的支行,夫妇俩微薄的一点点存款就在这家银行里。皮埃尔终于可以辞去物理学校的教书苦差事,他以前的一位学生保罗·兰格文可以接替他。居里夫妇自己花钱雇了一位实验室助手。这么做比等待大学保证提供却始终不来的合作者快得多,也简单得多。玛丽以借款名义寄给德卢斯基夫妇两万奥地利克朗,帮助他们开创疗养院。这笔小小的财富不久又有所膨胀。玛丽·居里和埃都亚·布朗利分享了五万法郎的奥斯利奖金。他们把自己的钱平分成两部分,一半买了法国公债,另一半买了华沙市债券。

在那本黑色账簿里,还能发现几笔其他奢侈开销的记载。其中有给皮埃尔的哥哥和玛丽的姐姐们的赠款和借款,尽管他们十分慷慨,但受赠者却极力谦让,最后仅仅支出不大的数目。另外还有捐给科学团体的款项。

在赠款项下有:波兰的学生、玛丽一位童年时的朋友、实验室助理们、赛弗尔学校一位生活困难的女生……玛丽回忆起一个贫穷女人的名字:德·圣—奥宾小姐,现在成了科兹罗夫斯卡夫人,这位夫人非常善良,以前教过她法文。她出生在法国迪耶普,后来定居波兰与当地人结了婚。她最大的心愿就是能回到出生地看看。玛丽写信给她,邀请她来法国,在家里接待她,还为她支付了从华沙到迪耶普的旅费。那位善良的夫人一说起这桩没料想到的巨大快乐,就泪流满面。

玛丽的善意施与既明智又恰到好处,丝毫也不张扬。她不会一时心血来潮慷慨到不量入为出的地步。她打定了主意,要在有生之年帮助那些需要她帮助的人。她要量力而行,以便使提供的帮助能够持久。

她也没忘记自己。她在凯勒曼大道那所房子里装了个"现代"浴室,给一间需要修整的小屋子重新贴了壁纸。可她从来没想过为了庆祝获得诺贝尔奖,该为自己买顶新帽子。另外,她坚持要皮埃尔辞去在物理学校的教师职务,可她自己却继续在赛弗尔学校教书。她热爱自己的学生,觉得身体还好,可以胜任继续教课,毕竟这能保证让她得到薪水。

人们也许觉得,在名望向两位科学家敞开胸怀的时候,笔者却喋喋不休,细细描述他们的开销,这念头未免太怪了!也许我还应该描述一下大批人群和好奇的各国记者,这些人把居里家的房子团团围住,也围住拉赫芒德路上那间小棚屋看热闹。我也许还应该数数堆满那张大工作台的电报和千百篇报纸文章,还该说说有两位物理学家摆出姿势供人拍照的情况。

可我不愿叙述这种事。我知道,从这时开始,这种喧闹给我父母带来的只有不快。我们不该借助这种方面的证据寻找他们的满足感,而应该从别处寻找。瑞典科学院的成员们重视他们的发现,这让皮埃尔和玛丽很高兴。从成堆的祝贺函件中,他们很高兴找到自己崇拜的人热情洋溢的贺词。亲属们的喜悦让他们感动。他们欢迎那七万法郎奖金,因为这减轻了捉襟见肘的贫穷生活的压力。至于其他事情,许多人可以为这类"其他事情"卖力气,而且往往为此干出不屑的事情来,可他们却觉得是一种痛苦和折磨。

他们与同情他们的公众永远无法相互理解,因此无法融合。在一九〇三年,居里夫妇度过的也许是生活中最可悲的时期。他们正当年富力强,天才加经验,可最大限度发挥自己的才干。他们已经在一个漏雨的棚屋里成功发现了镭,这种元素让世界感到惊奇。但是,他们的使命并未完成,他们的头脑里还有探索其他未知财富的可能性。他们想要工作,他们也必须工作。

荣誉不注重将来,皮埃尔和玛丽却要为将来努力。但是,荣誉降临到两位天才的头上,尽全力掣肘,试图阻止他们的发展。诺贝尔奖颁授给了这对从事科学研究的夫妇,消息公布后,千百万人都把注意力集中在这对夫妇身上,其中有男人有女人,有哲学家有工人,有教授有商人,也有上流社会的人士。这千百万人将自己的善意赠给居里夫妇,但是却要换取巨大的回报!两位科学家已经提前向他们赠送过自己的发明,那是一种能帮助人类对付可怕疾病的手段,是一种知识产权的资本,然而他们对此并不感到满足。尽管对放射性的研究还处于萌芽状态,可他们已经把它归入已经大获全胜的类别,不是帮助其发展,而是忙着体会其诞生时的种种特殊细节。他们想要打探这对惊人夫妇的隐私,因为这对夫妇的双料天才、公开的生活和彻底的忘我精神已经创造出一个传奇故事。人们带着敬仰的热情打乱了夫妇俩的生活,他们既是大众心中的偶像,也成了他们的牺牲品,人们夺走了他们唯一希望拥有的财富:思索和宁静。

这一时期的报纸上,往往登载皮埃尔或玛丽亚的照片,文字把玛丽形容为一个"金发年轻女子,身材苗条,容貌高贵",或者"迷人的母亲,既有细腻而敏锐的感觉,又有对深奥事物的好奇精神"。报纸上还登载其他照片,有他们"可爱的小女儿",也有蜷缩在餐厅火炉旁的猫儿迪迪。照片旁边还有生动的文字,或描写这套小房子,或描写那间实验室,这两个地方虽然清贫却是吸引两位物理学家独自生活和工作的场所。在报纸上的描述中,凯勒曼大道上的这所房子成了"圣贤之宅",被描绘成"远离巴黎尘嚣,在偏僻寂静地区的一所漂亮房子,在城堡的庇荫下,包容着两位伟大科学家亲密的幸福生活"。

那间棚屋也出了名:

在伟人祠①后面,有条狭窄黑暗的荒凉小径,如情节生动的旧小说插图上的街道,这就是拉赫芒德路。崎岖不平的人行道旁边,从肮脏破败的房屋之间,能看到一片简陋可怜的木棚屋板壁,这便是位于市立理化学校的那间实验室。

我穿过一个院子,那里的墙壁经历过世代风雨的严酷侵蚀。接着我踏进一个回荡着脚步声的孤寂拱门,进入一个潮湿的死胡同。胡同一角有棵半死不活的树,扭曲着挣扎在木板壁之间。这里矗立着几座狭长低矮的小木屋。透过窗玻璃,只见屋里有一个个稳定的小火苗发出的光亮,还能看到各式各样玻璃器皿。没有声音,四周一片阴郁的寂静,就连城市的喧嚣也不能深入此地。

我随意敲了一扇门,推门走进一间实验室,里面的设备简陋得令人吃惊。没有地板,只有凹凸不平的生土地面,石灰墙壁破败不堪,天花板木条震颤,尘埃蒙蔽的窗户只能射进微弱的光线。一个俯身在复杂仪器上操作的年轻人抬起头说:"居里先生在那边。"说完便接着埋头工作。几分钟过去了。屋里很冷。一个水龙头滴答滴答响着,两三个煤气炉子在燃烧。

终于有个人走了进来,这人高挑个头,身材瘦削,清癯的面孔

---

① 伟人祠:法国人在巴黎供奉民族伟人的建筑物。

上花白胡子十分蓬乱,头上戴了顶不成形状的小软帽。这便是居里先生。

(作者:保罗·阿克,《巴黎回声报》)

名声是一面令人惊异的镜子,有时忠实,有时却像游乐园的哈哈镜一样失真,专门捕捉住最无关紧要的姿势,夸张成漫画映像,投射出去成为千百幅特定的画面。居里夫妇的生活成了时髦的"酒店歌舞表演"题材。报纸刚刚报道出,居里先生和居里夫妇意外丢失了部分镭盐,蒙特玛特剧院便立刻上演了一出讽刺活报剧。剧中,他们把自己反锁在棚屋里,不允许任何人入内,自己亲自清扫地板,以滑稽的动作搜索舞台上的每一个角落,寻找丢失的材料。

关于这个事件,玛丽在写给约瑟夫·斯科洛多斯基的信中是这样说的:

最近,我们遇到一桩极大的不幸:在一次精密的操作过程中,我们失去了很大一部分镭的存量。我们至今仍然无法明白这次灾难的原因。为此,我被迫推迟了镭原子量的研究工作,按照原计划,这项工作本来该在复活节前开始的。我们俩都感到惊惶失措。

在一九〇三年十二月二十三日的另一封信中,谈到她唯一关心的镭,她对约瑟夫·斯科洛多斯基写道:

这种不幸的材料,我们有可能成功制取出更多的数量。为此,我们需要矿石和金钱。我们如今有了钱,但是,迄今为止尚无法弄到矿石。他们并没有让我们失去希望,他们不愿卖给我们矿石,也许到头来还是有办法得到的。这样还能继续制取。但是,你知道从几吨矿石中提取这一丁点镭要耗费多少时间,付出多少耐心和金钱啊!

这便是玛丽在获得诺贝尔奖后第十三天遇到的焦心事。在这十三天中,整个世界却在搞着一项发现:居里夫妇。一对"伟大的夫妇"!但是,皮埃尔和玛丽并不具有他们所说的特征。

一九〇四年一月二十二日,皮埃尔·居里写信给乔治·古伊说:

我亲爱的朋友:

我很久以前就想给你写信,请原谅我未能早写,这都是由于我们目前过的这种愚蠢生活。

你已经看到这种突然兴起的镭热潮了。我们体验到了出名时刻的种种好处。来自世界每一个角落的新闻记者和摄影师追随我们,甚至在报纸上复述我女儿与保姆的谈话,描写我家里那只黑白小花猫。我们收到许多信函,接受各种怪人的采访,与众多没有出名的发明家见面……还有大量索取钱财的要求。最后,还有收藏亲笔签名的人、赶时髦的人、上流社会的人,有时甚至还有科学家,他们都到拉赫芒德路上你了解的那间显赫房子里看我们。结果,实验室片刻不得安宁。到了晚上,还要写许多封信发出去。照这样,我觉得自己彻底变成个傻瓜了……

居里夫妇承受住了贫穷、过度劳累,甚至毫无怨言地承受了人们的不公平对待。如今,他们第一次无法忍受这种奇怪的神经紧张了。他们享受的荣誉越多,心里的紧张也越强烈。

一九〇二年三月二十日,皮埃尔·居里在写给乔治·古伊的信中说:

……你能看出,此刻我们走运了,但是好运总是伴随着无限的烦恼。我们从来没有体验过这样的不平静。有些日子里,我们连喘口气的工夫都没有。我们简直梦想着过野人的生活,远远离开人类!

皮埃尔·居里写给查尔斯·埃都亚·纪尧姆的信中说:

……人们不断要求我们写各种文章做许多讲演,再过几年,向我们提这种要求的人会觉得奇怪,怎么我们什么工作也没做……

一九〇四年一月十五日,皮埃尔·居里写给查尔斯·埃都亚·纪尧姆的信中说:

我亲爱的朋友:

我的演讲在二月十八日举行。报纸上的消息不准确。由于这则错误消息,我收到二百封信,要求提供入场券,我实在无法一一回复。

关于弗拉玛利翁的演讲,我绝对无法克服自己的懒惰。我渴望在一个禁止演讲、迫害新闻记者的安静地方过平静的日子。

一九〇四年二月十四日,玛丽·居里写信给约瑟夫·斯科洛多斯基说:

……嘈杂喧嚣没完没了。人们竭尽全力妨碍我们工作。现在我决心鼓起勇气,拒绝客人来访——但是人们照样要打扰我。我们的生活让荣誉和名声彻底毁掉了。

一九〇四年三月十九日,玛丽·居里写信给约瑟夫·斯科洛多斯基说:

亲爱的约瑟夫:

最诚挚地祝你生日快乐。祝愿你身体健康,全家人生活美满。我还要祝愿你们永远别像我们这样被信函掩埋在下面,也不要像我们这样成为攻击的对象。

我后悔把收到的信都扔掉了。其实这些信是有意义的。其中有歌颂镭的十四行诗和其他诗歌,有各种发明者写来的信,有热情的人们写来的信,还有许多信富有哲理。昨天,一个美国人来信询问,是否允许他使用我的名字为一匹赛马命名。自然还有成百上千的人要求签名,要求赠送照片。我很少回复这种信,不过读这类信浪费了不少时间。

一九〇四年春天,玛丽·居里在写给表姐亨利埃塔的信中说:

我们平静的生活和辛勤的劳作完全乱了套。我不知道将来能否恢复平静。

以上引用的信件中表示的愤怒、悲观甚至可以说是痛苦,并非子虚乌有,两位科学家的内心中失去了平静。

后来,玛丽写道:

我们长期透支体力,工作的物质条件太差,导致身体疲惫不堪,出名了更受到人们不间断的打扰。我们心甘情愿的孤独生活被粉碎,这让我们感到真正的痛苦,完全是一场灾难。

作为补偿,荣誉也本该为居里夫妇带来某些利益,例如:职位、实验室、合作者和久已盼望的贷款。但这些好处什么时候才会到来呢?他们焦急的等待一直得不到结果……

我们接触到皮埃尔和玛丽感到痛苦的一个根本原因了。法国是最后才认识到他们价值的国家,直到他们获得戴维奖章和诺贝尔奖后,巴黎大学才终于为皮埃尔·居里创造了一个物理学教授职位。这一点让这对夫妇感到悲哀。来自外国的奖励使他们在成功做出重大发现时的孤苦状况更显突出,这种状况看来不可能很快得到改变。

皮埃尔想到过去四年中申请无果的几个职位,只有理化学校在有限的力量范围内给了他鼓励和支持,于是决定仅仅对这一所学校公开表示自己的敬意。他在巴黎大学对众多听众做的一次演讲中,提到那间旧棚屋的简陋情况和在里面创造的奇迹,他说道:

我愿意在这里指出，我们的所有研究都是在巴黎市立理化学校进行的。

在取得各种科学研究成果的过程中，环境影响极其重要，部分研究成果就是在环境影响下取得的。我在这所物理学校工作二十余年，第一任校长舒尔曾伯格是一位杰出的科学家。记得当时我还仅仅是个实验室助手，而他为我提供了研究工作所需的条件，并允许居里夫人来我身边工作，这在当时是一种创新，我对此深表感谢。现任校长劳思先生和加利埃先生对我保持了同样的善意。

这所学校的师生构成了一个友好而高效的教学圈子，对我有极大的益处。我们研究中得到的友情与合作均来自这个教学圈子。我能在这里向他们致谢感到十分高兴。

居里夫妇厌恶名望，这除了他们对工作的热情和对浪费时间的恐惧外，还有其他原因。

皮埃尔有超然物外的天性，他本着自己一向坚持的原则，抵抗声望对他的冲击。他憎恨等级划分，觉得班级里学生论成绩排名次十分荒谬，也认为给成人颁授奖章就像给学生颁奖一样纯属多余。他拒绝接受荣誉勋章，他在科学领域中也坚持同样的态度。他缺乏竞争精神，在"发现竞赛"中，同行胜出从来不会让他感到难过。他往往会说："要是别人发表了某种研究成果，而我没有发表，那又有什么关系？"

这种近乎超人的漠然态度对玛丽产生了深深的影响。不过，她逃避别人赞美并不是为了效仿丈夫，也不是为了服从他。对抗荣誉不是她的原则，而是她的本能。在无数好奇的眼神瞪视下，她便会感到难以抑制的胆怯，一种痛苦的感觉让她不知所措，甚至能让她感到头晕目眩，身体不适。

另外，她的生活太忙碌，要承担各种义务，不容她浪费一丝一毫的精力。居里夫人要同时挑起几副重担，她要工作，要管理家，既要当好妈妈，又要教好学生。她在自己的生活道路上就像演杂技踩钢丝，只要再增加一种额外的"角色"，她的平衡就会打破，就要从钢丝绳上掉下去。玛丽已经是集妻子、母亲、科学家、教师为一身,再也抽不出一秒钟来扮演名人角色了。

皮埃尔和玛丽尽管有各自不同的原因,但殊途同归,都拒绝荣誉。人们也许认为,共同完成一项伟大工作的人,接受荣誉的方式也许不同。皮埃尔也许出于冷漠,玛丽也许出于虚荣……其实根本不是这种情况。这两个人的灵魂像他们的头脑一样,具有同等品行。这对夫妇历经磨难,也成功熬过这次磨难,逃出荣誉的劫难后仍然保持着团结。

我不得不承认,我热心寻找违反规律的例证,心里也感到残酷。我当然希望,母亲取得科学上的非凡成功与声望也该有片刻的幸福感觉。这种独特的探索竟然让女英雄时时遭受苦难,让我觉得太不公平。我多希望在一封信的结尾或一次私下交谈中,找到一丁点自私而骄傲的痕迹,或发现一声胜利后的感喟。

这是个幼稚的希望。尽管玛丽让人捧成了"著名的居里夫人",但她只有在实验室的静谧中,或者在家庭的亲密气氛中,才会感到幸福。她一天比一天更谦卑收敛,更加不引人注意,为的是避开那些硬要把她拉去抛头露面的人,避免成为"明星",要是成了那种人,她自己也会认不出自己了。在许多年里,遇到有陌生人凑近询问:"你是居里夫人吗?"她便会克制住心头的微微惊悸,用平淡的声音回答道:"不是,你弄错了。"

在崇拜者面前,或者在当时的权贵面前时,尽管这些人把她奉若君主,但她会像丈夫那样,仅仅露出惊讶和疲惫的神色。她会设法掩饰自己的厌倦,但仍然会露出厌烦神情。如果人们喋喋不休谈论她的发现和她的天才,她便会感到无法忍受的厌倦。

关于居里夫妇的千百桩轶事中,有一件十分典型,可代表他们对皮埃尔叫做"宠幸"的反应。一天,这对夫妇应卢贝总统之邀,去爱丽舍宫赴晚宴。席间,一位夫人走近玛丽问道:

"我可以引你去觐见希腊国王吗?"

玛丽的回答嗓音温和,口吻天真而礼貌,不过说的是真心话:

"我看不出这有什么用处。"

她注意到这位夫人惊呆了。接着,她自己也吓坏了,因为刚才她没认出这是谁,可她是卢贝夫人。她脸红了,连忙改口:

"不过……不过……当然啦,既然您要求,我当然遵命。我遵命。"

居里夫妇从来喜欢"像野人一样生活",如今,他们寻求离群索居有了另一个理由:逃避好奇的人们。他们光顾偏僻乡村比以前更加频繁,在乡下客栈过夜时就用假名字登记。

但是,他们最好的伪装还是自己的本来面目。想象一下这幅画面吧:一个穿着随便的高个头男子,笨手笨脚地推着自行车,走在布列塔尼一条杳无人迹的路上,陪在他身旁的那位年轻女子穿戴像个村姑,谁会想到他们竟是诺贝尔奖获得者呢?

就连目光最敏锐的内行也难以认出他们。一次,一个美国记者巧妙跟踪两位物理学家,发现他们在普尔度,便在他们住宿的一间渔家茅舍前停下脚步,不知该上哪儿寻找了。他的报社打发他来采访著名科学家居里夫人,可她上哪儿去了?他得找人打听打听……门口石台阶上坐着个赤足女人,正从拖鞋里往外抖沙子。就向这个女人问问吧。

女人抬起头,一双灰色眼睛看着这个不速之客……记者突然认出,这就是报纸上登过千百幅照片的那张面孔。就是她!记者惊愕片刻,连忙坐在她身旁,掏出记事本。

眼看没路可逃了,她只好无可奈何用短句子回答采访者的问题。是的。皮埃尔·居里和她一道发现了镭。是的。他们还在继续研究……

回答的同时,她挥动拖鞋,在石台阶上磕打,把里面的沙子彻底抖干净,然后把鞋子穿上,一双纤足已经让石头和荆棘划伤了。这真是一位记者最不能错过的机会!他有幸亲眼看到她"私生活"中的一幕……这位机敏的记者连忙抓住这个机会,提出几个非同寻常的问题,想要玛丽说出心里话,谈谈她的年轻时期、工作方法或妇女献身研究的心理……

然而,这张惊讶的面孔此刻已经转开了。作为这次谈话的结束语,她只简单对他说了一句话,这句话她常常挂在嘴上,就像一句箴言,可这句话比一本书更能彰显她的性格,更能描绘出她的生活,也更能归纳出她从事的事业:

"科学上我们应该注意事而不注意人。"

第十七章 日常生活

居里已经成了个"显赫的姓氏"。这对夫妇的钱比以前多,幸福时光却比以前少了。

玛丽深感昔日的热情和欢乐已不复存在。她并不像皮埃尔那样深深沉浸在科学思索中,每天发生的事情渐渐磨蚀着她的感觉和神经,使她的反应变得迟钝。

庆祝他们发现镭而获诺贝尔奖的喧闹中,她尽管烦躁,却一刻也没有忘记皮埃尔的疾病,忧虑给她的生活带来的不幸。

一九○五年一月三十一日,皮埃尔·居里在写给乔治·古伊的信中说:

> 我的风湿病目前没有发作,不过去年夏天来势凶猛,结果我不得不放弃瑞典之行。你也知道,我们无奈违背了瑞典科学院的规定。说实话,我不得不设法避免劳累,这才能勉强维持。我妻子的情况跟我也没有两样。现在我们不能指望像以前那样没日没夜干活了。

一九○五年七月二十四日,皮埃尔·居里写信给乔治·古伊说:

> ……我们的生活还是老样子,庸庸碌碌无所作为。我已经有整整一年没法做正经事了。我的时间没有一刻归自己支配。显

然,我还没找到不浪费时间的办法,可我必须找到。从搞学问的角度看,这是个生死攸关的大事。

我的病痛显然不是真正的风湿病,倒像是一种神经衰弱。最近我开始注意饮食,还服用士的宁,病情有所好转。

一九○五年九月十九日,皮埃尔·居里写信给乔治·古伊说:

……上次对你说我的病情有好转,结果我错了。后来又发作了几次,而且稍有疲劳就发病。照我现在的体质,真不知道还能不能继续在实验室真正干工作了。

如今,夫妇俩根本不可能像往日那样休假,再也不能像两个学生似的驱车乡间,对什么也不管不顾。玛丽在巴黎附近名叫切维霍斯的山谷里租了所乡间的小房子,在那里照顾自己的丈夫和女儿。

玛丽从切维霍斯的圣雷米村写信给让·佩林夫人说:

……艾莱娜的百日咳很顽固,我非常着急。已经在乡下住了三个月,可她又开始咳嗽了。我丈夫身体疲惫得厉害,走都不能走,我们就待在屋里研究物理学和数学方面的记录。

艾莱娜有了一辆小自行车,骑得相当老练。她骑车的时候身穿男孩子的服装,看上去挺逗人。

皮埃尔疾病缠身,总是为时间流逝感到沉重的心理压力。难道这个年轻人害怕的死亡不久便会到来吗?他似乎在与一个看不见的敌人赛跑,决不放慢脚步。他不断地与妻子念叨,结果把自己的不安传染给了玛丽。按照他的标准,他们的研究速度实在太慢了,他们必须加快研究节奏,点滴时间都要充分利用起来,多在实验室干活才对。

玛丽就迫使自己更加努力,结果超过了神经忍受的限度。

她的命运更加严酷。从她还是个脑袋里只想着跳舞的十六岁波兰姑娘起,从乡下回到华沙谋生后二十年来,她就从来没有停止过艰苦工作。

她的青年时代是在冰冷的阁楼里孤零零度过的,陪伴她的只有物理学书籍;后来终于恋爱了,然而恋爱也与工作密不可分。

玛丽把热爱科学和热爱一个男人融合成不可分割的激情,让自己过着一种不安分的生活。皮埃尔对科学、对爱情的炽热程度与她相同,两人的理想也完全一致。然而,皮埃尔昔日曾享受过懒散时光,体验过热情洋溢的青春时代,有过澎湃的激情。玛丽从少女变成一个女人,整个过程中没有一时一刻撇开自己的工作任务,有时候,她真想体验一下淳朴生活中的魅力。她是个真正意义上的贤妻良母,梦想着短时间享受一下无忧无虑的甜美生活。

皮埃尔为此感到吃惊,甚至感到震惊。他终于找到一个天才做伴侣,从而觉得无比幸福,便希望她能像他自己一样,彻底献身于"思想的追求"。

她服从着他,从来没有动过其他念头。但是,她身心极度疲惫,渐渐丧失信心,责备自己脑力不济,责备自己"愚蠢"。真实情况非常简单:这个三十六岁的女人长期当牛作马劳役过度,如今应拥有自己的权利了。她需要暂时中止"居里夫人"的身份,把镭撇在脑后,除了吃饭睡觉,什么都不思索。

然而,这是不可能的。一九〇四年是个让他们精疲力竭的一年。玛丽的精力消耗得更多,因为这一年她怀孕了。她要求得到的照顾,仅仅是请赛弗尔学校准她几天假。到了晚上,她在皮埃尔的搀扶下拖着沉重的身体离开实验室回家,觉得身心疲惫至极。有时候,为了纪念在华沙的日子,她会买一点鱼子酱。这是她无法抵御的强烈嗜好。

第二次分娩临近时,她的身体虚弱到了极点。她仿佛对一切都没有感觉了,她不想科学、不想生活,甚至不想即将出生的这个孩子,只有丈夫的病痛时时让她忧虑不已。布罗妮娅从波兰来照顾她分娩,见玛丽完全变了个人,成了个无奈的女人,不由大惊失色。

"我干吗要让这个生命降生到人世?"她不断地这么唠叨着,"生活太严酷、太无聊。我们不该让无辜的生命受这种折磨……"

这是一次痛苦而漫长的分娩。她终于在一九〇四年十二月六日产下一个胖乎乎的婴儿,孩子一生下头上就长着蓬松的乌黑头发。这是他们的第二个女儿,取名叫艾芙。

布罗妮娅神情镇静,头脑理智,在很大程度上驱散了玛丽的阴郁。等到她离去时,玛丽平静多了。

新生婴儿的微笑和滑稽举止让这个年轻女子重新有了生气。他们雇了个保姆照料这个孩子。见到小婴儿能让她心生怜爱。在一本灰色封皮的笔记本里,玛丽就像记录艾莱娜童年成长过程一样,一条条记录下艾芙最初学会的种种本事、何时长出牙齿等等。随着这个孩子渐渐长大,母亲的精神状态也渐渐好转了。坐月子卧床休息过后,玛丽不知不觉恢复了对生活的热爱。后来,她回到实验室仪器前,重新体会那久已忘却的喜悦心情。没过多久,她便重新在赛弗尔学校执教。

短期的彷徨过后,她恢复了坚定的步伐,返回坚实的道路上来。

家庭、实验室:一切都让她感到饶有兴致。她满怀激情地关注着祖国的动态:一九○五年,俄国爆发了革命,波兰人满怀获得解放的渴望支持反沙皇运动。

一九○五年三月二十三日,玛丽写信给约瑟夫·斯科洛多斯基说:

> 我明白,你们心怀希望,盼望这场充满痛苦的事件给我们国家带来利益。这也是布罗妮娅和卡什米尔的期望。但愿大家如愿以偿!我对此抱着永恒热烈的期望。无论如何,我都认为应该支持这场革命。所憾我不能亲自参与活动,不过我会很快寄点钱给卡什米尔,算作我的一点贡献。
>
> ……我家里没什么事。孩子们成长很正常。小艾芙睡觉时间少,要是让她单独躺在摇篮里,她睡不着就哭闹。我心肠硬不起来,就总是抱她,等她平静下来。她长相跟艾莱娜不一样。这孩子黑头发蓝眼睛,艾莱娜却是金发绿眼。
>
> 我们仍然住原来的房子,春天到了,我们开始到花园里享受春光。今天的天气就非常好,寒冷潮湿的冬天终于过去,我们都很高兴。
>
> 从二月一日起,我恢复了在赛弗尔学校教课。每天下午,我去实验室工作,一礼拜除了两个上午去赛弗尔教课外,上午我待

在家里……我要干的活计很多,照料孩子、教课、去实验室做实验,有时候真不知道怎样才能样样事情都做好。

天气晴好,皮埃尔便觉得身体结实,玛丽也精神勃勃。他们一再推迟自己的责任,现在到了必须完成的时候:去斯德哥尔摩作诺贝尔获奖讲演。这对夫妇做了一次难忘的旅行,后来成了我们家值得纪念的事件。

一九〇五年六月六日,皮埃尔·居里代表夫妇俩在斯德哥尔摩科学院作了关于镭元素的演讲。他回顾发现镭以来产生的结果。在物理学上,这一发现从根本上改变了物理学的基本原则;在化学上则引发了许多大胆的假说,试图解释放射性现象的能量来源;这一发现成为揭开地质学和气象学方面若干谜团的钥匙;最后,在生物学领域,镭作用于癌细胞的效果得到了证实。

镭丰富了人类的知识,而且找到有益的用途。但是,它是否可用在有害的方面?

皮埃尔在总结时说:

我们可以想象,镭落入罪犯手中,会具有极大的危害性。我们需要向自己提出这样的问题:了解自然的秘密对人性是否有益?要想从这种知识获益并且避免危害,人性是否足够成熟?诺贝尔的发现就是个典型范例:威力强大的炸药能帮助人类极大地提高生产力,但落入战争罪犯手中,它便成为一种可怕的破坏手段。

我与同意诺贝尔观点的人看法一致,也认为新的发现带给人类的益处多于害处。

瑞典科学家的欢迎方式让居里感到愉快。他们原来唯恐这次长途旅行会过分招摇。但是,由于安排明智,结果并没有过多引人注意。没有群众围观,出面的官方人士也很少。皮埃尔和玛丽在这个让他们着迷的国度旅行,与科学界人士交谈,最后尽兴而归。

一九〇五年七月二十四日,皮埃尔·居里写给乔治·古伊的信中说:

……我和妻子刚刚访问瑞典归来。这是一次令人非常愉快的旅行。我们感到无忧无虑,得到了一次休息。由于六月份待在斯德哥尔摩的人很少,因此可以一切从简。

瑞典湖泊海湾众多,岸边土地相对较少,冰河堆石间松林遍布,红木房子点缀其间。虽然景色颇为单一,但非常宁静漂亮。我们访问期间,当地根本没有夜晚,秋天的太阳一直挂在天边。

我们的孩子和我父亲都很好,我和妻子身体也好多了,只是稍一活动就觉得疲惫。

凯勒曼大道上那所房子有点像城堡,森严的外表让外人望而却步。皮埃尔和玛丽在这里依旧过着简朴的生活,很少与人来往。他们在家务方面操的心大为减少。一个按日雇用的女佣承担了所有粗活,另一个女佣干各种家务、做饭、把饭菜端上饭桌。她从来对两个雇主的全神贯注态度感到惊奇,希望他们夸夸她做的烤肉或土豆泥,却总是失望。

一天,这位诚实的女人再也忍不住了,站在皮埃尔面前,口吻生硬地开了口,问他刚才吃得津津有味的牛排味道怎么样。可他的回答却把她搞得莫名其妙。

"我吃牛排了?"这位科学家喃喃道。接着补充了一句,算是表示安慰:"可能你是对的。"

玛丽就是工作再忙,也要匀出点时间照顾孩子。为了工作,她只好让女佣照顾两个女儿,不过她总要过问孩子的情况,否则心里就不得安宁。她要亲自证实一下艾莱娜和艾芙睡好了没有,吃饱了没有,梳洗得怎么样,有没有感冒或生病。在这方面,即使她有些心不在焉,艾莱娜也会引起她的关注。艾莱娜是个霸道的孩子,总是想独占母亲的爱,而且怀着嫉妒心,几乎不允许妈妈照顾那个"小东西"。到了冬天,玛丽要横穿整个巴黎,去寻找大女儿喜欢吃的一种苹果和香蕉,不买回来简直不敢回家。

这对夫妇大多数夜晚都待在家里,身穿睡衣拖鞋,翻阅科学书刊,或者在笔记本上写下复杂的算式。尽管如此,他们有时也去看画展,一年里有七八次放任自己听一场两小时的音乐会或歌剧。

那个世纪之初,巴黎有几名出色的演员。遇上埃利诺·杜赛偶然出场,皮埃尔和玛丽也去观看。他们迷上了朱丽娅·巴台特和让娜·格拉尼埃朴实自然的表演以及吕西安·吉特利的气魄,对莫内·萨利的口才和萨拉·伯恩哈特的演技兴趣却比较小。

他们去看历来受到大学圈子喜爱的"先锋派"戏剧。在德·洛夫贺剧院看苏姗娜·德普雷演易卜生的戏剧,看吕尼埃·普伊演《黑暗势力》。皮埃尔和玛丽看完回家总是觉得满意,而且会一连几天心情沮丧。居里大夫跟他们打招呼的时候带着满脸讥笑。老人颇有伏尔泰[①]风格,不喜欢病态的东西,每次见他们回来,便用碧蓝的眼睛盯住他们拉长的脸,没有一次不挖苦他们:

"别忘了你们上那儿去是消遣的!"

居里夫妇对科学有着永恒的好奇心,对神秘事物也饶有兴趣。这二者加在一起,在这个时期把他们引上一条奇怪的道路。著名的通灵者尤萨皮亚·帕拉迪诺举行所谓招魂术表演,他们也去参加了几次。他们并不参与活动,只是旁观而已。他们也曾试图彻底探索"意识"这个危险领域。皮埃尔对这类表演尤其发生了浓厚的兴趣,黑暗中,他试着测量想象的物体或真实物体的"漂浮"……

他有公正的精神,这些测验让他感到不安:这些东西既没有实验室的实验那么准确,也没有那么实在。有时候,通灵者表演的结果让他们吃惊,两位科学家几乎要信服了。但是忽然间,他们发现很大的疑点,便产生疑惑。他们的最后意见是不能肯定。过了几年,玛丽彻底抛弃了对这类现象的研究。

皮埃尔和玛丽避免参加各种招待会,社交场上从来没有他们的身影。但是他们不可能永远躲避为外国科学家举行的正式晚宴或大型宴会。有时候,皮埃尔只好脱下日常穿的厚毛料衣服,穿上晚礼服,玛丽也穿起唯一的那套晚礼服。

这套不时穿一下的衣服她穿了一年又一年,有时要请个小裁缝改一下。衣服面料是黑色薄纱,边缘有褶皱装饰,里子是罗缎料子。有的地方

---

① 伏尔泰(1694—1778):法国著名启蒙思想家、哲学家、作家。

是用尚提利出产的白色花边配黑色天鹅绒，算是一种极为大胆的设计。讲究衣着的妇女会小瞧这身衣服，觉得它太可怜。可玛丽根本不懂什么是时尚，也没有审美观念。不过，谨慎和保守从来是她的性格特征，她的服装也从不惹人注目，于是便有了属于她自己的服装风格。她换下根本谈不上美观的实验室工作服，穿起这身晚礼服，把一头金发挽成发髻，然后胆怯地戴上一条细细的金项链，她看上去实在漂亮极了。她纤细的身材和引人遐想的脸庞忽然揭去面纱露出了魅力。与玛丽白皙饱满的额头和深沉的目光相比，其他女人虽然照样漂亮，但大多数都显得愚蠢粗俗。

一天晚上，他们正打算出门，皮埃尔忽然对玛丽的身段发生了罕有的兴趣，不禁仔细端详起来——她柔韧的脖颈和裸露的胳膊那么高尚，那么富有女性魅力。这个沉迷科学的人脸上忽然掠过一丝惋惜神色。

"真可惜，"他喃喃道，"你还是穿晚礼服最合适！"

他叹息一声又补充道：

"事实上，我们没时间。"

如果玛丽偶尔请几个人来家里做客，她总是设法安排得体的饭菜，把屋子布置得让客人感到愉快。她会去莫法塔德路或达莱西亚路采购，在一车车新鲜水果和蔬菜之间全神贯注地挑选，认真向乳品商询问他出售的不同奶酪质量如何。她会从卖花人的篮子里挑选几丛玫瑰、郁金香或丁香，回到家自己动手插花。干各种杂活的女佣就兴致勃勃地烹饪比平时复杂的菜肴，附近面包店的人会郑重其事地送来冰激凌。在这个只会搞研究的家庭里，最平常的聚会也能让人大大忙乱一阵。等到客人快要到来时，玛丽还要亲自检查桌子，重新安排一下家具。

居里夫妇终于有了几样家具。原来住在格拉西埃尔路时，他们不愿要家具，此时住进凯勒曼大道的房子里，他们在家里布置了几张复辟时期式样的椅子，还有几张水绿色旧丝绒垫的流线型红木沙发，其中一张沙发是小艾莱娜的床。这样一来，这间贴着淡色壁纸的起居室便有了点情趣。但是，屋子内部却雅静而平常，两个高高的书柜里赫然摆放着许多书籍，书名是诸如《物理学论文集》、《微积分学》等等。

来这里做客的有些是名人，有途径巴黎的外国同行，也有给玛丽带来家乡消息的波兰同胞。居里夫人有时候也组织儿童聚会，让她怕见生人的艾莱娜享受一点欢乐。她会动手装饰圣诞树,在树上挂花环、插彩色蜡烛,吊上金箔包裹的坚果,这些活动在女儿们心中留下了深刻的印象。

在有些场合里,这所房子比装饰着的圣诞树更加壮观。技师们会在餐厅里装上舞台用的聚光灯和一排电灯泡,晚饭后,这些灯光一齐点亮,一位舞蹈家身着飘拂的薄纱,为居里一家和他们的两三位朋友翩翩起舞,聚光灯下,这位舞蹈者时而如火焰摇曳,时而如鲜花绽放,有时又变成了女神或仙女。

这位舞蹈家名叫洛伊·弗莱,有"光明仙女"的美称。她发明的梦幻飘舞一度风靡巴黎。后来,一种奇特的友谊将她与两位物理学家联系在一起了。这位弗利斯·伯热尔剧院的明星从报纸上了解到,镭会自然发光,便产生一个念头,想要缝制一件引起轰动的舞裙,觉得磷光闪烁的裙子肯定会让观众着迷。于是她写信向居里夫妇请教。她的天真让科学家感到好笑,他们向洛伊解释说,她的所谓"镭粉蝶翅"只能是个幻想。

受到众星捧月般热烈欢迎的这位美国舞蹈家让两个科学家感到惊讶。她并没有拿出居里夫妇写的信当众炫耀,也没有邀请两位物理学家去观看她的表演。她写信给玛丽说:"为了感谢你们屈尊给我回信,我只有一个办法报偿。请允许我在某一天晚上去府上为二位献舞。"

皮埃尔与玛丽表示接受。于是,一个服装随便的女子来到他们门外,她长着蒙古人的面孔,没有化妆,眼睛蓝得像个小婴儿。她身后跟着一群携带器材的电工。夫妇俩有点不安,就去了实验室,把家留给这帮人折腾。随后的几个小时里,洛伊忙着干活。她调节照明,安排订购来的帷幕和地毯,以便将两位教授狭窄的餐厅改造成舞台,进行她迷人的表演。

就这样,一所门卫很严内部朴素的小房子,迎来了音乐厅的一位女神。洛伊有着敏锐的心灵,对玛丽·居里表现出罕见的崇拜。她一心想要付出服务,让他们快乐,却不要求回报,这本身就非常独特。后来,她还再次到凯勒曼大道上这所房子里为他们舞蹈。后来两方面相识了,皮埃尔和玛丽也去回访她。在她家里,他们遇到了奥古斯特·罗丹①,双方有了友好关系。在此后几年里,人们有时看见皮埃尔、玛丽、洛伊·弗莱和罗丹在这位

---

① 奥古斯特·罗丹(Auguste Rodin 1840—1917):法国著名雕塑家。

雕塑家工作室的黏土和大理石之间平静地闲谈。

凯勒曼大道上这所房子里从来欢迎七八位朋友：安德烈·德比尔纳、乔治·欧班、保罗·朗格文、埃美·科顿、乔治·萨尼亚、查尔斯·埃度亚·纪尧姆、让·佩林和他夫人，佩林太太是玛丽最要好的朋友。另外还有赛弗尔学校的几个学生。这些人全都是科学家！

如果是在星期日下午，遇上好天气，这群人就在花园里聚会。玛丽拿着针线活坐在树阴下，旁边放着艾芙的童车。她手里做着缝补活计，却并不影响她注意大家的交谈。要是有别的女人在场，会觉得他们之间的交谈简直比法国人听中国话还难懂。

在这种时候，他们随意交谈的内容总是镭，有镭射线中"阿尔法"、"贝塔"、"伽玛"射线等令人激动的新发现⋯⋯佩林、欧班、德比尔纳正在研究镭射线能量的来源，他们热烈地讨论着。为了对能量来源做出解释，就必须要么放弃加尔诺的原理，要么放弃能量守恒原理，或者放弃元素守恒原理。皮埃尔建议采用放射性衰变假说，但是欧班惊惶失措，不愿接受，还口吻热烈地为自己的观点做辩护。大家便询问萨尼亚的研究进展如何？玛丽关于镭的原子量实验有何结果？

镭，镭，镭！这个神奇的字眼从许多人嘴里一再说出来，十次、二十次，有时候都让玛丽感到遗憾了。命运真会捉弄人，镭的名声变得如雷贯耳，但居里夫妇最早发现的钋，如今却默默无闻，因为它是个不稳定的物质，因此引不起人们的兴趣。玛丽是个爱国者，本希望以祖国命名的钋能更加出名。

他们的神聊中有时也夹杂着几句颇有人情味的话。居里大夫与德比尔纳和朗格文谈政治，欧班善意地嘲笑玛丽，批评她衣服过于朴素，责备她蔑视女子卖弄风情的手腕。这位年轻女子没料想会听到这番说教，不由惊得目瞪口呆。让·佩林不再谈论"无限小的"原子，仰起热情的面孔对着天空，就像个瓦格纳歌剧的热衷演唱者，引吭高歌《金色莱茵河》或《名歌手》中的插曲。花园另一头，佩林夫人正在给她的孩子们讲童话故事，听讲的有她孩子阿丽娜、弗朗西斯和他们的玩伴艾莱娜。

佩林与居里两家人天天见面。他们是紧邻，两家的园子中间只隔着一道爬满蔷薇的栅栏。遇上艾莱娜有要紧事要跟朋友说悄悄话，就叫朋友到栅栏跟前来。几个孩子隔着锈渍斑驳的栅栏交换巧克力、糖果,相互说悄悄话。等他们长大了,他们也会像大人那样谈论物理学。

那些"大人们"总是雄心勃勃地制定着各种计划,皮埃尔和玛丽的计划更是特别多。居里夫妇面对着一个新的纪元。法国已经留意到他们的存在,正在考虑支持他们的努力。

必不可少的第一步是提议皮埃尔进科学院当院士。这位科学家要再次遭受挨家拜访的磨难了。支持他的人唯恐他举止与"明智的候选人"不相称,给他提出许多忠告。

一九〇五年五月二十二日,埃·玛斯卡特写信给皮埃尔·居里说:

我亲爱的居里:

……你的名字自然是排列在名单之首的,你没有劲敌,所以这次当选毫无疑问。

尽管如此,你还是有必要鼓起勇气,拜访科学院的所有院士。如果你拜访的人不在家,你要留下一张名片,把一个角折起来。下星期开始就做这件事,差不多两个星期就做完了。

一九〇五年五月二十五日,埃·玛斯卡特写信给皮埃尔·居里说:

我亲爱的居里:

怎么安排完全随你的意思,不过,在六月二十日前你必须再做一次牺牲,对科学院院士做最后一轮拜访。即使不得不租辆汽车来回跑,也要做这件事。

你对我提到的种种理由在原则上是很好的,不过人们对实际上的紧急要求也应该做出一些让步。你也必须考虑到,有了院士头衔,为别人提供服务将更加方便。

一九〇五年七月三日,皮埃尔·居里成为科学院院士,不过他的当选十分勉强!有二十二位科学家投票支持他的对手热内先生,这些不公正的科学家显然害怕他得到与他们相当的地位。

一九〇五年七月二十四日,皮埃尔·居里写信给乔治·古伊说:

……我如今成了科学院院士,可我并不愿意进科学院,他们也不愿让我进去。我对科学院的人物只拜访过一轮,遇上人不在家,我就留下名片,人人都对我说,我会得到五十票赞成。可这大概正是我几乎没进去的原因!

……有什么用处呢?在那个科学院里,不耍阴谋诡计什么事也休想做成。除了紧紧抱成团伙的一帮人之外,我还有一个问题,那就是没有得到行政人员的足够同情,另外还有些人觉得我拜访次数不够。斯先生问我,哪些院士会投我的票,我对他说我不知道,因为并没有问他们。他说:"就是这个问题,你不肯屈尊下问!"于是,就有谣言说,我骄傲自大。

一九〇五年十月六日,皮埃尔·居里写信给乔治·古伊说:

……星期一我去科学院,可我不得不说,我不知道去那里做什么。我与任何成员没来往,会议枯燥乏味。我的感觉非常清楚,这种圈子不是我该去的地方。

一九〇五年十月,皮埃尔·居里写信给乔治·古伊说:

我仍然没有弄明白科学院到底有什么用处。

皮埃尔对这个著名机构没有太大的热心,不过他热切关注着大学为他做出的特别决定,他的工作将依赖于此。一九〇四年初,校长李亚尔设法为他特别新增了一个物理学教授的位置。他长期以来盼望得到的教授职位终于得到了,然而,这不过是个有名无实的位置而已。皮埃尔接受这次晋升之前,询问与他工作相关的实验室安排在哪里。

实验室?什么实验室?根本没什么实验室。

刹那间,诺贝尔桂冠获得者和镭之父母发现,如果皮埃尔离开理化自然科学学部到巴黎大学任教,他简直什么工作也别想做。根本没有向这位新教授提供研究空间,原来理化自然科学学部供他使用的那两间屋子也交给继任者了。他要想做实验,就只好在马路上做了。

皮埃尔妙笔生花,给上司们写了一封口吻客气态度却很坚决的信:既然这个职位既不能让他利用一间工作室,也不提供研究经费,他便决定辞职。他可以继续在理化自然科学学部任职,继续多教课程,在那个小地方他和玛丽总算能做点有益的工作。

又交涉过几次,巴黎大学做出一个大举动,提请法国议院特批一间实验室及十五万法郎研究经费。该计划得到了同意……或者说等于是同意了!巴黎大学没有多余的房子给皮埃尔使用,不过可以在居维埃路给他建两间屋子,每年可以给居里先生一万二千法郎的经费,外加三万四千法郎设备费。

皮埃尔十分天真,以为有了"设备费"就能买仪器,添置完整的设备。没错,他倒是可以购买,不过要把房屋建造费从这笔不多的款子里扣除掉。在公共官员脑子里,建筑物和"设备"完全是一码事!

如此一来,官方的计划缩水了。

一九〇五年一月三十一日,皮埃尔·居里写信给乔治·古伊说:

> 我在理化自然科学学部还留着两间屋子,我们就在那里工作。他们还在院子里为我盖两间屋子。建筑费用是两万法郎,这笔钱要从购买仪器的经费里扣除。

一九〇五年十一月七日,皮埃尔·居里写信给乔治·古伊说:

> 我明天开始授课,可我发现,我的实验条件太差了。上课在巴黎大学,做实验却在居维埃路。另外,阶梯教室的其他课排得挺满,我每周只能在那里使用一个上午。
>
> 我的身体不是很好,也不很糟,不过很容易疲倦,做研究工作的能力大不如前了。我妻子却恰恰相反,生活很积极。她要照料两个孩子,要在赛弗尔学校教课,还要在实验室做研究工作,一分

钟都舍不得浪费，对日常实验工作比我搞得多。她一天中很多时间是在实验室度过的。

吝啬的政府在其官僚框架范围内为皮埃尔·居里开辟出一个地方。皮埃尔一平方米一平方米慢慢争取到一个工作室，在一个不方便的地方建起两间屋子，可他早就知道这两间屋子根本就不够用。

一位富有的女人得知这种情况颇为感慨，提出要帮助居里夫妇，说是要在平静的郊外为他们建造一个研究院。皮埃尔·居里重新产生了希望，对这位夫人描述了自己的计划和愿望。

一九〇六年二月六日，皮埃尔·居里在写给这位夫人的信中说：

夫人：

  承蒙来函索取我期望的实验室概况，附函提出几项指标。这些指标并非绝对，可根据位置、地皮大小和资金情况做出修改。

  ……我们始终坚持将拟建的实验室位置定在乡下，因为我们需要与孩子们在一起，孩子们生活的地方与我们工作的实验室必须距离很近，免得我妻子往返奔波。如果住房与实验室相距太远，有时她的体力便无法承担这种双重职责。

  巴黎郊外生活平静，对科学研究非常有利，实验室迁往郊外确实有益。在另一方面，孩子们在市中心生活对身心有害，我妻子也不愿让她们在目前状况下成长。

  你对我们的厚爱我们极为感动。

  敬请接受我们的敬意和谢忱。

这一慷慨计划无果而终。玛丽注定要耐心再等八年，才能在一个与放射性名声相当的地方得到一所实验室，然而，皮埃尔有生之年却不会见到这个梦寐以求的实验室。玛丽对此耿耿于怀，她的伴侣毕生只有一个愿望，希望有一个供他使用的实验室，可是直到生命的尽头这个愿望都没有实现。

后来，她回忆起皮埃尔最后只有居维埃路上那两间屋子可用作搞实

验,她写道:

> 一想到这就是他最后使用的工作室,一想到一再交涉努力无果,一想到这位二十岁便表现出天才的法国一流科学家,终生竟没有一个合适的实验室供他使用,就不能不感到痛心。毫无疑问,假如他能多活几年,迟早会有比较满意的工作条件,但他活到四十七岁还在恶劣环境中工作。一个热情无私的研究者,从事一项伟大的工作,却因为一直缺乏必要条件而不得不推迟实现自己的梦想,我们难道想象不出他的遗憾吗?最重要的是,国家的最大财富就是其优秀儿女的天才、力量和勇气,看到这些白白浪费掉,再也无法得到弥补,难道我们能不感到痛苦吗?
>
> ……镭的确是在不稳定的条件下发现的。为这项发现遮风避雨的那间棚屋仿佛具有传奇色彩。但是这种浪漫因素并非益处。它耗尽了我们的力气,延缓了我们的成就。如果有较好的条件,我们最初花费的五年时间可能缩短为两年,工作带来的身体紧张也可大大减轻。

部长做出多项决定,其中只有一项为居里夫妇带来真正的喜悦:给皮埃尔三个合作者,一个是实验室主任、一个是实验室助手、一个实验室帮工。这个实验室主任就是玛丽。

直到那时,人们只不过是容忍这位年轻女子在实验室工作而已。玛丽是在既没有正式职业又没有报酬的情况下完成了对镭的研究。到了一九〇四年十一月,才开始给她每年两千四百法郎的薪水!她这才正式得到了在丈夫实验室工作的权利:

法国大学

> 兹任命科学博士居里夫人为巴黎大学理学院物理实验室主任,负责隶属于居里先生的实验室工作,自一九〇四年十一月一日开始任职。

居里夫人担任该职务的年薪为两千四百法郎,自一九〇四年十一月一日开始计算。

别了棚屋!皮埃尔和玛丽将旧木板屋里的仪器搬迁到居维埃路的实验室。可他们对那间旧棚屋恋恋不舍,他们在那里付出过辛劳,体验过幸福。后来他们几次手挽手返回去旧地重游,看看那潮湿的墙壁和腐朽的木板。

他们适应了新生活。皮埃尔为新课程备课。玛丽一如既往在赛弗尔学校教书。夫妇俩在安排不佳的新实验室见面。在这个实验室里,安德烈·德比尔纳、阿尔伯特·拉伯德、美国人杜亚纳教授,另外有几个助手和学生在做研究工作。大家使用着不牢固的设备,都在聚精会神做实验。

一九〇四年四月十四日,皮埃尔写道:

> 我和居里夫人正在工作,准确测定镭射气的量。这看似无所谓,然而我们已经工作了好几个月,现在才刚刚得到有规律的结果。

"我和居里夫人正在工作……"

这句话是皮埃尔去世前五天写下的。这句陈述表现出他们无瑕婚姻的精髓与美好。他们研究工作中取得的每一项进展、每一次失望和每一次成功,都使这对夫妇更加亲密。

这一对天才合作的魅力、信心和亲切愉快的心情,是言语绝对无法完全表达的。皮埃尔和玛丽之间,每日每时都要交换各种大大小小的想法,提出各种问题,做出种种评论,提出种种建议。其中有愉快的祝贺,也有善意的责备。在这两个平等的人之间没有相互嫉妒,只有相互的挚爱与钦佩,只有志同道合的伙伴关系,也有轻松默契的配合,也许这正是他们深沉爱情的细致表现。

他们的助手阿尔伯特·拉伯德最近写信给我说:

> 在居维埃路的实验室里,有一次我正在使用一个水银仪器。皮埃尔·居里当时在场。居里夫人来了,对仪器的工作原理发生了兴趣。起初她并不明白,其实原理非常简单。不过,我们打算

向她做出解释,可她坚决不接受。后来皮埃尔·居里用嗔怪的口吻说:"嗨,得了吧,玛丽……"那句话一直在我耳畔回荡,真希望能表达出其中的微妙感情来。

……

几天之后,有几个同事让一个数学公式难住了,请先生帮助。他建议他们等居里夫人来了再说,说是她利用微积分知识马上就能帮他们解决难题。后来,居里夫人只用了几分钟就帮他们解开了这道难题。

皮埃尔和玛丽单独在一起的时候,他们才会放任自己露出绵绵爱意,表情和举止才会变得随便。他们俩个性极强,性格却迥异。他生性比较平静,善于幻想,而她天生热情,富有人情味,可这两个人并不相互对立。有人说,夫妻间只有"相互让步"才能维持婚姻。但这两个人在十一年的婚姻生活中,几乎没有靠所谓的"相互让步"来维持感情。他们的想法和谐一致,即使在最小的生活细节方面,也毫无二致。

如果他的朋友佩林夫人来问皮埃尔,能不能带艾莱娜去跟她家孩子玩,他便会露出胆怯甚至谦恭的微笑:"我拿不准……玛丽还没回来,得问问玛丽才成。"玛丽在科学家聚会时难得开口,若一时兴致上来,参加某一科学问题的讨论,往往涨红了脸,忽然打住话头,望着丈夫,给他留下发表看法的余地。她深信皮埃尔的观点比自己的重要一千倍。

后来她曾经写道:

> 我们结合的时候,我觉得他是我梦寐以求的伴侣,而且超越了我的梦想。我对他的崇拜与日俱增。有时我仿佛觉得他几乎是个世界上独一无二的人物。他有着非凡的品质,罕见而高尚,他不近任何虚荣,不动卑微念头。虽然人人向往完美的理想,但人们都有这类念头,自己有,别人也有,于是并不苛责这类缺点。

一九〇六年的复活节假期天气晴好。皮埃尔和玛丽到了切维霍斯的圣雷米村,在自己的房子里呼吸了几天乡间的空气。他们恢复了在乡间度假的习惯，带着两个女儿到附近农庄去买牛奶。艾芙刚十四个月大，还走不稳，却硬要自己沿着干涸的马车辙蹒跚走路，皮埃尔见了心里十分喜悦。

到了星期日，远处钟声响起，这对夫妇便骑着自己的自行车驶向罗亚尔港的树林。回来的时候，他们带回一束束名叫十大功劳的野花，还有大把的毛茛草。到了第二天，皮埃尔累得厉害，不能外出了，就舒展四肢，懒洋洋躺在草地上。柔和庄严的太阳渐渐驱散山谷里的晨雾。艾芙尖声叫嚷，艾莱娜挥动一个绿色小网追蝴蝶，一旦捕住猎物，便乐得大叫。她跑热了，就把外衣脱掉。皮埃尔和玛丽并排舒展开身子躺在草地上，欣赏着这个孩子身穿女孩衬衫男孩内裤的漂亮模样。

在这迷人的静谧春光中，皮埃尔心情平静下来，望着两个女儿在草地上奔跑跳跃，望着静静躺在身边的玛丽，他抚摸着妻子的脸颊和金发。也许是这天早上，或许是在前一天晚上，他说了这句话："玛丽，跟你在一起，生活真美好。"

到了下午，夫妇俩轮流把艾芙扛在肩上，在树林里缓步漫游。他们寻找那个长满睡莲的池塘，那是他们结婚之初到处漫游时最喜欢的地方。池塘干涸了，睡莲也没了踪影。泥泞的洼地周围挺立着一圈鲜艳的黄色金雀花，模样活像个王冠。夫妇俩在附近的路边采摘紫罗兰和迎风招展的长春花。

匆匆吃过晚饭后，皮埃尔在凉爽的空气中乘火车返回，把全家人留在圣雷米村，身边的唯一旅伴是一束毛茛草。回到凯勒曼大道上的家里，他把花草插在一个玻璃瓶里，放在书桌上。

玛丽多享受了一天的阳光和乡间生活。她星期三晚上带着艾莱娜和艾芙回到巴黎，把孩子们留在家里，自己到实验室与皮埃尔一道工作。一进实验室，她就看见他像往常一样站在大屋子的窗前，正在查看一个仪器。他正在等她呢。他穿上外套，戴上帽子，挽着妻子的手，走向弗优特餐馆，这是物理圈子的传统晚餐聚会地点，那里有他钦佩的同行们。餐桌上，坐在他身旁的是亨利·普安加瑞，此时谈起他潜心研究的一些问题：镭射气的定量测量、最近参加的招魂术实验、女孩子的教育问题等。关于女孩子的教育问题，他有些新颖的理论，希望把她们坚决引上自然科学道路。

天气变了。人们简直不能相信，前一天晚上已经暖和得像是夏天，可现在突然又冷了，寒风劲吹，冷雨打在窗玻璃上。路面积了水，泥泞湿滑。

第十八章 一九〇六年四月十九日

星期四来临了。早上,天空昏暗,阴雨不停。居里夫妇虽然一心想着工作,却无法把四月份梅雨带来的阴郁从心头抹去。皮埃尔要去参加理学院教授协会的午餐会,随后要找出版商高提耶—维拉斯校订书稿,最后要去科学院。玛丽也有几样事情要做。

早上夫妇俩一片忙乱,几乎彼此没照过面。皮埃尔在楼下大声问玛丽,去不去实验室。玛丽正在楼上给艾莱娜和艾芙穿衣服,回答说也许今天没时间去,周围太嘈杂,压过了她的声音。前门砰的一声关上了。皮埃尔匆匆离去。

玛丽在家里与两个女儿和居里大夫吃午饭的时候,皮埃尔在当顿路的苏西埃泰·萨旺特饭店与朋友们亲切交谈。他喜欢这种平静的聚会,参加者谈工作、谈巴黎大学和研究情况。开始时的一般交谈后来转向实验室发生事故的话题,皮埃尔立刻提出,他支持制订一项计划,减少实验人员可能遭受的危险。

将近两点半的时候,他起身对大家微笑致意,与让·佩林握手道别,说是晚上还要与他见面。到了门口,他抬头看了一下天空,带着忧郁神情,露出无可奈何的表情。接着,他撑开手里的大雨伞,在倾盆大雨中走向塞纳区。

到了高提耶—维拉斯那里,他见所有的门都关着:发生了罢工。他离开高提耶—维拉斯的房子,沿多非纳路走去。这条路十分嘈杂,马车夫的喊叫声和邻近铁轨传来的电车煞车声响成一片。巴黎旧城区这条街道车

水马龙,拥挤不堪。两个方向的马车勉强能在马路上通过,在下午这个时间,狭窄的人行道上挤满了无数行人。皮埃尔本能地避开人流,挑人少的地方走,有时走在石砌的路沿上,有时干脆走下车道,他脚步踉跄,心里还在沉思。当时他两眼出神,心事重重,想的到底是什么呢?是在想他的实验?是在想他的朋友欧班的研究工作?这位朋友准备提交科学院的论文此时就装在他的衣兜里。要不就是在想玛丽?

他在沥青路面上已经走了几分钟,一直跟在一辆速度缓慢的出租马车后面,朝诺夫桥走去。到了这条路与码头路交叉的路口,喧闹声非常强烈。沿河岸有一条通往协和宫的电车轨道。一辆两匹马拉的载重货运马车出现在桥头,马匹一路小跑,越过铁轨,拐上多非纳路。

皮埃尔想要横穿马路,上对面的人行道。他心不在焉,忽然从刚才那辆挡住他的出租马车后面闪出身来。出租马车的方车厢遮挡了他的视线,他没看到对面驶来的马车。他连忙朝左边走了几步,却撞上一匹喷着热气的牲口。这是一匹拉着载重货车的马。当时货车正好与那辆出租马车错车,两车距离近得要命。皮埃尔一惊,动作更加笨拙,想要抱住马脖子,可是马儿突然前蹄腾空。路面很湿,科学家后跟一滑,倒在沉重的铁蹄下。

一声惊呼引来十几声惊恐的呼喊。行人纷纷高喊:"站住!站住!"车夫拉紧缰绳,没有用处,拉车马并不停下。

皮埃尔倒下了。他不但活着,而且没有受伤。他没有喊叫,几乎一动也没动。马蹄从他身体两边踏过,接着是马车的前轮。也许可能出现奇迹。巨大的载重马车上装着六吨货物,继续往前移动了几码。马车的左后轮碰上一个脆弱的障碍物,轻而易举便将他碾碎了:那是一颗头颅,是一个人的前额。颅骨碎了,红色的东西溅在泥泞中。那是皮埃尔·居里的大脑。

警察抬起余热尚存的尸体,生命已经在片刻之前离开了这个身体。警察一连叫了几辆马车,但车夫都不愿把一具沾满泥污的血淋淋尸体装在自己的马车上。几分钟过后,围观的人越来越多,人群围着那辆停下来的货车,向无辜的车夫路易斯·马宁发出怒吼。最后,两个人抬来一副担架,将死人抬到一个药房,其实完全没有用处。后来才抬到附近一个警察派出所。人们取出他的钱包,核对了他的证件。消息传出来,说死者是著名科学家皮埃尔·居里教授,围观的人群加倍骚动,警察不得不出面保护,才使车夫马宁免遭拳脚。

医生德胡埃先生用海绵洗净那张沾满泥污的面孔,察看他头颅上的创口。二十分钟前还是完整的头颅,如今变成了十六块碎骨头。人们通过电话通知了理学院。不久,大奥古斯汀路上这个不知名的警察派出所里,一位所长和一个秘书出于礼貌到场表示对死者的同情,这位物理学家的实验室助手克拉克先生俯身恸哭。那位涨红了面孔的车夫也在哭泣。

皮埃尔躺在人群中,额头上缠着绷带。他的脸没有受伤,露在外面,现在对一切都漠不关心了。

那辆货车有二十英尺长,车里装满了军装,此时停在派出所门外。雨丝一点点冲刷掉一个车轮上的血迹。两匹年轻强壮的马儿为主人不在而稍感惊恐,马喷着响鼻,马蹄不安地踏着路面。

灾祸降临到了居里家。几辆汽车和出租马车沿旧城墙驶来,仿佛拿不定主意似的,在空旷的大道上时而停下,时而缓缓行驶。共和国总统府的代表按了门铃,听说"居里夫人还没有回来,"便离去了,并没有说明来意。门铃再次响起,这次,理学院的院长保罗·阿佩尔、让·佩林走进屋子。

空荡荡的屋子里只有居里大夫和一个佣人。他们对如此重要的人物来访觉得诧异。大夫朝两名客人走去,察觉到了他们慌乱的表情。保罗·阿佩尔奉命先向玛丽报丧,因此没有对她公公解释,神情十分尴尬。老人无法长时间压住心头的疑惑,他并不提问,说:

"我儿子死了。"

听完那场事故的叙述,他满面皱纹的脸上老泪纵横,悲愤交加。居里大夫亲情与绝望一齐迸发出来,责怪儿子事事心不在焉,结果付出了生命代价。他嘴里不停地重复一句痛心的责骂:"真不知道这小子当时做的是什么梦!"

六点钟,锁孔里传来钥匙转动的声音。玛丽生气勃勃出现在客厅门口。从朋友们过分恭敬的态度中,她隐约觉察到了哀悼的迹象。保罗·阿佩尔重新叙述了事故经过。玛丽凝住了,一动也不动,仿佛根本没有听懂他们说的话。她并没有倒在他们亲切伸出的胳膊里,没有痛哭,甚至没有发出一个呻吟,像个泥塑木雕一样没有生气,也没有感觉。在死寂中过了很久,她的嘴唇终于动了动,低声提了个问题,仿佛渴望听到否认的答复:

"皮埃尔死了?死了?真的死了?"

突然降临的灾难能让一个人发生彻底改变,这种情况并不少见。短短几分钟里发生的事件,对我母亲的性格、对她的命运、对她女儿们的命运发生了不容忽视的影响。玛丽·居里并没有从一个幸福的年轻妇人变成个心灵无法安慰的寡妇。她发生的蜕变不是表面的,却非常深刻严重。玛丽内心思绪的错乱和莫名的恐惧太狂暴了,无法通过哭诉或谈话发泄出来。从"皮埃尔死了"几个字传进她意识的那一刻起,她的心便永远笼罩在了沉沉的莫名孤寂中。在四月的那一天,居里夫人不仅变成一名寡妇,也变成了一个无法救治的可怜女人。

目睹了这幕悲剧的人们都感觉到了,一道无形的墙壁将她与他们分隔开来。玛丽听不见他们哀伤的安慰。她眼睛里没有泪水,面色苍白灰暗,回答几个紧迫问题也极为勉强。她吐出几个字眼,拒绝法律调查所需的尸体解剖,并要求把皮埃尔的遗体送回家。她请求佩林夫人在今后几天照料艾莱娜,给华沙发了个电报说:"皮埃尔死于车祸。"然后她走到花园里,坐在雨中,胳膊肘支在膝盖上,双手捧住脑袋,眼睛视而不见,两耳听而不闻,一动不动地等待着她的伴侣。

人们首先给她送来从皮埃尔口袋里发现的几件遗物：一枝自来水钢笔、几把钥匙、一个钱包、一个还在走的完整手表。最后，在八点钟，一辆救护车停在房子前面，玛丽爬上车子，借着暮色看见那张平静和蔼的面孔。

担架吃力地缓缓穿过狭窄的屋门。安德烈·德比尔纳去警察派出所运回良师益友的遗体，这时又是他挑起这副悲哀的负担。他们把死者停放在楼下一间屋子里，玛丽就与丈夫独自待在里面。她亲吻他的脸，亲吻他依然柔软稍带温热的身体，亲吻他还能屈伸的手。入殓时，人们强行把她拉走，免得让她看到那不祥的过程。她迷迷糊糊服从了，接着忽然觉得不能让人白白夺走这几分钟时光，也不能允许别人照料这具血污的遗体，她又冲上去抱住他的遗体不放。

第二天，雅克·居里来了，玛丽这才放松了紧绷着的喉咙，也打开了眼泪的闸门。单独面对着这一生一死的两兄弟，玛丽再也忍不住，终于开始哭泣。后来，她重新挺起身，在房子里来回走动，询问艾芙是否照常梳洗过。她走到院子里叫艾莱娜，孩子正在佩林家玩积木，她便隔着栅栏跟孩子说话，告诉孩子说，爸爸脑袋上受了重伤，需要休息。这无忧无虑的孩子便回去接着玩积木。

几个星期过去了，玛丽不愿当着别人面说出心中的悲苦，便陷入沉沉孤寂，心灵的孤寂有时让她痛苦得不禁放声高喊出来，她在一个灰色封面的笔记本里，用颤巍巍的笔迹倾诉让自己感到窒息的心声。这几页泪渍斑斑的文字笔迹潦草，只有不多几段可以发表。她在用文字与皮埃尔交流，她在呼唤他，向他提问。她尽量把那场变故的每一个细节都记录下来。这场悲剧把他们夫妻拆散，让她此后永远受到心灵的磨难。这是短短一篇日记，是玛丽第一次写日记，也是她唯一保留下来的几段日记。其中反映出这个女人生活中最悲痛的几个时辰。

……皮埃尔，我的皮埃尔，你像个可怜的伤员一样静静躺在那里，仿佛睡着了，脑袋上缠着绷带。你的表情那么温和从容。你还是那副沉思的模样，深陷在自己的梦想中。我以前说你有两片贪婪的嘴唇，可如今这嘴唇变得毫无血色。你的小胡子变得花白。你的头发几乎看不见了,因为伤口就在额头上面。右面还能看见碎裂的骨头。啊!你受了多大的痛苦,流了多少鲜血,把衣服都染红了。你这颗可怜的头颅受过多么可怕的撞击啊!我以前常常双手抚摸你的脑袋,亲吻你的眼皮,你就闭上眼睛让我亲吻,用熟悉的姿势把脑袋伸给我……

……星期六早上,我们把你装进棺材,当时我捧着你的脑袋。我们最后一次吻了你冰冷的脸。后来,我们往棺材里放进花园里采来的长春花,还放了一幅我的照片。就是你喜欢的那幅照片,你管它叫"可爱的小学生。"这张照片一定要陪在你身边,因为照片上的那个女子因为使你高兴而幸福。你与她仅仅见过几次面,便毫不迟疑地请她与你共同生活。你常常告诉我说,你生活中办事毫不迟疑仅有这一次,而且完全相信自己没做错。我的皮埃尔啊,我也相信你这事没做错。我们是天生的一对,不能不结合在一起。

你的棺材已经盖上,我再也看不到你了。我不允许他们用可怕的黑布蒙住棺材,我在上面洒满了鲜花,自己坐在旁边。

……他们来了,要运走你。那是一群悲伤的人。我望着他们,没有对他们说话。我们把你运回西奥克斯,把你放进深深的墓穴。后来,一批庄严肃穆的人们从我们面前走过。他们想把我们带走。雅克和我拒绝离开。我们要看到一切都办妥。人们填上墓穴,在坟墓上摆了一束花。一切都结束了。皮埃尔长眠地下,一切都完了,一切,一切都完了。

玛丽失去了伴侣,世界失去了一个伟人。皮埃尔·居里在雨中暴死于泥泞的多非纳路,这条消息激起公众的惊骇。各国报纸都用好几栏篇幅,报道这一悲痛的事故。无数唁电唁函纷纷发往凯勒曼大道上的这所房子,落款者中有国王、部长、诗人、科学家,也有许多不知名的人士。在这一捆捆函电、文章中,能看到一些动情的哀悼:

凯尔文勋爵:

惊悉居里去世,极为悲痛。葬礼何时举行?我们明早赶往米拉勃饭店。

马斯兰·伯特洛:

……噩耗传来,如遭霹雳。这位天才的科学家对科学和人类已经做出诸多贡献,科学和人类还在期待这位天才做出更多的贡献!一切期望顷刻化为灰烬,一切成就均变成不可磨灭的记忆!

李普曼:

我失去了一个兄弟。以前我并没有意识到我与您丈夫的感情联系竟如此密切。

夫人,我也感到切肤之痛。

皮埃尔·居里的实验室助手查尔斯·切夫纳:

我们许多人真诚地崇拜他。除了我的家人外,他便是我最敬爱的人之一。他对最卑微的合作者也体贴入微,关爱备至,施与博爱,我们都崇拜他。噩耗传来,他的实验室助手无不痛哭,我从未体验过如此真诚的悲哀。

玛丽从此被称作"杰出的寡妇"。她就像在其他场合一样,这次也要逃避名望的袭扰。为了避免举行官方追悼仪式,玛丽将葬礼提前到四月二十一日星期六举行。她拒绝人们列队送葬,拒绝官方代表到场,拒绝名人发表演说,只求以最简单的仪式将皮埃尔葬在他母亲安息的西奥克斯。当时的教育部部长阿里斯蒂德·布里安不顾她的要求,坚持以体恤的姿态跟随着皮埃尔的亲友,将皮埃尔的遗体默默送往那个遥远的郊外墓地。

新闻记者躲藏在坟墓之间,观察着身穿重丧服的玛丽:

……居里夫人挽着她公公的胳膊,跟在丈夫的灵柩后面,走到栗树遮阴的墙脚墓穴前。她一动不动站在那里,坚定的眼神一如既往。后来有人在墓旁献上一束鲜花,她突然抓起花束,摘下花朵,一朵朵撒向灵柩。

她的动作缓慢而镇定,如入无人之境。送葬的人群深为感动,没有发出一点声响,也没有人喃喃议论。

葬礼主持人要求居里夫人接受送葬者的吊唁。她这才默默放下花枝,离开墓穴,返回她公公身边。

(《新闻报》一九〇六年四月二十二日)

以后几天里,巴黎大学和所有将皮埃尔·居里视为自己成员的国内外团体均发表文章或谈话,颂扬这位去世的科学家。亨利·普安加瑞在科学院追忆他的朋友时称颂道:

凡了解皮埃尔·居里的人都知道,与他的友谊交往持久而令人愉快。他高雅的魅力源自他的谦恭、真诚、正直和优秀。

谁能相信,在他温和的表面下竟深藏着不屈的灵魂?他坚持着高尚的原则,决不为之妥协。他热爱的高尚原则来自他的教养。那是绝对真诚的典范。在我们生活的世界上,这些原则也许标准太高。我们屈从人性的弱点,往往做出千百种小小的让步,但他决不肯屈从。在他看来,他对这种原则的崇拜与他对科学的崇拜是不可分割的。他以自己的行为为我们做出了光辉的榜样,让我们认识到,对真理朴实而纯洁的热爱可以产生多么崇高的责任观念。人们信仰何种神不是关键,创造奇迹的不是神,而是信仰。

玛丽在日记中写道:

……葬礼后第二天,我把一切都告诉了艾莱娜,她当时仍然待在佩林家……她起初并不理解,没说什么话就让我走了。后来,她好像哭了,嚷着要找我们。回家后她哭了很久,然后去找小朋友们,好把这事忘掉。她并不询问具体情况,起初还不敢说起父亲。她见了人们给我送来的丧父显得惊悸不安……现在,她似乎根本不再想这事了。

约瑟夫和布罗妮娅都来了。他们真好心。艾莱娜找伯父和舅父玩耍;艾芙在屋子里到处蹒跚走动,由于不懂事,在发生各种事情的时候照样欢笑玩耍。人人都在交谈。我守着皮埃尔,守着躺在灵床上的皮埃尔。

……皮埃尔,你死后那个星期日的早上,我陪雅克走进实验室。这是你死后我头一次去那里。我想继续为那条曲线做测量,就是你和我都做过几个点的那个测量。可我觉得无法进行下去。

走到路上,我觉得像是受了催眠术,对什么都无法留意。我不会自杀,甚至连自杀的念头都没产生过。但是,马路上那么多车,难道不会有一辆让我也得到与爱人同样的命运吗?

居里大夫、他的儿子雅克、约瑟夫·斯科洛多斯基、布罗妮娅,大家注意着这个身穿丧服的妇人,看着她的一举一动,心里都觉得恐怖。玛丽表情平静冰冷,仿佛变成一部机器,甚至看到孩子们都不能唤起她的感情。她举止呆板,神情恍惚,虽然身体没有跟随死去的丈夫离去,可精神似乎已经离开了活着的人们。

但是,活着的人们却在她周围忙乱着,为她难得想到的前途担忧。皮埃尔·居里之死引发了许多重要问题。皮埃尔未竟的研究工作命运如何?他在巴黎大学的教学工作如何应付?玛丽的前途会是怎样?

她的亲戚们压低声音讨论这些问题。大家也听取接连来凯勒曼大道家访的教育部和大学代表提出的建议。葬礼后的第二天,政府正式提出向皮埃尔·居里的遗孀和遗孤发放一笔国家抚养费。雅克把这一提议告诉玛丽。玛丽断然拒绝:"我不要抚养费。我还年轻,能挣钱养活自己和女儿们。"

她的嗓音突然变得坚强,人们从中辨别出了她往日的勇气。

校方与居里家人交换意见,但是双方均感到为难。大学倾向于继续留玛丽在学校工作。但是该给她什么头衔?留她在哪个实验室工作?要指导皮埃尔·居里的实验室,哪位教授能够胜任?

人们征询居里夫人的意见,她含混地回答说,她还不能认真考虑,不知道该怎么办……

雅克·居里、布罗妮娅、皮埃尔最忠实的朋友乔治·古伊都认为,必须替玛丽采取行动。雅克·居里和乔治·古伊将自己深信正确的方案通知了理学院院长:玛丽是法国物理学家中唯一有能力的人选,她能继续她与皮埃尔共同承担的研究工作。玛丽是唯一能代替他的实验室领导人。必须打破传统习俗,任命居里夫人为巴黎大学的教授。

在马斯林·伯特洛、保罗·阿佩尔、副院长李亚尔的竭力坚持下,当局对此采取了慷慨的姿态。一九〇六年五月十三日,理学院一致决定,将皮埃尔·居里的教授职位保留下来,由玛丽以"代课教师"名义接替。

法国大学

兹聘请科学博士、巴黎大学理学院实验室主任皮埃尔·居里夫人教授该院物理学课程。

居里夫人担任此职务的年薪为一万法郎,自一九〇六年五月开始发放。

这是法国高等教育领域首次聘任一位妇女担任这种职务。

玛丽心不在焉地听她公公告诉她要挑起的这一重担,几乎是漠然地听了其中的细节,然后简单回答道:"我可以试试。"

以前皮埃尔说过的话重新浮现在她脑海里,这就像个道德遗嘱,就像一道命令,为她指出了道路:

不论发生什么事,即使人变成了没有灵魂的躯壳,也必须继续工作下去。

玛丽在日记中写道:

我的皮埃尔:他们要我继承你的职位,继续讲授你的课程,并指导你的实验室。我接受了。我不知道这样做是好是坏。你常常告诉我说,希望我能在巴黎大学授课。我至少愿意努力继续你未竟的工作。有时候,我好像觉得只有这样我才愿意活下去。但有时候又觉得让我尝试这种工作简直是疯狂。

一九〇六年五月七日:

　　我的皮埃尔,我不能不想念你,想你想得脑袋都要炸裂了,我的理智都乱套了。我不知道是不是一直要这样活着,见不着你,也不能向自己生活中的伴侣微笑。
　　两天来,树木都萌发了绿叶,花园挺美。今天早上,我在园子里看着孩子们。我想,要是你在这里,准会觉得她们非常漂亮,准会指着开放的长春花和水仙花给我看。昨天去了墓地,我看不懂墓志铭上"皮埃尔·居里"几个字的意义。乡间美景让我难过,我把黑面纱放下,好透过面纱看世界。

五月十一日:

　　我的皮埃尔,我睡得还好,起床后比较平静。我是一刻钟以前起床的,现在我又想号啕大哭,就像野兽那样嗥叫。

五月十四日:

　　皮埃尔,我的亲人儿,我想告诉你说,你喜爱的金雀花开放了,紫藤花和山楂花也都含苞欲放。
　　我还想告诉你,他们任命我继承你的职务,居然有些傻瓜为此向我道贺。
　　我想告诉你,我已经不再喜爱太阳或花朵。一看到它们我就难过。遇上你去世那天的阴霾,我反倒觉得好些。孩子们需要好天气,我这才没有憎恨这种天气。

五月二十二日：

我整天在实验室工作，这是我唯一能做的事，在那里我觉得比在别的地方好。除了科学研究，我想不出还有什么事能让我觉得高兴。即使是搞科学研究，要是取得成功，一想到你不能得知，我就受不了。

六月十日：

一切都是阴沉沉的。我为生活担忧，甚至没有时间让我静静地想我的皮埃尔。

雅克·居里和约瑟夫·斯科洛多斯基离开了巴黎。不久，布罗妮娅也要回扎科巴纳，夫妇俩去他们的疗养院团聚。

姐妹俩分别前那天晚上，玛丽做了个手势，要姐姐跟她走，把布罗妮娅带进自己卧室。虽然是炎炎夏日，可她的卧室壁炉里仍然架着木柴，生着一堆旺火。进门后，她把门锁上。布罗妮娅感到吃惊，打量着妹妹的脸，只见这张没有血色的面孔比平时更加苍白。玛丽一句话也不说，从柜子里取出一个硬邦邦的大包裹，外面包着防水纸。接着，她坐在壁炉前，招呼姐姐坐在她身旁。壁炉架上有一把大剪刀。

"布罗妮娅，"她喃喃道，"你一定要帮我这个忙。"

她缓缓解开绳子，打开纸包。火光下，她的手在颤抖。纸包里露出一个仔细系着疙瘩的布包袱。玛丽迟疑片刻，然后解开白色包袱皮。布罗妮娅一见里面的东西，吓得惊叫起来，那是一堆可怕的衣服和衬衣，上面带着干涸的污泥和黑糊糊的血渍。过去这么多天，玛丽一直把皮埃尔命丧多非纳路时穿的衣服留在身边。

这个默不作声的寡妇抓起剪刀，开始剪碎那件黑色外套，把布片一块块丢进火里，望着它们收缩、冒烟、燃烧、消失。突然，她停下手，疲倦的眼睛禁不住让泪水模糊了。衣服褶皱里露出一点黏糊糊的东西，那是一位天才脑袋里的遗留物,短短几个星期之前,这些物质还能产生崇高的发现。

玛丽凝视着那种腐败的物质,抚摸它们,疯狂地亲吻它们。最后,布罗妮娅把衣服和剪刀都夺走,替她剪碎丢进火中。

两姐妹一句话都没说,终于把这事做完了,连包裹的纸和她们擦手用的毛巾都统统丢进火里。

"我不忍心让没有关系的人碰这些东西。"玛丽声音哽咽地说完,朝布罗妮娅凑过去:

"你说,我可怎么活呢?我知道我非得活着不可,可我该怎么活?我可怎么活呢?"

她顿时爆发出一阵猛烈的抽噎,泪如泉涌,上气不接下气,紧紧抱住姐姐。姐姐扶着她,抚慰她,最后替这个精疲力竭的可怜人儿脱掉衣服,扶她上了床。

第二天,玛丽又回到了四月十九日出事以来那种状态,表情麻木,动作机械。布罗妮娅返回华沙前上火车时,觉得仿佛在跟一部机器拥抱。玛丽身穿丧服面戴黑纱,矗立在站台上一动不动,这幅景象后来久久没有从布罗妮娅心头散去。

这个家又过起了一种类似"正常的生活",不过对皮埃尔的纪念深深扎根其中。有几天晚上,通往室外的门一响,玛丽立刻会产生片刻的疯狂念头,觉得那场灾祸不过是一场噩梦,皮埃尔·居里马上就会走来。然而,现实中,周围的人们无论老幼都露出期盼神色,等着她拿主意,等待她订出未来的计划。这个三十八岁的女人让悲哀折磨得憔悴不堪,可她如今毕竟是一家之主。

她做出了决定:整个夏天要留在巴黎,她要在实验室工作,还要为十一月开学作教学准备。她在巴黎大学讲课必须不负皮埃尔·居里的名声。玛丽把自己的笔记和书籍收集在一处,也翻阅丈夫留下的笔记。她重新开始潜心研究了。

在这个忧伤的暑假里,她的两个女儿去了乡下。艾芙跟着爷爷在切维霍斯的圣雷米村,艾莱娜跟着姨姨海拉·扎垒在海边的沃考兹。海拉为了帮助玛丽渡过难关,特意来法国度暑假。

到了秋天,玛丽觉得住在凯勒曼大道上精神再也承受不住了,便外出寻找新住处。她选择了西奥克斯。那是她与皮埃尔相遇的时候他住的地方,也是他长眠的地方。

她提出自己的想法后,居里大夫也许平生第一次觉得受到了威胁。他对儿媳说:

"玛丽,如今皮埃尔已经不在人世了。你继续跟一个老人住在一起不合情理。我本该离开你,独自生活,也可以上我大儿子那里住。你看着做决定吧!"

"不,由你来决定,"玛丽喃喃道,"你离开我们,我会非常伤心。不过这该由你自己做出选择。"

她的声音里带着焦虑。难道她也要失去这位忠实的亲戚吗?居里大夫选择跟雅克一起生活是合情合理的,他怎么愿意陪她这个外国女人,一个波兰女人……但是,她马上得到了希望的回答:

"玛丽,我愿意一直留在你这里。"

接着他又露出不愿承认的感情,补充说:"既然你愿意我留下。"说完,他匆匆转身去了花园,因为艾莱娜正兴奋地喊他呢。

一个寡妇、一个七十九岁的老人、一个小女孩、一个小婴儿——这就是居里家的全部成员。

> 居里夫人是不幸惨死的著名科学家的遗孀。她已正式受聘继任丈夫在巴黎大学的职位,将于一九〇六年十一月五日星期一下午一时半首次登台授课。
>
> 居里夫人在就职后首次授课中,将阐释气体离子理论,并涉及放射性现象。
>
> 居里夫人要在一个阶梯教室授课。这种教室只有一百二十个座位,其中大部分由学生占用。大众和新闻界也有权旁听,不过最多只能容纳二十位就座!这是巴黎大学前所未有的情形,为什么不能让居里夫人在大型阶梯教室上这第一次课呢?

这是当时报纸文章的摘录,反映出巴黎人迫不及待关注这位"著名遗孀"首次露面的心情。许多记者、社会名流、漂亮女子、艺术家等,纷纷向理学院秘书提出旁听申请,得不到"请柬"便愤愤不平。这种人并非出于同情心,不是渴望学习知识,也根本不懂什么"气体离子理论",他们只想借玛丽在这天遭受的心灵痛苦,刺激一下自己的好奇心。就连悲哀时也有人附庸风雅。

巴黎大学首次由妇女登台授课。这个女人既是个天才,又是个精神遭受过巨大创伤的妻子。这就足以引起公众对其"首演式"的关注,观众把这当成个引起轰动的场合。

中午,玛丽肃立在西奥克斯墓地,默默与前任教授作心灵交流时,人群已经挤满了那间小阶梯教室,堵塞了理学院的走廊,挤不进去的就待在外面的广场上。教室里,思想追求者与无知者鱼龙混杂,玛丽的密友与莫不相干的人混在一起。最倒霉的是那些真正的学生,他们是来听讲做笔记的,却不得不牢牢占住自己的座位,免得被人排挤出去。

一点二十五分,教室里的谈话声越来越嘈杂。人们低声相互询问,伸长脖子张望,唯恐看不到居里夫人入场。在场的人都有同样的想法:这可是巴黎大学聘任的第一位女教授,这位新教授一开始会说什么话?她会向部长致谢,会向大学致谢吗?她会提到皮埃尔·居里吗?当然,她无疑会按照习俗说几句称赞前任的话。然而,她的前任就是自己的丈夫,是她的研究伙伴。这是个多么火暴的"场面"!这个时刻简直激动人心,简直空前绝后……

一点三十分……后面的门打开了。全场掌声雷动。玛丽走到讲台前。她微微点了下头。这个干巴巴的动作就算是对全班学生致意。玛丽双手支撑在摆满了实验仪器的长桌上,等待掌声停止。掌声戛然而止。在这个面色苍白设法保持镇定的女人面前,一种莫名的庄严顿时让那帮看热闹的人肃静下来。

玛丽两眼直视前方,开口讲话:

"我们审视过去十年中物理学上取得的成就,不能不为电学和物质研究方面的进步感到惊异……"

居里夫人紧接着皮埃尔·居里最后说的那句原话恢复讲授这门课程。

"我们审视过去十年中物理学上取得的成就……"这句冷冰冰的语句中隐藏着多么深沉的痛苦啊!人们任凭涌出的泪水滚到脸颊上。

这位科学家以近乎单调的坚定口吻一直讲完这天的课。她讲到电学结构、原子衰变、放射性物质等方面的新理论。她毫不迟疑地做着枯燥的阐述,授课结束后,便从同一扇小门离开教室,就像走进教室时一样干脆迅速。

第三部

第十九章 独自一人

玛丽受到一位天才支持的时候,我们钦佩她,因为她不但能料理家务,还能承担起伟大的科学研究任务。我们似乎觉得,她不可能过更艰苦的生活,也不可能在科学上付出更多的努力了。

与未来等待她的生活相比,过去的生活条件简直算得上舒适了。居里夫人独自挑起的重担,会把一个身体健壮、精力充沛、勇气十足的男人吓倒。

她要抚养两个年幼的孩子,供给全家生活所需,并且出色地承担起教授的职责。失去了皮埃尔·居里的杰出合作,她必须将原来与伴侣共同承担的研究继续进行下去。她要指导助手和学生,此外她还有一项主要的使命:创立一个不辜负皮埃尔期望的实验室,让年轻研究人员在此发展放射性这门新科学。

玛丽首先要操心的事,就是让两个女儿和公公过上健康的生活。她在西奥克斯的舍敏德费赫路六号租了一所房子,尽管房子本身不够漂亮,不过房子外面有座令人惬意的花园。她高兴的是,艾莱娜立刻占住其中一小块地,要按自己的意思耕种。艾芙在保姆的看管下,在树丛和草地上到处寻找她最喜欢的乌龟,还在狭窄的步道上追赶黑猫和花狸猫。

这种安排让居里夫人付出了额外的疲劳代价:家和实验室之间乘火车需付出半个钟头时间。每天早上,人们都看见她步履匆匆赶往火车站,那模样仿佛要把耽误的时间赶出来,又像在不知疲倦地完成某种差事。这个身穿重丧服的女人从来都搭乘那列气味不佳的火车,总是坐在二等包厢里,不久便为同一条线路的旅客们所熟悉了。

她难得有空回西奥克斯吃午饭,便重新光顾拉丁区的糕点房。以前她独身一人时常常光顾那地方,如今又成了独身一人。不同的是,那时她还年轻,心里充满了无意识的希望。有时候,她中午就在实验室从一头到另一头来回踱着步子,慢慢咀嚼一块面包或一只果子。

晚上,她往往很晚才坐返程火车回家。冬天,她回家后第一个念头就是检查门厅里的火炉,添煤捅火。她深信世界上就数自己最会烧火。她的确懂得生火的时候先塞上纸,放上细柴禾,然后再加煤或加木柴。这就像一门艺术,或者像是做化学实验。炉子里火焰呼呼响起时,她才觉得满意,然后在沙发上舒展一下身子,辛苦一天后,这才有机会喘一口气。

她非常坚强,不愿让人看出自己内心的悲伤,从来不当着人的面哭泣,更不接受别人的怜悯和抚慰。她从不对任何人诉说心中的绝望,也不向人述说夜里折磨她的梦魇。但是,她的亲人们都不无忧虑地注意到,她无神的目光往往死死盯住虚无的前方,两手不由自主地抽搐。她敏感的手指多次受过镭的烧灼,下意识地相互搓擦着。

有时候,她的身体突然不支。虽然不希望让女儿们看到,但是来不及把孩子们打发走就突然发作。记得在我童年时期,有一次母亲在西奥克斯家里的餐厅中突然晕倒,脸色苍白,一动不动。

一九〇七年,玛丽写信给她的朋友卡齐娅说:

亲爱的卡齐娅:

　　我没能面见受你保护的凯先生。我常常犯病,那天他来访,我当时身体非常难受,而且第二天还要教课。我公公是位大夫,根本不让我见客人,他知道谈话会让我疲倦不堪。

　　至于其他情况,我该怎么对你说呢?我的生活已经一塌糊涂,永远不可能恢复正常。我看要永远这样了,我也不想尝试别的生活方式。我想尽量把孩子养育好,不过,就是孩子们也不能把我从生活中唤醒。两个孩子都好,性格可爱,长得也漂亮。我要尽最大努力让她们身体结实健康。想想小女儿的年龄,我才明白等两个女儿长大成人还要二十年时间。我怀疑自己能不能坚持那么久，我的生活太让人疲惫，再说悲伤对体力和健康都不利。

我在经济上并不困难。我挣的钱足够养育我的孩子，不过比起我丈夫在世的时候，自然要拮据多了。

在孤寂生活的最困难时期，有两个人帮助过玛丽。一位是约瑟夫·斯科洛多斯基的小姨玛丽亚·卡米安斯卡。这位女子性格温柔可爱，应布罗妮娅的请求，答应在居里家担任家庭教师和管家。有她在家里，玛丽有一种贴近祖国的感觉，她多年客居她乡难得有这种感觉。后来卡米安斯卡小姐因身体欠佳不得不返回华沙，另一位波兰家庭教师代替她来照料艾莱娜和艾芙，不过这位小姐不及她可靠，也不如她可爱。

玛丽的另一位最可贵的同盟者就是居里大夫。皮埃尔去世对他不啻晴天霹雳。但是老人从严格的理性主义中汲取了某种勇气，而玛丽就缺乏这种能力。他蔑视无益的悔恨，对崇拜死者表示不屑。葬礼后，他从来没去过墓地。既然皮埃尔已经不复存在，他就不让一个鬼魂折磨自己。

他的坚韧平静对玛丽产生了有益的影响。公公迫使自己过正常生活，尽量有说有笑，她在公公面前便为自己沉湎于悲痛而感到惭愧，也努力表现出平静神情。

居里大夫跟她们一起过日子，让玛丽感到舒坦，让两个孩子觉得欢乐。要是没有这位蓝眼睛老人，孩子们的童年肯定会在悲哀和压抑中度过。他是她们的玩耍伙伴，也是她们的好老师，这是母亲无法比拟的。她们的母亲总是不在家，总是待在那个什么实验室里，实验室这个字眼都要把她们的耳朵磨出老茧了。艾芙当时还太年幼，没有与老人建立起真正亲密的感情，不过老人跟大孙女建立起了无与伦比的友谊，这个女孩动作迟缓，不愿顺从，长相与他失去的儿子特别相像。

他向艾莱娜介绍自然史和植物学，将他对维可多·雨果的热爱传授给她，暑假期间给她写难度适中的信，其中既有教益又生动有趣，反映出他的幽默风格和高雅文体。他并不满足于这些方式，还明确引导她走上脑力劳动的生活轨道。如今的艾莱娜·若里奥—居里在精神平衡、不畏苦难、热爱现实、反对教权、政治同情心等诸多方面皆得益于祖父的直接教导。

居里夫人也带着衷心的感激，以尽心照料回报这位无与伦比的好老人。一九〇九年,居里大夫因肺充血整整卧床一年。她利用所有空余时间陪伴照料这位生病的老人,安慰这个不愿服老又不肯卧床休养的病人。

老人在一九一〇年二月二十五日去世了。西奥克斯的墓地寒风凛冽。玛丽要求掘墓人付出额外的劳动,要求他们把皮埃尔的棺木从坟窖里移出,将居里大夫的棺木摆在下面,皮埃尔的棺木放在上面,在旁边给自己将来留个位置。她死后不愿与丈夫分离。她久久望着那个空穴,脸上毫无惧色。

如今,养育艾莱娜和艾芙就靠她自己了。她对照料孩子和早期教育孩子有明确的看法,一连几位保姆,她们贯彻过她的思想:有的比较成功,有的比较差。

每天早上,孩子们首先做一个钟头的活动,既有脑力活动,也有体力活动。玛丽设法让孩子们对这种活动发生兴趣。她热情关注着孩子们萌发的天赋,在那本灰色封面的笔记本上记录下艾莱娜在数学方面的能力,也记下艾芙刚刚露出的音乐天赋。

每天的功课一做完,两个小姑娘就让人带着去露天下活动。不论天气如何,她们都要步行走很远的路,还要做体育活动。玛丽在西奥克斯家中花园里竖起个铁架,上面挂着吊环和爬绳。两个姑娘不但在家里锻炼身体,还上一所体育学校,她们热心体育,成绩斐然,在器械项目方面得过好几个头奖。

孩子们学园艺、搞雕塑、做饭缝纫样样干,双手和四肢得到持续的锻炼。玛丽不论身体多么疲惫,都要逼着自己陪孩子们骑自行车出游。到了夏天,她陪孩子们游泳,指导她们在游泳方面取得进步。

由于她不能长时间离开巴黎,艾莱娜和艾芙就在姨妈海拉·扎垒的保护下度过假期的大部分时间。她们在一两位表姐妹陪同下,常常出现在海峡岸边或大西洋沿岸人迹罕至的海滨。一九一一年,她们在母亲陪伴下头一次去波兰旅行。布罗妮娅在扎科巴纳的疗养院接待了她们。小姑娘们学骑马,也一连几天登山,晚上就在山民的小屋里过夜,玛丽身背口袋,脚踏钉靴,走在她们前面带路。

她并不鼓励孩子们做特技冒险,不过她想培养她们的胆量。在艾莱娜和艾芙的童年时期,根本不"害怕黑暗",从来没有因为听到打雷吓得往枕头里钻，也不怕什么盗贼或瘟疫。玛丽年幼时有过这些畏惧心理，就要使孩子们避免这种恐惧。尽管她常常回忆起皮埃尔的惨死，可她并没有因此处处看管女儿们，防止她们出事。两个小姑娘很小就单独出门，当时她们大概才十一二岁。不久便能不要人陪伴单独旅行了。

她对孩子们的精神健康也同样关心，尽量让她们避免无谓的空想，不让她们产生悔恨情绪或神经过敏。她做了个决定，永远不对两个失去父亲的女儿谈起她们的父亲。这首先是她自己不忍心谈。在玛丽的余生中，一旦在谈话中提到"皮埃尔"或"皮埃尔·居里"或"你们的父亲"或"我丈夫"这几个字眼，总是设法用令人难以置信的策略绕开，避开这些记忆中的暗礁。她并不觉得在这个话题上对女儿们保持缄默是一种罪过，她宁肯剥夺她们和她本人的那种缅怀亲人的情绪，也不让大家沉浸在悲哀气氛中。

在家里，她既不为去世的那位科学家设灵位，也不为沦陷的波兰痛心疾首。她希望艾莱娜和艾芙学习波兰语，让她们了解并热爱她的祖国。不过她还是要她们做真正的法国人。啊，愿她们永远不必心系两个国家，也不要白白承受亡国奴的痛苦。

她没有让女儿们在教堂行洗礼，也不给她们任何宗教教育。她不能把自己不再信仰的教条强加给她们，尤其担心她们将来像她一样，体验到失去信仰的痛苦。她的态度中并没有反对教权的宗派主义。玛丽的立场极其开明，在许多场合曾对女儿们说，如果她们愿意信仰一种宗教，完全可以自由决定。

居里夫人感到满意。她的女儿们没有重蹈她的覆辙，不必遭受童年时期的忧患，少年时期的辛劳，青年时期的贫困。但她也不愿让她们享受奢侈生活。玛丽本来有机会为艾莱娜和艾芙弄到一大笔财产，然而她放弃了。她成了寡妇后，有权处理她和皮埃尔共同提纯的那一克镭，那毕竟是属于她的私人财产。但她没有听从居里大夫和几位亲戚的意见，决定按照自己与丈夫生前的愿望，将这种珍贵的物质赠送给她的实验室，这可是价值一百万金法郎的财富啊。

在她的观念中，贫穷固然会带来生活拮据，但过分富有则既没有必要又令人厌恶。她认为女儿们凭自己的能力谋生才有益，才合情合理。

玛丽仔细拟定的教育计划只缺少一个细节：教学礼仪。这个居丧之家仅仅接待亲近的朋友们，其中有佩林一家，有沙瓦纳一家等。到了星期天，安德烈·德比尔纳为两个小姑娘带来书籍和玩具，耐心地逗沉默寡言的艾莱娜玩耍，在一张张白纸上画出一群群动物，有各种大小的大象……但是，除了这些亲近体贴的朋友外，艾莱娜和艾芙什么人都不见。艾莱娜一见到陌生人就惊慌，吓得一句话都不敢说。人们诱导她："向夫人问好。"可她就是不肯开口。后来她一辈子都没有完全克服这种习惯。

对人微笑、和蔼待人、拜访客人、请人做客、说客套话、摆出客气姿态等等，这些内容艾莱娜和艾芙根本不懂。十年二十年过去了，姐妹俩明白了社会生活有其严格的要求，有其法则规范，然而，"向夫人问好"之类问候却是她们的缺憾。

艾莱娜到了入学年龄，得到了入学通知书，可玛丽却感到焦急，设法寻找一种不循常规的方法教育自己的女儿。

她自己是个全心全意的工作者，可她却为孩子们不得不在学校过度劳累感到不安，觉得把小孩子关在通风不良的教室里，长时间上课却没有什么效果，这种做法太野蛮。这么小的孩子本该无拘无束自由活动才对。她想让艾莱娜用很短的时间学习，并学到很好的知识。她该让孩子得到怎样的教育呢？

她思索着，也跟朋友们商讨。巴黎大学的许多教授也像她一样，家里有孩子。在她的促进下，一项具有独创性的合作教育计划诞生了，按照这个计划，许多知识渊博的科学家分担自己子女的教育任务。

一个让孩子们激动的新纪元开始了，上课的十个男女儿童乐不可支。他们每天只听一节课，教课的是一位特别选定的大师。第一天早上，他们在巴黎大学实验室由让·佩林讲授化学课。第二天，这支小部队转战到罗斯路的芳特纳，由保罗·兰格文教数学。佩林夫人、沙瓦纳夫人、莫顿教授分别教文学、历史、生活口语、自然科学、泥塑和图画。最后，玛丽·居里在星期四下午教孩子们最基础的物理知识，地点在物理学校一间不用的教室里，在这间屋子里从来没人谈论过物理学。

后来，她这些门徒有几位成了科学家。她讲的课引人入胜，她的态度慈祥亲切，给他们留下了美好的回忆。由于她的讲解，书本上那些枯燥抽象的现象变得生动有趣了：自行车滚珠蘸上墨水，在倾斜的平面上画出抛物线，证实物体下落定理。一个摆锤在烟熏过的纸上划出摆动的轨迹。这群小学生自己设计制作了一个带有刻度的温度表，结果与标准温度计一样准确，孩子们感到无比得意……

玛丽将自己对科学的热爱和对工作的喜好传授给孩子们。她还把自己长期积累的工作方法教给他们。她自己精通口算，便坚持要她的学生们练习口算。"你们一定要熟练掌握，直到从不出错为止，"她坚持说，"秘诀就是不要做得太快。"如果一个小学徒连接电池组的时候弄得乱七八糟，玛丽会气得脸色通红。"别对我说你过后会整理！做实验的时候，绝对不能把桌子上搞得一塌糊涂。"

这位诺贝尔奖获得者有时也向这些有远大抱负的孩子们教授一些简单有益的常识。

一天，她问道："你们说，要想让这个容器里的液体保持温度，该怎么办？"

班里有几位科学明星：弗朗西斯·佩林、让·兰格文、伊莎贝拉·沙瓦纳、艾莱娜·居里。大家立刻提出几种富有独创性的解决方案：用羊毛料子将容器包裹起来，或者用巧妙而难以办到的手段将容器隔绝空气。

玛丽微笑道：

"要是让我做，我会首先给容器盖上盖子。"

说完这几句话，这个星期四的课结束了。门开了，一个女仆端来一大堆食物，有面包卷、巧克力、橘子。大家聚在一起吃茶点，解散后到了校园子里，大家还在边吃边讨论。

当时的报纸密切关注着居里夫人的一举一动，抓住这种上课方式，取笑科学家的子女闯入官办实验室的活动，并不考虑这些活动其实不但谨慎，而且受到仔细的监控。

一个无聊作者写道："一帮连读写都不太熟练的娃娃，竟然得到允许，操纵设备、从事实验、制作仪器、尝试化学反应……虽然巴黎大学和居维埃路上的建筑物尚未发生爆炸，不过爆炸的隐患并未消除。"

这种合作授课就像人类的其他行为一样持续不久，两年后便告终了。孩子们的父母工作太忙，孩子们也要参加统一考试，必须埋头学习官方课程。玛丽为艾莱娜选择了一所私立学校,名叫塞维涅中学,该校上课时间比较少。艾莱娜在这所好学校中学毕业,后来艾芙也在这所学校念书。

玛丽保护女儿们个性的努力令人感动,不过,这些活动从童年便开始是否成功呢?可以说既成功,又不成功。"合作教学"让她的大女儿受到了一流的科学教育,这是任何其他学校不可能教授的,但是她得到的文学知识却不完善。至于精神方面的教育,要想改变人的天性是不可能的,即使是在母亲的保护下,我看我们也没有变得更完美。不过,有几种品质却永远烙在了我们的性格中:热爱工作,不热衷于钱财,以及独立的本能。我姐姐热爱工作胜过我足足一千倍。不过,我们两姊妹在任何复杂环境下,都习惯于不靠别人帮助自己独立处理一切。

艾莱娜能控制自己的悲痛心情,可我就不行。尽管母亲努力帮助我,可我童年时期过得并不幸福。玛丽只有在一个方面做得完全成功:两个女儿身体健康灵活,热爱体育活动。在这方面,这位具有超人智慧的慷慨女人取得了极大的成功。

我努力了解玛丽·居里最初对我们的教育是受了什么原则的启发。我做出这种努力并非没有顾虑,因为我恐怕这会让人以为,她是个固执己见的教条主义者。其实恰恰相反。这个人想让我们变得坚强,可她自己却性格过于脆弱,似乎天生就是来受苦的。她想培养我们的含蓄矜持态度,然而,尽管她自己不愿承认,却显然希望我们拥抱她,对她甜言蜜语。她希望我们不要感情用事,可她自己稍稍受人慢待便会陷入悲哀。她从来不因为我们胡闹而以"不准感情用事"的尺度惩罚我们。传统上对儿童的惩罚我们在家里都没有体验过,既没有挨过戒尺,没有"在屋角罚站",也没有剥夺吃点心的权利。我们也不会哭喊吵闹,无论喜怒哀乐,母亲不允许任何人提高嗓门。一天,由于艾莱娜鲁莽,玛丽想要"给她个教训",决定两天不跟她说话。这两天对她和艾莱娜都痛苦难熬,但是,两个人中间受惩罚最重的倒成了玛丽,她心烦意乱,在那所悲哀的房子里到处徘徊,模样十分悲惨,比女儿感受的痛苦更重。

我们就像众多其他儿童一样,恐怕只会考虑自己的事,并不顾忌别人的细致感情。不过我们倒能体会到母亲的魅力和不愿外露的温情娴雅。玛丽从来不遗弃我们写给她的信件,她用捆糖果的丝带把我们小时候写的一封封傻信都捆起来。在这些墨迹斑驳的信中,第一行对她的称呼是:"亲爱的妈"、"我温柔亲爱的"、"我甜蜜的人儿",用得最多的是:"温柔的妈"。

"温柔的妈"实在太温柔了,说话的时候几乎让人听不见。她对我们说话仿佛也带着羞怯,她不愿人们怕她,也不愿人们尊敬她或者崇拜她……温柔的妈多年来根本不愿让我们知道,她是个与众不同的母亲,是个让日常工作负担压得直不起腰的教授,是个杰出的女人。

第二十章　成功与磨难

每天早上,都有一个瘦削的身影走进居维埃路上那间狭窄的实验室,从衣帽钩上取下一件粗布工作服罩在黑色衣服上,马上便开始工作。她脸色很苍白,面色越来越憔悴,一头金发忽然花白了。

虽然玛丽自己并没有意识到,但是在她生活中这段阴暗的时光中,她的容貌却日臻完美。据说,人上了年纪,容貌才能定型。这句话对我母亲完全适用! 玛妮娅·斯科洛多斯卡少年时期只能算是"可爱",上大学和成为年轻妻子的时候变得十分迷人,如今她是个成熟的科学家,又饱受悲痛的煎熬,这些却将她塑造成个惊人的美女了。她的斯拉夫特征辅以脑力劳动的生活环境,根本不需要用鲜艳的色彩和愉快的情绪额外装点。四十岁以后,她性情中有了一丝悲怆的勇气,还有一种越来越明显的温柔,这些却变成她高贵的装饰了。在艾莱娜和艾芙眼中,母亲多年来一直保持着这种理想的形象,后来姊妹俩突然发现母亲变成了一个非常老迈的女人,禁不住感到恐慌。

居里夫人集教授、研究者和实验室主任数职于一身,以同样无法比拟的强度工作着。她还继续承担着赛弗尔学校的教学工作。在巴黎大学,她于一九〇八年晋升为有正式职称的教授,成为世界上第一位讲授放射学课程的教授,也是当时唯一讲授这种课程的人。她要付出多大的代价啊! 虽然她认为法国的中学教育有缺陷,但是她对这里的高等教育却真心钦佩,希望成为其中的一名大师,与她年轻时钦佩的教授齐名。

担任教授两年后,玛丽开始着手编写自己的讲义,于一九一〇年出版了一本厚达九七一页的高水平专著《论放射性》。尽管居里夫妇宣布发现镭还是不久前的事,但是在这一领域已经获得了极为丰富的知识,这本厚厚的书几乎不能将这些知识完全囊括其中。

这部著作封面上没有作者像。玛丽在封二放了一张皮埃尔的照片。两年前,由玛丽整理后于一九〇八年出版的《皮埃尔·居里作品集》上,也印着这幅照片。那是一本厚达六百页的著作。

这位寡妇为这部作品集作序,追述皮埃尔的科学生涯。她十分克制地哀悼他的不幸去世:

> 皮埃尔·居里去世前几年创作颇丰。当时他的知识已得到充分发展,实验技能也臻于完美。
> 由于获得了更完善的工作条件,他生活中的一个新时期正要开始,他令人钦佩的科学生涯本该自然延续。然而,命运多舛,我们只能在这费解的命运前低头。

居里夫人的学生人数与日俱增。一九〇七年,一位名叫安德鲁·卡内基的美国慈善家向她提供了系列年度奖学金,使她能在居维埃路的教室里多接受一些新生。这些新生有些成为大学雇用的实验室助手,有些成为义务自愿工作人员。其中有一位身材颀长天资聪颖的男孩,他名叫莫里斯·居里,是雅克·居里的儿子。玛丽对他的成功感到自豪,始终像母亲一样关怀这个侄子。一位忠实的朋友与玛丽一道负责这八到十位学生的学业,这位朋友便是居里夫妇的老合作者、一流的科学家安德烈·德比尔纳。

尽管居里夫人的健康越来越差,但她制定了一个系列研究计划,并一直贯彻始终。

她提纯了几百毫克氯化镭,并第二次确定了这种元素的原子量。在此基础上,她开始分离金属镭。在此之前,她每次制出的"纯镭"都是镭的盐(氯化物或溴化物),这是镭的唯一稳定状态。玛丽与安德烈·德比尔纳合作,终于分离出纯粹的金属镭,金属镭并不因空气作用而发生改变。这是科学上已知最艰难的操作,后来再也没有人重复做过。

安德烈·德比尔纳还帮助居里夫人研究钋及其发出的射线。最后,玛

丽独自发现了一种方法,可通过测量镭的射气来测定镭的原子量。

放射疗法在普及。这一事业的发展要求将这种贵重物质的微小颗粒精确细分成很小的份额。当需要量为一微克时,天平就没什么用处了。玛丽有了个主意。她根据放射物质发出的射线强度为之"称重"。她将这项复杂的技术推向实用化,在她的实验室创立了"测量服务",科学家、大夫甚至平民都可以拿放射性矿物来检验,领取一份标明镭含量的证书。

在她发表《放射性元素分类》和《放射性常数表》的同时,又在完成另一项具有普遍重要意义的工作:制定镭的第一个国际标准。玛丽的情绪十分激动,亲自将二十一毫克纯净的氯化镭装在一只小安瓿里,庄重地存进巴黎附近赛弗尔的度量衡标准局,作为镭的计量标准。这便是后来通行五大洲的镭标准计量单位。

居里夫妇出名后,"居里夫人"的个人声誉越来越响亮,传播速度快得像火箭。名誉博士证书、外国科学院的通讯院士证书等等接踵而至，把西奥克斯家里书桌抽屉都塞满了。可这位接受者从来没想过把这些证书拿出来展示，甚至连写个证书列表的念头都没有过。

法国对在世的伟人只有两种表彰方法：颁授荣誉勋章和科学院院士头衔。一九一〇年，法国向玛丽颁授骑士十字勋章，但她受皮埃尔·居里的影响拒绝接受。

几个月后，一些特别热心的崇拜者劝她申请成为科学院院士，她为什么没有同样拒绝呢？难道她忘记了丈夫在失败和成功时同样受辱的可怜得票数？难道她没有意识到，自己周围已经撒开一张嫉妒的罗网？

她的确没有意识到。她是个天真的波兰女人，以为拒绝第二祖国给她的这一崇高荣誉会显得自负，显得不知恩。

她的竞争对手是高级别科学家、天主教徒埃都亚·布朗利。结果，在"居里的支持者"与"布朗利的支持者"之间，在自由思想者与宗教信仰者之间，在赞成妇女入科学院当院士的人与反对这种新鲜事物的人之间，全方位的对抗爆发了。玛丽无能为力，惊惶失措地目睹着这场始料未及的争论。

几位最伟大的科学家领导了支持她的活动，其中有亨利·普安加瑞、罗克斯大夫、埃米尔·皮卡德、李普曼教授、布提教授、达尔波克斯教授。对方的阵营也准备了一种有利的防卫武器。

"妇女不能进法国科学院"，阿玛加先生带着卫道士的愤慨口吻说。八年前，就是这位阿玛加先生，在与皮埃尔·居里竞争时获胜。一些拨弄是非者跑到天主教徒一边，说玛丽是个犹太人，然后又跑到自由思想者一边，说她是个天主教徒。到了一九一一年一月二十三日投票那天，校长宣布开会时高声对看门人说：

"任何人都可以进来，但女人除外。"

一位几乎双目失明的院士赞成居里夫人进科学院，他后来诉苦说，有人当时把一张假选票塞到他手里，他险些投了她的反对票。

四点钟，记者们匆匆离席，赶去写选举失败或成功的"报道"：玛丽·居里只差一票没有当选。

在居维埃路上，实验室的助手和工人比这位候选人还着急，都在等待着选举结果。他们原以为百分之百能成功,所以这天早上买来一大束鲜花,藏在摆放精密天平的桌子下面。结果,失败让他们惊呆了。机械师路易斯·拉戈特心情沉重,把那束没用的花清理出去。年轻的工作人员们心里默默准备着安慰言辞,但是他们根本用不着说这番话。玛丽从她的小办公室走出来,对于这次挫折并不当回事,一句评论也没说。

在居里夫妇的经历中,法国对他们的态度仿佛不断受到其他国家的纠正。一九一一年十二月,瑞典科学院向这位女科学家颁发当年的诺贝尔化学奖,嘉奖她在丈夫去世后独立做出的出色贡献。从来没有哪个得奖人两次获得过这种奖赏,不但女人没有,男人也没有。

玛丽身体虚弱多病,请求布罗妮娅陪她同去瑞典。她还带了大女儿艾莱娜一道旅行。这个孩子参加了这次庄严的会议。二十四年后,在这同一间大厅里,她也接受到同一奖项。

颁奖之后,除了照例有的招待会和国王举行的晚宴外,人们还特别为玛丽组织了喜庆活动。有一个活动永远留在了她的记忆里,那是个令人喜悦的乡村庆典,几百位妇女身穿色彩鲜艳的服装,头上戴着蜡烛组成的冠冕,烛光随着舞蹈摇曳,如同一顶顶王冠在闪烁。

在公开讲演时,玛丽将人们对她慷慨表示的尊崇转而献给皮埃尔·居里的英灵。

>   在谈到本次讲演的正题之前,我希望指出,发现镭和钋是皮埃尔·居里和我共同研究的结果。放射性领域的几项基本研究也要归功于皮埃尔·居里,这些研究有的是他单独完成的,有的是与我共同完成的,有的是在他的学生们合作下完成的。
>
>   虽然我分离出了纯镭盐,并且确定镭是一种新的元素,但这与我们共同的研究工作有着密切联系。因此我认为,瑞典科学院授予我如此崇高的荣誉,是基于对我们共同工作的认可,也是对皮埃尔·居里表示的敬意。

玛丽做出了伟大的发现,享有全球驰名的声望,两次获得诺贝尔奖,无数同时代的人无比羡慕她,因此也有数不清的人仇视她。

恶意突然朝她扑来,想要毁掉她。巴黎掀起一股浊浪,攻击这个四十四岁的虚弱女人。她独自坚持着常人无法承受的辛劳,对这种进攻并不抵抗。

玛丽做的是男人的工作,选择的朋友和知己也都是男人。她的人格对密友产生了深刻的影响,对其中一位影响尤其显著。这就足够了。于是人们指责她,说一个女科学家本来应该献身工作,生活也应该矜持而有尊严,但是,近年来这个女人却变得特别可鄙,她破坏别人的家庭,有辱她的姓氏,玷污了她辉煌的名誉。

我觉得不该由我评判那些发动攻击的人,我不该说出玛丽感到如何绝望,也不该说出她如何痛苦挣扎。我们也不去提那些记者,他们在这个女人受到匿名信骚扰,公开受到暴力威胁,甚至生命都遭遇危险的时候,还落井下石诽谤她。虽然有些攻击她的人后来请求她的宽恕,流着眼泪懊悔不已,但是罪行已经犯下了,玛丽精神崩溃,几乎发了疯,差一点儿要自杀。她的身体也垮了,患了重病。

我只愿意在如林的毒箭中挑出一支稍加描绘。这其实是一支最不致命,却最卑鄙的毒箭,它随时都瞄准着她。正如在一九一一年那些痛苦的日子里,或者她的一种头衔、奖赏或荣誉受到拒绝,每逢有机会让这位独特的女人受屈辱,便有人提出她的国籍来非难她,说她是俄国人,说她是德国人,说她是犹太人,说她是波兰人,说她来到法国巴黎想以不正当手段篡夺崇高的地位。然而,每逢玛丽·居里以自己的天才为科学增添了光彩,每次她在别的国家受到前所未有的称颂,在同一份报纸上,她立刻变成了"法国的女使者"、"我国天才的最纯洁代表"、"国家的荣耀"等等,全然不提她引为自豪的波兰国籍,这同样是不公正的。

伟人往往容易受到某些人的攻击,那些人总是渴望从天才的甲胄下找到人性的弱点。若不是荣誉这种可怕的磁性吸引来同情和憎恨,玛丽·居里决不会受到如此严重的诽谤和中伤。于是,她憎恨名望又有了一个新的理由。

逆境中要靠朋友。玛丽收到几百封信,信中对她受到的磨难表示同情,也表示愤怒。这些信有些来自她的熟人,也有些是素不相识的人写来的。许多人为玛丽而战斗,其中有安德烈·德比尔纳、让·佩林夫妇、沙瓦纳夫妇、一位好心的英国朋友埃尔顿夫人、玛丽的助手和学生等等。在大学圈子里，有些几乎不认识她的人也主动帮助她，譬如数学家埃米尔·波瑞尔夫妇就是这样。他们对她的友好关怀无微不至。她哥哥约瑟夫、姐姐布罗妮娅和海拉匆匆赶到法国来帮助她。为她辩护态度最坚定的是皮埃尔的哥哥雅克·居里。

亲友的挚爱让玛丽恢复了一些勇气，可她的身体日渐衰弱。觉得不能再像以前那样在西奥克斯与大学之间奔波了。于是，在巴黎租了套房子，地点在白求恩码头路三十六号。她打算从一九一二年一月起搬到那里去住，可她没有支撑到这个日子，十二月二十九日，人们把她送进了一所疗养院，她当时已经奄奄一息，几乎送了命。不过，她还是征服了病魔，但她的肾脏发生了严重病变，需要做手术。没出两个月，玛丽就被人用担架抬进医院好几次，现在身体极其虚弱。可她要求把手术推迟到三月份，因为她要在二月底参加一次物理学大会。

著名外科医师查尔斯·瓦尔特为她做了手术，并精心护理她，可她的身体仍然长期处于危险中。玛丽瘦得可怜，想站起来都困难。她忍受着发烧和肾脏疼痛，从不叫苦。要是换了别的女人，恐怕从此要抱病卧床了。

身体的疾患加上人们的卑鄙诽谤，她就像个走投无路的困兽，不得不到处躲藏。她姐姐为她在巴黎附近的布鲁诺地方租了一处小房子，租房子时用了"德卢斯卡"的名字。这个病人在那里住了一段时间，然后又在忧郁中隐姓埋名在图农疗养了几个礼拜。到了夏天，她的朋友埃尔顿夫人接她和她的女儿们到英国海边一所平静的房子里去住。她在那里受到了照料和保护。

就在玛丽感到前途黯淡的时候，有人向她提出一个预料之外的建议，她既感到兴奋，又觉得为难。

一九〇五年革命之后，沙皇政权逐渐走向崩溃，对俄国的自由思想作了一些让步，就连华沙的生活条件也不似原先那么严酷了。一九一一年，华沙一个相对独立而且非常活跃的科学协会将玛丽聘请为名誉会员。几个月过后，那里的学者们订立了一个雄心勃勃的计划，要在华沙创立一个放射性实验室，要迎请这位世界上最伟大的女科学家居里夫人回国领导那里的工作。

一九一二年五月,一个由波兰教授组成的代表团来玛丽家拜访。代表团还带来一封信,写信的人是波兰最著名、最受欢迎的作家亨利克·显克维支。虽然这位作家没有见过玛丽,但他在这封请求她回国的信中既对她表示出敬仰,也带着谆谆恳请的亲切口吻:

> 最尊敬的夫人:恳请您返回我们的祖国和我们的首都,在这里继续您光辉灿烂的科学活动。您一定明白近年来使我国的文化和科学濒临没落的种种原因。我们对自己追求知识的能力丧失了信心。我们的敌人蔑视我们,我们自己对未来也不抱希望了。
>
> ……我国的人民都钦佩您,更希望看到您在这里工作,看到你回祖国工作。这是全国人民热切的希望。有您在华沙,我们会感到比较强大,我们就能抬起在不幸中低下的头。愿我的衷心祈祷能成为现实。请不要拒绝我们向您伸出的手。

换了一个没什么顾虑的人,这该是多么好的机会啊,借此体面离开法国,不再理会诽谤,不再承受残忍的行为!

但是玛丽从来没有怨恨。她以真诚的心情急切地考虑自己的责任所在。回国这个主意既吸引她,又让她感到害怕。她的身体非常虚弱,害怕做出举家迁徙决定。此外还有一个原因:在一九○九年,一项计划终于敲定了,要建设居里夫妇长期渴望的实验室。这时候如果离开巴黎,从法国逃走,那就等于使这个计划化为泡影,也等于扼杀了一个伟大的梦想。

这是两种互不相容的职责,这也是玛丽一生中最虚弱的时期。她疲惫不堪的心在做着斗争。不知承受了多少思乡的痛苦,也不知经过多少时日的迟疑,最终她寄出婉言谢绝华沙的信,她心里该是多么痛苦啊!不过她仍然答应对这个新实验室提供远距离指导,并由她两个最好的助手管理。这两位助手是波兰人达尼什和卫滕斯坦。

一九一三年,玛丽拖着重病的身体前往华沙,参加那座放射性实验室的落成典礼。俄国当局对她的出席故意不理睬,没有一个俄国官员参加为她组织的招待活动。如此一来,祖国同胞对她的欢迎就更加热烈。在一个挤得水泄不通的大礼堂里,玛丽平生第一次用波兰语作了科学讲演。

她在写给一位同事的信中说:

> 我要在离开之前尽力做出贡献。星期二,我作过一次公开讲演。我参加过各种聚会,并且还会继续参加一些集会。我在这里得到了一种善意,不应该辜负它。这个可怜的国家受到荒谬而野蛮的蹂躏,人民做出了巨大的努力,设法保卫其道德水准和知识水平。压迫者退却的一天也许会到来,人民必须坚持到那个时候。但这是什么样的生活!这又是什么环境啊!
>
> 我拜访过记忆中少年和青年时期生活过的所有地方。我又去了维斯杜拉河,还有那里的墓地和坟墓。旧地重游既让我感到甜蜜,又让我心中悲哀,可我不能不去。

有一个仪式是在工农业博物馆举行的。二十二年前,玛丽就是在这座建筑物里第一次做简单物理实验的。第二天,波兰妇女为"斯科洛多斯卡·居里夫人"举行了一个宴会。一排排客人中间坐着一位白发苍苍的老小姐,老人出神地凝视着这位科学家:原来这是西科尔斯卡小姐,就是梳着金色发辫的小玛妮娅最初接受教育的寄宿学校校长。玛丽从摆着鲜花的桌子中间穿过,来到老小姐身旁,她就像当年领奖时一样羞怯,俯身亲吻老人的两颊。可怜的西科尔斯卡小姐在观众暴风雨般的掌声中流出了眼泪。

玛丽的健康逐渐好转,后来恢复了"正常"生活。一九一三年夏天,她想试试自己的体力,便背起行囊徒步在恩加迪纳地区旅行。陪她一道旅行的有她的两个女儿和她们的家庭教师,还有科学家阿尔伯特·爱因斯坦和他的儿子。在几年时间里,居里夫人与爱因斯坦之间建立起了"天才的友谊",他们彼此钦佩,两人之间的友谊坦诚而忠实。两人有时说法语,有时说德语,喜欢不断地讨论物理学上的理论问题。

孩子们跑着跳着走在前面,对这次旅行感到极为兴奋。稍后一点,健谈的爱因斯坦兴致勃勃解释着自己一直思索的理论,玛丽的数学头脑异常杰出,属于欧洲少数能听懂爱因斯坦理论的人之列。

艾莱娜和艾芙有时听到他们说的几句话,觉得十分古怪。爱因斯坦心事重重,沿悬崖边的陡峭岩石路向上攀登,对道路的艰险却并不注意。他突然停住脚步,抓住玛丽的胳膊,大声喊道:"你明白的,我需要确切知道,电梯坠下时,乘客会发生什么事情。"

为这么滑稽的事操心!年轻人听了放声大笑,根本没想到想象中的电梯坠落会引发卓越的"相对论"。

这次短期休假过后,玛丽去了英国,参加那里举行的科学仪式。在伯明翰,她又得到一个荣誉博士学位。这一次她破例带着愉快心情忍受了折磨,后来写信把当时的情景讲给艾莱娜听:

他们给我穿了件漂亮的绿边红长袍,还有其他接受博士学位的科学家,大家都身穿这种衣裳受罪。他们对我们每人说了一段赞颂我们成就的演说辞,然后大学副校长对我们每人宣布说,大学授予我们博士学位。接着,我们都在台上就座。仪式完了以后,我们加入教授和博士的行列,大家都身穿跟我们差不多的衣服。这一切都很滑稽。我只好一本正经遵守伯明翰大学的规矩。

艾莱娜却觉得很着迷,写信给母亲说:

亲爱的妈妈:

我简直像亲眼看见了你身穿绿边红袍的模样,你穿着一定漂亮极了!他们让你保留这长袍呢,还是仅仅借给你在仪式上穿?

在法国,一场场暴风雨都过去了,这位科学家升到了荣誉的顶巅。两年以来,建筑师内诺一直在皮埃尔·居里路上分配给她的地皮上建造镭研究院。

各方面的事情安排得并不容易。皮埃尔刚去世,政府便向玛丽建议,向全国征求捐款,建设一个居里学院。这位寡妇不愿借多非纳路发生的灾难募捐,拒绝了这个建议。当局便懒得出面管这事了。但是,在一九〇九年,巴斯特研究院的院长罗克斯大夫慷慨建议说,为玛丽·居里建设一个实验室，请她离开巴黎大学，在巴斯特学院当个显赫的科学家。

巴黎大学的领导人忽然竖起了耳朵……把居里夫人挖走？不行！无论代价多大，也要把她留在巴黎大学！

后来，罗克斯大夫和李亚尔副校长达成谅解，这才解决了这场争论。巴黎大学和巴斯特研究院各出资四十万金法郎，共同创建镭研究院。该院由两部分组成，一部分是放射性实验室，由玛丽·居里领导；另一部分是生物研究和放射性疗法实验室，由著名医师克劳德·利高德教授组织研究对癌症的治疗和对病人的护理。这两个姊妹研究机构相互依赖，合作发展镭科学。

这个时期，人们常常看到玛丽离开居维埃路，急匆匆赶往这个布满脚手架的工地，在那里拟定计划，与建筑师争论。这个头发花白的女人脑袋里充满了现代化的新颖念头。她当然要为自己的研究工作考虑，但她更要为长远着想，想要这间实验室三十年后，甚至五十年后还能继续使用，尽管到时候她早已是尘归尘土归土了。她要求屋子建得非常宽敞，要求采用大窗户，好让实验室充满阳光。另外，她还执意要求有一个电梯，这一创意成本高昂，让政府的工程师怒不可遏……

这个永远具有农妇气质的科学家最关心花园，一定要按照自己的心意来搞。她不愿听从"节约面积"的说法，迫不及待地争取建筑物之间的每一平方英尺土地，早在建筑尚未奠定基础时，就像个鉴赏家似的选好一棵棵小树，亲自监督人们栽种下去。她对合作者们说了知心话：

"现在买下我的法国梧桐树苗和椴树苗，就是争取了两年时间。等我们开始使用这座实验室的时候，这些树都长大了，一丛丛树木就会开花。不过你们别说出去，我还没有告诉内诺先生呢！"

她那双灰色眼睛里又闪烁出了欢乐的小火花。

她亲自栽种攀援蔷薇花，挥动铁锹在没有完成的墙脚下培土，天天浇水。她迎着风直起腰来，便觉得砖石墙壁与生气勃勃的植物在一起成长。

一天，玛丽正在居维埃路实验室里聚精会神做实验，她原来的实验室工友佩第来找她，这个人情绪十分激动。物理学校也在建工作室，皮埃尔和玛丽使用过的那间潮湿的棚屋要拆掉，工人们已经挥动镐头动手了。

玛丽随昔日这位工友来到拉赫芒德路，向棚屋最后道别。棚屋还没有开始拆,人们怀着虔敬的心情,保留下皮埃尔在黑板上写的一行行字。玛丽仿佛觉得门子很快就会打开,一个高大的身影就要走进来。

拉赫芒德路、居维埃路、皮埃尔·居里路……这是三个地址,也是三个阶段。这一天,玛丽不由自主地将自己追求科学的道路回顾了一遍,她的生活中既有艰辛,也有满足。她的未来已经有了清楚的轮廓。刚刚建成的生物实验室里,利高德教授的助手们已经开始工作,到了晚上,新楼宇的窗户射出明亮的灯光。几个月之后,玛丽也要离开理化自然科学学部,把她的实验仪器搬到皮埃尔·居里路上这座建筑物里来。

这位女英雄获得如此胜利时,自己已经上了年纪,身体也不再结实,而且还失去了生活中的幸福。可这又有什么关系?她周围有了一批新生力量,朝气勃勃的科学家们都准备帮助她,大家一道奋斗。这并不算太晚。

每一层楼上都有安装玻璃的工人在歌唱,在吹口哨。楼门上方已经镶嵌了石板铭牌,上面镌刻着:镭研究院居里楼。

玛丽站在坚固的墙壁前,望着饱含敬意的题刻,不由想起巴斯特说过的话:

> 如果造福人类的种种发明打动了你的心,看了电报、摄影术、麻醉术等众多效果惊人的发明,如果你感到肃然起敬,如果你盼望自己国家未来在这类奇迹中做出贡献,我劝你关注这些神圣的建筑吧。人们为它们起了十分有表现力的名字,叫做实验室。让实验室大量增加吧,让这些建筑物里摆满仪器吧。它们是未来的殿堂,是财富与福利的神庙。人类就是在这些神庙殿堂中成长壮大的,就是在这里进步的。人类在这里学习,学习着阅读自然的作品、进步的作品、普遍和谐的作品,而人类自己的作品往往是野蛮的、疯狂的、具有破坏性的。

在那个美好的七月,皮埃尔·居里路上那座"未来的殿堂"最终建成了。实验室准备迎接镭、迎接工作人员、迎接这里的领导人。

可惜这个七月是一九一四年七月。

第二十一章 战争

玛丽在布列塔尼租了一所别墅,准备在那里度暑假。艾莱娜和艾芙已经带了一个保姆和一个厨娘先去了那里,她们母亲答应在八月三日去那里与她们团聚。她必须在巴黎完成一学年结束时的各种工作。她已经习惯于在白求恩码头路空荡荡的家里单独度过一年最炎热的几天时光,甚至连个女佣也没有。她白天在实验室度过,晚上很晚才回家,家里只有看门人随便打扫一下房间。

一九一四年八月一日,玛丽给女儿们写信说:

亲爱的艾莱娜、亲爱的艾芙:

看来时局日趋严重。我们在随时等待动员令。我不知道能不能动身。不要慌,要镇静,要鼓起勇气。如果战争不爆发,我星期一就去与你们会合。如果战争爆发了,我就留在这里,尽快把你们接回来。艾莱娜,你我要做点有益的事情。

八月二日:

我亲爱的女儿们:

战争动员已经开始。德国人不宣而战打进了法国。我们暂时不方便通信了。

巴黎还平静,给人的印象很好。不过到处能看到人们伤心离别。

八月六日：

我亲爱的艾莱娜：

我也很想把你们接回来，可暂时办不到。要有耐心。

德国人一路打过比利时，但是勇敢的比利时人不会不抵抗就屈服……法国人全都充满了希望，认为这场战斗尽管艰苦，但肯定会有转机。

波兰的一部分已经被德国占领。经过这场战争后，波兰还能剩下什么？我根本得不到家里亲戚的消息。

玛丽周围异常冷清。她的同事和实验室工作人员都入伍了，身边只剩下因心脏病不能参军的机械师路易斯·拉戈特，还有个身材只有桌子那么高的女佣。

这个波兰女人并不考虑法国仅仅是自己的第二故乡，她这时只有一个想法：为她的第二祖国服务。作为母亲，玛丽没有梦想着去跟女儿们团聚；作为身体虚弱的病人，她全然不顾自己的疾病；作为科学家，她把个人的研究工作推到以后和平时期再做。在这个严重的特别时期，她的直觉和主动精神再一次被唤醒了。

她没有轻易决定关上实验室的门，像许许多多勇敢的法国女子一样去当白衣护士……她一拿到了卫生机关的证件，立刻便发现当局忽视了一个问题，觉得这是个可悲的空白：前线和后方医院都没有 X 光检查设备。

自从一八九五年伦琴发现 X 光以来，无需手术辅助便能"看到"人体骨骼和器官，并拍成照片。在一九一四年，法国放射科大夫使用的伦琴诊断机数目极为有限。战时军事卫生服务机关向几个大的救护中心提供了不多几台这种奢侈的大机器，仅此而已。

这种神奇的设备能立刻发现伤员身体里的步枪子弹或炮弹碎片，准确找到其位置。难道这能算是奢侈品吗？

玛丽的研究工作从不涉及 X 射线，但她每年在巴黎大学都要作几个关于 X 射线的讲座,所以对此非常了解。她将自己的科学知识自然而然应用在这方面,预见到在这场可怕的屠杀中需要什么:必须马上建立大量放射线检查站。为了适应军队的流动性,需要制造轻便灵活易于携带的设备。

玛丽认识到自己的工作领域,便立刻开始动手。几个小时后,她列出大学各实验室的设备清单,其中也包括她自己的实验室设备。然后她到各制造厂家作了一轮拜访,可用的 X 光材料都集中起来,然后分散到巴黎地区各医院。从教授、工程师和科学家中招募了志愿工作者。

但是他们如何帮助大批大批送来的伤员呢?伤员送来的速度简直快得惊人,而战地医院还什么设备都没有。有些战地医院连供电都没有,如何使用这种设备呢?

居里夫人找到一个解决办法。她用法国妇女联合会提供的基金,创造了第一辆"放射线汽车":在一辆普通汽车里安装伦琴设备,由汽车马达驱动的发电机供应所需电力。这个完整的移动站从一九一四年八月起在各战地医院之间巡回工作。这是为马恩战役中撤回巴黎来的伤员做检查的唯一射线检查机器。

德国军队快速推进。玛丽面临着一个亟须做出的决定:留在巴黎,还是去布列塔尼与女儿们团聚?假如敌人有可能占领首都,她应该随卫生机构一道撤离吗?

她冷静考虑着这些不同道路,最后做出了决定:不论发生任何事情,她要留在巴黎。不但是她目前担任的救护工作需要她留下来,她还要为自己的实验室着想,为居维埃路的实验室和皮埃尔·居里路上新实验室里的精密仪器着想。她想道:"如果我在这里,德国军队也许不敢抢劫这些东西;如果我走了,一切都会被抢走。"

尽管这种推论相当荒谬,不过这毕竟给指引她行为的本能找到了些许合理的借口。玛丽是个固执而顽强的女人,她的自豪感不容她临阵脱逃。她认为,害怕就等于为敌人服务。什么也不能引诱她放弃,不能让敌人得意洋洋占领空无一人的居里实验室。

她已经做好了与女儿们永别的准备,把她们托付给丈夫的哥哥雅克。

一九一四年八月二十八日,玛丽写信给艾莱娜说:

……巴黎可能面临围城,那样我们的联系就隔断了。如果发生这种情况,要勇敢地忍受,与这场大规模战争相比,我们的个人愿望是微不足道的。如果我们分离的时间比预料的长,你一定要负起照顾妹妹的责任。

八月二十九日:

亲爱的艾莱娜:

你知道,现在证明我们的联系不会被隔断了。不过我要告诉你,应该随时准备发生各种变化……巴黎距离前线很近,德国很有可能打到巴黎附近。所以,你要有勇气和信心!要想到你当姐姐的责任,现在你该认真担负起这种责任了。

一九一四年八月三十一日:

你星期六寄来的信收到了,信写得太好了,我多想吻你,几乎忍不住要流下眼泪了。

战事不顺利,我们的心情都十分沉重不安。我们需要极大的勇气,希望我们不缺乏勇气。我们一定要相信艰难日子过去后,好时光就会到来。我的乖女儿们,我心怀这种希望想念着你们。

虽然玛丽平静地面对着巴黎可能被围城、遭轰炸,甚至被占领的生活,但是,有一样珍贵的东西她一定要防止侵略者夺走:她的实验室拥有的那一克镭。她不敢托付任何人,决定亲自把它运到波尔多。

于是,玛丽搭乘了一趟哐当作响的火车,这趟火车上坐着撤离的政府官员和重要人物。玛丽身穿黑色驼绒风衣,带着个小行囊,一克重的镭装在里面,当然,镭分装在一个个小玻璃安瓿里,外面是沉重的铅屏蔽罩。居里夫人居然在长凳尽头找到个座位,面前还有个放沉重行囊的地方。她打定主意,不听充满车厢的悲观交谈,两眼凝视着外面洒满阳光的田野。但窗外也是一派失败景象：铁路旁边的国道上，连绵不断的汽车都在向西面逃难。

波尔多挤满了逃难来的法国人。脚夫、出租车和旅馆都难得找到。夜幕降临时，玛丽仍然站在车站广场上，身边放着自己搬不动的负担。人群推搡着她，可她并不动怒，反倒觉得自己的处境很有趣。难道她得坐在这个价值一百万法郎的箱子上过夜？幸而教育部的一个雇员也搭乘这趟车来了，认出她后便帮她的忙。这位救援者在一个私人住房里帮她找了间屋子。那一克镭和重达二十公斤的屏蔽罩也有了安置的地方。第二天早上，玛丽把这件棘手的宝贝存进一家银行的保险库，终于放了心，便踏上返回巴黎的旅途。

她来这里没受到人们注意，但是要启程返回首都了，却激起人们热烈的议论。一群人聚在一起讨论这个怪现象："这个女人要回那儿去。"这个"女人"仔细不暴露自己的身份，不过多说了几句话，平息惊慌失措的传言。她用温和的口吻告诉大家说，巴黎肯定能挺住，巴黎居民不会遭受危险。

她返程搭乘的是一列军车，上面只有她一个平民。这列火车慢得要命，多次中途停车，一停就是几个钟头。玛丽自从前一天离开实验室就没时间吃东西，这时饿坏了。有个士兵从背包里拿出一大块面包给她，她接受了。

受到战火威胁的巴黎非常安静。她觉得，在九月初的阳光下，这座城市有一种前所未有的美和价值。难道这颗珠宝真的要失去？但是，一个消息在街上像海啸般传播开来。居里夫人风尘仆仆刚到巴黎，就赶忙去打听，结果是：德国人的进攻被粉碎，马恩战役开始了。

玛丽赶往高等师范学院找她的朋友阿佩尔和波瑞尔，要求马上在他们建立的医疗机构中服务。这个机构叫国家急救中心，保罗·阿佩尔是这个慈善团体的主席，对这个疲惫不堪的可怜女人充满同情，请她在沙发上躺下，还要求她以后几天要多休息。这话她可不听。她要行动，要工作……后来，阿佩尔谈到她，说："她坐在沙发上，脸色苍白，眼睛瞪得老大，简直气炸了。"

一九一四年九月六日，玛丽写信给艾莱娜说：

……此时战场在变化。敌人在撤退,远离开巴黎了。我们都充满了希望,对最后的胜利满怀信心。

　　……要让小费南德·沙瓦纳做物理题。你们现在不能为法国工作,就要为祖国的未来努力。唉,这次战争结束后,许多人都不在了,他们留下的位置必须有人填补。你们要尽自己的能力学习数学和物理。

　　巴黎得救了。玛丽便派人把女儿们接回来。两个女儿强烈反对让她们过逃难生活。艾芙回到学校上课,艾莱娜学习护士课程,要拿护士文凭。

　　居里夫人的预料没错。这是一场持久而残酷的战争,越来越多的伤员需要就地做手术,战地医院必须有手术师和放射科医生,亟须紧急制造很多伦琴设备,而且特别需要放射诊断车巡回工作,提供有价值的服务。

　　这些汽车被各军区昵称作"小居里"。玛丽不顾官僚们的冷漠和迟钝,在实验室里将其一辆辆装备起来。我们这位胆怯的女人忽然变成个要求苛刻、发号施令的强人了。她缠住懒惰的官员不放,要求他们发放通行证,要求他们发许可证,要求他们征用汽车。他们给她制造困难,拿出规章制度阻止她……"平民不能麻烦我们!"许多官员就抱着这种想法。但是玛丽并不让步,继续争取,最后总是赢得胜利。

　　她毫不留情地向公民索取私人汽车。在她的要求下,诸如加内侯爵夫人和穆拉公主等许多慷慨的妇女把自己的豪华汽车送给她或借给她,她立刻把车改装成放射诊疗车,还以稍带嘲弄的口吻保证说:"战争打完就归还你们的汽车,说话算话。如果到时候还能用,我就还给你们!"

　　玛丽就这样改装了二十辆汽车投入使用。其中一辆车由她自己使用。那是一辆车身像卡车的雷诺牌平头汽车。车身按规定漆成灰色,上面有红十字标志和一面法国国旗。她就在这辆汽车里过着冒险家和大统帅的生活。

　　常常有电报或电话通知居里夫人,说一个住满伤员的战地医院急需马上提供放射诊断设备。玛丽就会马上检查自己车上的设备和发电机,趁司机给汽车加油的时候,赶回家取她的黑斗篷、旅行帽、旅行包。那顶小圆帽早已褪色,不成形状了,黄色旅行包的皮面剥落到处是裂缝。她坐在司机旁边没挡风玻璃的座位上,这辆勇敢的汽车就全速出发,奔向亚眠、伊尔普、凡尔登,平均速度大约是每小时二十英里——这就是车子的最快速度了。

经过几个哨卡,同怀疑的哨兵解释过后,便到了医院。玛丽立刻投入工作。她选定一间屋子作放射检查室,便把她的一个个盒子搬进去,拿出工具,组装设备,连接到汽车上带的发电机。司机一见她的手势便启动发电机,玛丽就测量电流强度。为伤员做检查前,她还要准备好"透视屏",把防护手套、眼镜、做记号用的特制铅笔和确定子弹位置的铅标等物放在手边。接着,她用带来的黑帘子或者干脆用医院的普通毯子遮住窗户,把屋子一侧临时改成暗室,放好冲洗感光片的显影药水。就这样,玛丽到医院半个钟头以后,一切便就绪了。

痛苦的行列开始行进。外科医生和居里夫人待在那间暗室里,开动的仪器笼罩在神秘的光环下。人们把一个个伤痛的身体抬进来。伤员躺在放射诊断台上。玛丽将仪器对准受伤部位,调整位置,得到清楚影像。骨骼和器官的轮廓清晰显现出来,其中看到一块黑黑的阴影:子弹或炮弹碎片。

一名助手记下医生的观察结果,玛丽迅速记录下影像上的弹片位置或拍摄成感光片,作为外科医生取弹片的依据。有时候,医生就在"射线下"施手术,在透视屏上看到手术钳插入伤口,避开骨骼,夹住弹片。

十个、五十个、一百个伤员……几个钟头过去了,有时要一连工作几天。只要还有伤员,玛丽就一直待在暗室里。离开战地医院前,她还要研究在哪里能安置固定的放射检查设备。最后,她才把设备收拾起来,爬上那辆神奇的汽车,出发回巴黎。

用不了多久,这所战地医院又会看到她的身影。她上下周旋弄来设备,搬到这里来安装。一个使用这种仪器的人会跟她一道来,但是谁也不知道她是怎么弄到这个人的,也不了解她如何培训他从事这项工作的。从此,这所战地医院便有了 X 光室,用不着她来帮忙了。

玛丽除了装备那二十辆射线检查车,还用这样的方式装备了二百个放射检查室。居里夫人亲自创建启用了共二百二十个移动或固定的检查站,使用这些设备检查过的伤员总数超过了一百万人。

玛丽的力量源泉不仅仅来自她的科学知识和勇气,她具有一种朴实而宝贵的"适应"天赋,而且发挥到了极致。战争时期,法国人将打破官僚主义桎梏的创造性做法称作"D 机制",这种机制玛丽运用裕如。她强迫自己进行系统训练,不但完善自己操作伦琴仪器的技术,阅读解剖学论文得到放射医学知识,而且还学开车,拿驾照,了解机械常识。她最不愿意求助于他人,更不愿意让人为她服务。

如果司机不在,她就自己驾驶那辆雷诺车,在颠簸的公路上到处奔波。人们见过她在严寒天气里精神十足地使劲用摇把发动汽车,也见过她奋力用千斤顶抬起沉重的汽车更换轮胎,或者用科学家的精密态度,皱起眉头清理肮脏的化油器。要是通过火车托运仪器设备,她就亲自动手把设备装上车皮,到达目的地后,又是她亲自动手卸车,拆开包装,看看有没有发生什么损坏……

她对自己是否舒适毫不在意,也从不要求特殊照顾。从来没有一个著名妇女像她这样,她从来不给人添任何麻烦。她根本不在乎怎么吃饭,也不在乎在哪儿睡觉——她要么睡在护士宿舍,要么像在霍格斯泰德战地医院那样,在露天支个帐篷,倒头便睡。当学生的时候,她在阁楼上冻得浑身发抖,如今无需适应就变成一名士兵,参加进一场伟大的战争。

一九一五年一月一日,玛丽写信给保罗·兰格文说:

> 我还没有决定何时动身,但不会太晚。我收到一封信,说圣波尔地区的那辆放射检查车已经损坏。这等于是说,整个北方都不能做放射诊断了!我正在采取必要步骤,抓紧时间赶紧出发。我的祖国饱受一个多世纪的苦难,如今又倒在血泊中了。但是,既然我不能为不幸的祖国效劳,就决心尽全力为我的第二祖国服务。

在巴黎,艾莱娜和艾芙的生活就像参战军人家属一样。母亲只有在肾脏疾病发作时,才能回家休息几天。只要她在家,那就是生了病。没病的时候,她总是在法国或比利时的三四百家战地医院里,要么在苏彝普,要么在兰斯,要么在加来,或者在波普林格。战争在持续,她也在这些医院之间巡回。艾芙汇报自己历史或法文考试成绩优异,写信给妈妈时,收信地址从来十分奇怪,也特别迷人:

"福赫纳,高尚玫瑰旅馆,居里夫人收。"

"上莱茵,摩维拉,第二附属医院,居里夫人收。"

"第一一二医院,居里夫人收。"

玛丽在巡回中,只要一落脚,就给巴黎匆匆写个明信片,向女儿们简单通报自己的消息:

一九一五年一月二十日:

　　亲爱的孩子们:我们到了亚眠,在这里睡,一路只爆了两个轮胎。替我问候大家。妈。

同一天:

　　抵达了阿伯维尔。让·佩林开着自己的汽车撞上一棵树。好在没有大损伤。继续向布洛涅行驶。妈。

一九一五年一月二十四日:

　　亲爱的艾莱娜:一路上发生过种种事故,终于抵达了波普林格。可我们还不能工作,要等医院做出一些改变才行。他们要给汽车盖个棚子,还要在一个大病房里隔出个小间,安置射线检查设备。这些耽搁了我的工作,很难想出其他办法。

　　几架德国飞机朝敦克尔刻投弹,炸死几个人,不过大多数人并不太惊慌。在波普林格也时而发生这种事,不过不常有。我们一直能听到大炮的轰鸣声。这儿没下雨,有点冻。医院热情接待我,让我单独住一间房,还给我生了火炉,比福赫纳强多了。我在医院吃饭。亲切拥抱你们。妈一九一五年五月：

　　亲爱的：我在沙隆等了八个钟头，今天早上五点才抵达凡尔登。汽车也到了。我们正在组织安排！妈。

　　一九一五年四月的一天晚上，玛丽回家后脸色比平时更苍白，行动也不像平时那么敏捷。人们关心她，问长问短她都不说，关上自己房间的门生闷气。

　　原来，从福吉斯返回的路上，司机把车翻到沟里了。玛丽当时坐在车厢里，周围都是仪器，结果被埋在下面。她非常恼火不是因为自己受了严重擦伤，而是立刻想到玻板X光片都碎了。那年轻司机吓傻了，稀里糊涂问："夫人！夫人！你死了吗？"这一问倒把压在沉重仪器下面的玛丽逗乐了。

　　她并没有向人们讲述事故经过，她的伤不太重，就躲在家里自己包扎伤口。后来家人在报纸上看到这次事故的报道，在盥洗室看见几片带血的布片，才得知此事。可她已经再次出发了，随身带着她的黄色皮包和旧圆帽，还有她专门为"参战"买的男式黑皮钱包。

　　在一九一八年，她把这只钱包忘在一个抽屉里，再也没有碰过，直到她一九三四年去世后，才被发现。人们发现钱包里有一张身份卡片，上面写着"居里夫人，射线服务主任"，有一张大炮及炮弹军需次长签署的文件"允许居里夫人使用军用汽车"，有大约十张法国妇联签署的"特别使命"命令文件，有四张照片：一张玛丽的，一张她父亲的，两张她母亲斯科洛多斯卡夫人的，有两个空的小口袋，无疑是她在旅行得空时种花用的花籽袋子，一个袋子上写着："迷迭香种子，四到六月间在苗圃播种。"

　　居里夫人并没有为这种令人惊异的生活准备什么特别服装，只是在轮流穿的旧衣服上套了个红十字臂章。她从来不戴护士用的面纱，工作的时候也不戴帽子，只是在衣服外面套上件实验室穿的普通白大褂。

　　她丈夫的侄子莫里斯·居里在沃古斯当炮手，写信给她说：

　　艾莱娜告诉我说，你在凡尔登一带。凡看见医疗车辆经过，我都探头看看车里的人,只见人们戴着满是装饰条纹的帽子。我猜想,军事当局大概不会让你按规矩穿军装吧……

这位到处巡回的人几乎无法照顾自己的家。家里便不成样子了。艾莱娜和艾芙继续上学,成绩好坏参半。她们还为士兵们织毛衣。餐厅墙上挂着一幅大地图,她们在战略要地位置插上一面面小旗子,密切关注着战事进展。玛丽要孩子们自己出去度假。她对孩子们的关心仅此而已。她允许艾莱娜和艾芙在敌军轰炸时睡在床上,而不必钻在地窖里瑟瑟发抖。一九一六年,她同意孩子们参加秋收队,去布列塔尼代替上前线的男人收获庄稼。两个孩子在那里割麦子、打麦子,干了两个星期。一九一八年,她们不顾德军大炮轰击,留在巴黎。我认为,玛丽不愿让女儿们过分谨慎小心。

艾芙还帮不上她的忙,但艾莱娜十七岁便掌握了放射知识,同时还没有耽误中学毕业考试,也没有耽误在巴黎大学的学业。起初,她当母亲的"操作员",后来单独执行过许多次使命。玛丽派她去许多战地医院,尽管她还太年轻,可母亲觉得她既然担负了责任,自然该住在福赫纳、霍格斯泰德、亚眠等地的战区里。居里夫人与这位年轻姑娘间建立起一种战友般的亲密关系。这位波兰女人不再觉得孤独,可以跟自己的合作者和朋友们谈工作,也可以推心置腹谈自己的忧虑。

战争开始后的几个月里,玛丽跟艾莱娜进行过一次重要交谈。

她对女儿说:"政府要求公民捐献黄金,很快还要发行公债。我要献出仅有的一点点金子,还要献上我获得的科学奖章,这种东西对我没用。还有,因为太懒惰,我第二次获得的诺贝尔奖金还存在斯德哥尔摩没取,是瑞典克朗。这是我们家最大的一笔财产。国家正需要钱,我想把这笔钱提回来买战争公债。不过,我并不抱幻想,这钱可能会一去不复返。所以,如果你不同意,我就不做这种'傻事'。"

后来,她们把瑞典克朗兑换成法郎,又变成战争公债,继而变成"国民捐款"或"自愿捐献"。正如玛丽预料的一样,最后消失得一个子儿也没剩下。她把自己的金子捐献到法兰西银行。接待她的职员接受了金钱,但拒绝接受奖章,那位职员情绪激动,坚决不肯将这些荣誉的奖章送去熔化。

玛丽并不领情,认为这是拜物主义,太荒唐了。最后只好耸了耸肩,把奖章带回实验室。

如果居里夫人有了一个钟头的休息时间,她就会待在皮埃尔·居里路的实验室,坐在花园里的一张长凳上,看着她心爱的椴树,望着新建起却空荡荡的镭研究院,想着自己最喜欢的一个实验室助手。那是个波兰人,名叫让·达尼什,他已经在战斗中英勇牺牲了。她叹息着,不知道这种血腥的恐怖何时才能终止,何时才能重新埋头研究物理学。

她并不让这种无益的空想折磨自己,她不断地为战争提供服务,但同时也在默默为和平做着一点点准备。她尽量抽出时间,将居维埃路上那间实验室的设备一点点搬到皮埃尔·居里路上的新实验室里。打包、装车、卸车,开着她那辆旧放射检查车,从一个建筑物跑到另一个建筑物,像蚂蚁搬家一样忙碌。没过多久,新实验室装备完毕了!最后,玛丽在存放放射性材料的屋子周围赫然堆了一层沙袋,这才算结束了自己的安装工作。一九一五年初,她把那一克镭从波尔多运回来,供国家使用。

镭与X射线都能对人体产生各种治疗效果。在一九一四年,国家还没有组织射线医疗,因此玛丽要再次创造,并作临时医疗准备。她将自己那一克镭献出来,搞"射气服务"。每个星期,她都要利用镭"挤奶",让它发出射气,将射气装在试管里,送到巴黎大医院和其他卫生中心,用以治疗"恶性"伤痕和许多种皮肤损害。

射线检查车、射线检查站、射气治疗服务……还有更多的有用服务逐渐创造出来。但是,缺乏受过培训的操作人员。玛丽对此十分忧虑。她建议设置并讲授一种放射学课程。没过多久,二十名护士便召集起来,在镭研究院进行第一期培训。教学计划包括电学与X光理论课、实践操作练习,还有解剖学。授课教师是居里夫人、艾莱娜·居里,还有一位迷人的女学者克莱恩小姐。

从一九一六年到一九一八年,玛丽就这样培训出一百五十名放射科操作技师,受培训的人员有各阶层的人士,有的人受过的教育程度很低。起初,居里夫人的名声让他们感到害怕。但是,这位女科学家很快便以热心和恳切赢得了大家的欢迎。玛丽有一种异乎寻常的天赋,能让缺乏知识的人接受科学。她特别喜欢把工作搞得尽善尽美。她的一位学员以前是位女佣人,这位学员头一次为照相版显影,就像个艺术家一样搞得完美无瑕。居里夫人无比欣喜,好像这是她自己取得的胜利。

法国的同盟国也开始相继求助她了。从一九一四年起,她频繁光顾比利时的许多医院。在一九一八年,她应意大利政府的要求,前往意大利北部执行一项使命,调查当地的放射性物质资源。不久之后,她迎接二十名美国远征军士兵来自己的实验室,向他们传授放射学知识。

由于新职务的关系,她能接触到各种不同类型的人。有些外科手术师理解 X 光的用途,把她当成了不起的同事,也当成可贵的合作者。比较无知的另一些人却不信任她的设备。但是,经过几次确有效果的放射诊断后,他们这才惊异地发现,"它真的有效"。玛丽指给他们看经射线显示在透视屏上的弹片,他们几乎不敢相信自己的眼睛,他们通过常规手术办法却怎么也找不到这些弹片,还让伤员饱吃了苦头。他们立刻信服了,把这种方法当成奇迹来谈论……

她时常遇到时髦女人或医院的赞助者。这些人随便地朝这个头发灰白的女人看一眼,见她不讲究衣着,也不在乎人们叫她什么名字,便往往把她当成个下属来对待。每逢这类虚荣心让她稍感恼火时,她便会想起一位护士和一个士兵,心情马上便平静下来。那两位是她在霍格斯泰德医院工作时的同伴:比利时王后伊丽莎白和国王艾伯特。

虽然玛丽的态度往往冷淡矜持,她对伤员却十分和蔼热情。有些原来当农夫当工人的看见伦琴仪器觉得害怕,问这种检查会不会伤着他们。玛丽就安抚他们说:"你们会看到,这就像拍照片一样简单。"她使出自己浑身解数,设法用悦耳的声音对他们说话,双手抚慰他们,拿出极大的耐心。那是对生命的虔敬。为了拯救人命,也为了减少他们的痛苦,让他们免受切割检查之苦,因此避免虚脱,她可以做出最艰苦的努力。只有一切办法无效时,她才会采取强制手段。

这四年中,她遭受了无数艰难困苦,冒着极大的危险,可她从来没说过。既没有提过能把她整垮的疲惫,也不提随时有送命的危险,更不说 X 射线和镭对她已经受损的器官产生的严重危害。她在同伴面前只露出一副无忧无虑的神色,甚至表现出快乐,比以前任何时候都快乐。战争教会了她这种兴致,这是最美的面具,是勇气的面具。

尽管如此，她内心中却极少感到过欢乐。一想到研究被打断，波兰亲人没有消息，她就感到深深的痛苦，世界范围的疯狂战争更增添了她的恐惧。她见到过成千上万个伤残的身体，听到过无数的呻吟和尖叫声。这些记忆让她的生活久久笼罩在阴郁之中。

停战的礼炮声传进了她的实验室。她要用国旗装饰镭研究院，于是带着自己的合作者玛特·克莱恩到附近店铺寻找法国国旗。但是，各商店的国旗都卖光了。她最后只好买回三种颜色的布料，让女仆巴迪内特夫人缝起来，挂在窗前。玛丽兴奋得浑身发抖，不能自己。她和克莱恩小姐登上那辆放射检查车，这车用了四年，已经破旧不堪。理化自然科学学部的一个工人为他们开车，在几条街道上来回游行，庆贺胜利。街道上的人群欢乐中带着肃穆。协和广场人山人海，汽车再也无法通过。有些人顺着挡泥板爬上车顶。玛丽的汽车再次上路时，车顶上载着十几个额外的乘客，他们整整一个上午都待在车顶上欢呼庆祝。

战争的结局对玛丽来说是双重的胜利。波兰在战火的灰烬中重新诞生了。受过一个半世纪的奴役后，波兰重新变成一个自由的国家。

这位前斯科洛多斯卡小姐又回顾起自己童年受过的欺凌，以及青年时期的奋斗。她还是个小娃娃的时候，曾以装假和计谋与沙皇官员周旋；后来在华沙的一些穷人的房子里与流动大学同伴秘密集会；在斯茨组基时，她教农人的子女读书……这些并非枉然。为了自己的"爱国梦"，她多年前几乎牺牲了事业，甚至几乎牺牲了与皮埃尔·居里的爱情。如今，她的梦想变成了眼前的现实。

一九二〇年十二月，玛丽写信给约瑟夫·斯科洛多斯基说：

> 我们这些生来受奴役、戴枷锁的人获得了新生，我们的梦想终于实现了，终于看到了祖国的复活。我们原先不敢希望亲自见到这一时刻，以为就连我们的子女也不会见到这一时刻。可这个时刻终于到来了！不错，我们的祖国为了这一幸福付出了极大的代价，而且还会付出更多代价。尽管战后仍有阴霾，然而，难道这不比战后波兰仍然受肢解戴枷锁好吗？要是那样，人民该如何痛苦失望啊！我像你一样，对未来也充满了信心。

这种信心和这些梦想让玛丽的个人焦虑得到些许安慰。然而,战争搅乱了她的科学研究,消耗了她的体力,使她破了产。她交给国家的钱像雪一样溶化得无影无踪。她考虑着自己的物质条件,感到非常担忧。如今她五十多岁了,却几乎变得一穷二白。她自己和女儿们的生活只能完全依靠她当教授的薪金——每年一万二千法郎。她的体力能够让她在退休前保证教学工作,并担当起实验室主任的职责吗?

玛丽并没有放弃她的战时职务,战后两年多时间里,学习放射诊断的学生继续到镭研究院来上课。与此同时,玛丽又一心扑到毕生热爱的物理学中。有人请她写一本论《战时放射学》的书,她在书中歌颂科学发现和不懈的研究,及其对人类贡献的价值。她从悲惨的参战经历中找到了热爱科学的新理由。她在书中说:

> 放射学在战争中的应用提供了一个显著的例证,证明纯科学的发现在特定条件下,无疑可得到广泛的用途。
>
> 直到战争之前,X射线的用途还十分有限。在人类遭受的这场大劫难中,受难者人数多得惊人,人们的强烈反应便是尽量挽救所有能挽救的人,利用一切手段保护人的生命。
>
> 人们马上设法利用X射线,使之最大限度地为人类服务。原来看似困难的手段立刻找到了解决方案,变得简单易行。材料和人员像施了魔法一般翻倍增加。原来不理解的人转而接受;原来不会的人学着使用;原来不关心的人变得关心投入。因而,科学发现超越了其自然活动的领域。镭疗法或放射性元素的辐射用于医疗也发生了类似的演化。
>
> 在十九世纪末叶,科学将放射现象揭示出来。我们从这一意料之外的发展中能得到什么结论呢?这个结论应该是:我们对纯粹的研究应该更加抱有信心,应该更加增加对这些研究的尊敬和钦佩。

从这本枯燥的技术性专著中,我们很可能无法认识到玛丽·居里的独创性多么重要。她竭力用客观口吻描述,完全不提自己的作用,将自己彻底隐藏起来,在不突出个人作用方面,她真是个天才!玛丽认为,"我"这个字眼不是可憎,而是根本不存在。她的工作仿佛是由某种神秘的实体完成的。需要用"我"字的时候,她要么用"卫生机构"来代替,要么用"人们"来代替。在绝对无法避免的时候,才用"我们"这个字眼。对镭的发现也掩饰在"十九世纪末叶,科学将这种新的射线揭示给了我们"这个说法里了。居里夫人不得不提到自己时,总是设法把自己融入不提名的众人之中:

在刚刚过去的几年中,我像许多其他人一样希望为保卫祖国服务,因此立刻转向了放射学。

尽管她如此谦逊,但有一件小事仍可以证明她自认为为法国尽了力。她以前拒绝受颁荣誉十字勋章,以后也再次拒绝过。但是,与她亲近的朋友都清楚,如果有人提议在一九一八年授予她军人骑士勋位,她准会接受。

这种稍稍违反她原则的事没有轮到她。数目众多的"夫人们"得到授勋,获颁奖章,可我母亲什么也没得到。几个星期过后,便没人记得她在这一部宏大的演出中扮演过什么角色了。尽管她做出了相当特殊的贡献,但没人想过应该给居里夫人衣服上别上一枚士兵的小十字徽章。

第二十二章 宁静——在拉古埃度假

世界重归平静。玛丽从远处注视着那些和平缔造者的努力,她的信心和希望变得越来越渺茫。

她是个理想主义者,自然而然会受到威尔逊①主义的影响,而且对国际联盟深信不疑。她执著地追求一种途径,希望使人类放弃一切野蛮残暴行为,同时梦想着达成一项条约,能真正消除仇恨和敌意。她曾经说:"我不能赞同把德国人彻底灭绝,应该让德国人得到一种他们能够接受的和平。"

战胜国和战败国的科学家恢复了往来。玛丽真诚地表示,她愿意忘掉过去不久的战争,不过她不肯像自己的同事那样表现出过分的友爱与热情。每逢她与德国物理学家见面前,她都会习惯地问他一句:"有没有在九十三条上签过名?"如果这个人签过,那她就会仅仅表示客气。如果这个人没有签过,她则会友好得多,与她的同行畅谈科学,仿佛战争没有发生过一样。

玛丽这种暂时的态度,表现出她极其重视动乱时期知识分子的责任和义务。她认为伟人是无法"超越战争"的;这四年,她一直忠诚地为法国服务,而且挽救了许多人的生命。但是她的一些行动反映出,她反对知识分子不该参加战争的主张。玛丽对莱茵河彼岸的作家和科学家在那份声明

---

① 威尔逊:Wilson,(Thomas)Woodrow(1856—1924),美国第二十八任总统(1913—1921)。

上签字表示谴责,后来,有些俄罗斯科学家公开赞扬苏联警察的做法,对此她也表示了谴责:有知之士不能坚定地维护人类文明,保卫思想自由,那就是背叛了自己的使命。

尽管玛丽参加了这场大战,但是她既没有变成好战分子,也没有沦落为某个宗派的成员。一九一九年,我们发现她在领导自己的那间实验室,她仍然是一位纯科学家。

她一直在盼望,期待着皮埃尔·居里路上的实验室里恢复生机。她最关心的是不要让战争期间来之不易的成果受到破坏:应该继续提供射气服务、继续向各医院分发装有"放射元素"的小试管。利高德大夫复员后,重新负责生物楼的工作,继续担任这里的领导工作。居里夫人和她的同事在物理楼继续一九一四年中断的实验,同时也开始一些新研究项目。

生活恢复了正常,玛丽也上了年纪,有更多的时间关心艾莱娜和艾芙的前途。两个女儿身体健壮,个子长得都比她高了。二十一岁的大女儿在上大学,性格冷静,有条不紊,对自己的使命从来没有丝毫的怀疑:她要成为物理学家,而且她非常明确地希望从事镭的研究。她父母取得的成就和享有的声望既没有令她气馁也没有使她胆怯。艾莱娜·居里朴实而自然地走上了皮埃尔·居里和玛丽·居里开创的道路,这一选择的确令人钦佩。她不考虑自己能否创建母亲那样的辉煌事业;也不觉得母亲的盛名对她是个重大压力。她真诚热爱科学,又具有非凡的天赋,便树立起唯一的目标:永远在她长大的实验室里工作。一九一八年,她在这个实验室里获得了"助手"职位。

玛丽的个人经历和艾莱娜幸运的例子使玛丽产生了错觉,以为年轻人可以毫无困难地在生活的迷宫中找到正确方向。但是艾芙的苦闷和不断转变令她非常不安。她对孩子们的自由意愿有一种大度而且过分的尊重,同时对她们的智慧估计过高,这使她没有在艾芙身上行使自己做家长的权力。她原本希望既有理智也有天赋的艾芙能够成为一名医生,研究镭在医学方面的应用。然而,她并没有强迫艾芙走这条路。她怀着一种不知厌倦的理解,支持着这个女儿的种种反复无常的计划。看到女儿学习音乐,她也感到十分欣慰,任凭女儿自己选择老师和学习方法……这个孩子被自己的犹豫不决所害,而她却给予她过多的自由。如果得到严格的指导,她本来可以有更好的发展。可是她怎么能发现自己的错误呢？难道她有一种不会出错的天赋,能引导她冲破重重障碍,走上命运的坦途吗？

她悉心慈祥、毫无偏袒地关心着自己这两个迥然不同的亲生女儿。无论在什么情况下,她都是艾莱娜和艾芙忠诚的保护者和热心的同盟者。后来,艾莱娜结了婚,有了自己的孩子,玛丽对这两代人都给予了慈爱和关心。

一九二八年十二月二十九日,玛丽写给艾莱娜和弗雷德里克·若里奥—居里的信中这样说道:

我亲爱的孩子们:

祝你们新年快乐,也就是祝你们在新的一年里身体健康、心情愉快、工作顺利。在新的一年里,希望你们天天都快乐,不要等到日子过去后才能体会到其中的乐趣,也不要希望快乐只能在未来发现。人老了就会感到享受现在的可贵:能够享受现在是一种可以与获得天恩媲美的宝贵天赋。

我也很想念你们的小海琳,也祝她快乐。看到这个小家伙一天天在成长,真是令人感动。现在她满怀信心地期待你们能给予她一切,而且坚信你们能够使她免于各种痛苦的侵扰。有朝一日,她会明白其实你们没有这么大的力量,虽然所有的家长都希望能为自己的孩子做一切。家长至少应该努力给孩子们一个健康的体魄,让他们在爱的氛围中度过一个宁静的童年,尽可能长地让他们保持自己美好的信心。

一九一九年九月三日,玛丽在写给两个女儿的信中说:

……我常想到这一年要面对的工作,也常常想到你们俩,想到你们带给我的甜蜜、喜悦,以及对我的关心。有你们俩,我真是幸运。我希望能和你们一起过上几年舒坦的日子。

不知是令人心力交瘁的战争后她身体有了好转,还是人上了年纪心态渐稳,玛丽到了五十多岁后变得平和了许多。悲伤和疾病放松了对她的折磨,岁月冲淡了往日的痛苦:玛丽虽然没有再次找到幸福,但是她学会了热爱日常生活中小小的喜悦。艾莱娜和艾芙是在永远与病魔作斗争的母亲身边长大的,现在忽然发现母亲成了她们的新伙伴,虽然面容苍老,却有一副年轻的身心。艾莱娜是一个不知疲倦的运动者,她鼓励母亲参加运动,陪她一起徒步远足、滑冰、骑马,甚至有时还去滑滑雪。

那年夏天,玛丽去布列塔尼看望两个女儿。母女三人在拉古埃这个不受外界打扰的小村子里,度过了一个神仙般的逍遥假期。

这个小村落位于海峡岸边,邻近巴安波。居民只有水手、农人和巴黎大学的教授们。拉古埃是历史学家查尔斯·塞诺博斯和生物学家路易斯·拉皮克在一八九五年发现的。大学圈子的人认为,其重要性简直与哥伦布发现新大陆不相上下。一个诙谐的记者给学者们的这块聚居地取了个别名,叫做"科学港"。居里夫人来这里的时间比较晚,她先是住在当地老乡家,后来又租了一座别墅,最后索性自己盖了一座别墅。她选择的地点位于荒野上,那里偏僻荒凉,面对着平静的大海,海面上还点缀着大大小小的岛屿,这些岛屿挡住了外海的海浪对海岸的冲刷。她对灯塔情有独钟;无论是她在夏天租过的别墅,还是后来自己盖的房子,外表看起来都非常相似:狭长的房屋坐落在一片空旷的地面上,房间布局欠佳,几乎没有什么家具,不过风景却非常壮观。

每天清晨,玛丽只能遇到不多的几个过路人,包括有些驼背的布列塔尼妇女、行动缓慢的农民、一笑就露出龋齿的儿童,他们都会大声地和她打招呼:"早上好,居——里夫人!"布列塔尼口音拖长了音节。哦!这简直是奇迹!玛丽并没有转身逃走,而是微笑着用同样的口气回答:"早上好,勒高福夫人……早上好,甘丹先生!"如果她认不出跟她打招呼的人,就难为情地简单说一声:"早上好!"本地人只有在仔细思量后才会用这么平静的口吻跟人打招呼,这是彼此平等的人相互问候,其中既没有鲁莽也没有好奇,只有友好。他们对玛丽的尊敬不是因为镭,也不是因为"她的名字在报纸上出现过",而是经过两三个季节相处之后,那些把头发紧紧塞在白色尖顶帽下的农妇把她当成了自己人。

居里夫人的房子和本地的其他建筑别无二致。拉古特最有名的一座房子位于聚居区中心，这是一座低矮的茅草别墅，五叶地锦、西番莲和灯笼海棠一直攀援到屋顶上。在人们心目中，这房子简直是一座宫殿，在布列塔尼方言里，这座别墅被叫做"达山维昂"，意思是"小果园"。达山有一个位于斜坡上的花园，花园里的花草没有经过人为的设计，却自然形成一垄垄色彩夺目的彩纹。只要不刮东风，这里的房门总是敞开的。房子里住的人已经七十岁却仍然精神勃勃，他名叫查尔斯·塞诺博斯，是巴黎大学的历史学教授。这位老人身材不高，有一点驼背，但是为人十分热情，他总是穿一身带细黑纹的白色法兰绒西服，衣服已经发黄，上面还打着补丁。当地人都称他为"塞诺先生"，他的朋友则管他叫"船长"。他的魅力和他受人尊敬、爱戴和亲近的性格特点，都无法用言语表达。这个老单身汉是所有男人的好朋友，而且和他关系密切的女人比任何土耳其总督的妻子都多：他总有三四十个女伴，年龄从两岁到八十岁的都有……

玛丽沿着一条俯瞰拉纳依海湾的陡斜的小径下山朝达山走去。房前已经聚集了十五名成员，他们在那里踱来踱去，等着坐船上岛。居里夫人的出现没有在这个由移民和流浪者组成的人群中引起什么反应。查尔斯·塞诺博斯迷人的眼睛藏在近视眼镜后，亲切友善却又不拘小节地向她打招呼："啊！居里夫人来了！您好！您好！"有几个人也跟着说您好，然后玛丽加入了这个群体，在地上坐下来。

她头戴一顶洗旧了的亚麻帽子，身穿一条旧裙子和一件结实的软毛法兰绒厚呢短大衣，这件大衣是村里的女"裁缝"伊丽莎·莱夫按照一个不分男女、不管是学者还是渔夫都合适的样式做的。她光着脚，穿了一双凉鞋，面前放着一个包，这个包和另外那十五个放在草地上的包看上去非常相似，里面装着一条浴巾和一件泳衣。

要是一个记者突然置身于这一群平静的人们中间，他肯定会欣喜万分。他必须得格外小心，不要踩到在草地上懒洋洋躺着的法兰西科学院的院士身上，或者是踢着一个诺贝尔奖得主。这里的名人不胜枚举……如果你想找人谈物理，这里有让·佩林、玛丽·居里、安德烈·德比尔纳、维克多·奥格尔。谈数学和微积分？这里有埃米尔·波莱尔，他披着浴袍，看上去却像身穿皇袍的罗马皇帝。谈生物、天文物理？路易斯·拉皮克和查尔斯·默汉都能回答你的问题。至于魔法师查尔斯·塞诺博斯，这个地方很多小孩都心怀恐惧,彼此私下说:"他知道发生的一切"……

不过在这个学者云集的聚会中最奇妙的事却是这里从来没有人谈论物理、历史、生物和数学。在这里尊敬、等级,甚至合乎礼仪的规范都被人抛在脑后。人们不再有师徒之别、长幼之分,而是分成四种:"庸人",指那些不请自来、留在这个聚会中的陌生人,这些人要尽快被清除出去;"大象",指那些在航海生活中没有天赋的人,留在团体中只为当作作取笑对象;"水手"指的是那些配得上此称呼的拉古埃人。最后一类是那些高级水手、熟悉海湾水流的技术专家,以及行船划桨的能手,这些人被称为"鳄鱼"。居里夫人从来都不是"庸人",不过她也不奢望获得"鳄鱼"的称号。她做了不长时间的"大象",随后就成了一名"水手"。

查尔斯·塞诺博斯清点完信徒人数,发出开船信号。艾芙·居里和让·莫兰这两个当值水手从停泊在岸边的两只帆船和五六只划艇中解开了"大船"和"英国船",并把它们划到岸边,这里参差不齐的岩石形成了一个天然的小码头。那些航海家们已经等在了岸边。塞诺博斯用欢快急促、又带些讽刺的语调喊道:"上船!上船!"当船上坐满了乘客后,他又喊:"谁来划船呢?好吧,我划尾桨,居里夫人划前桨,佩林和波瑞尔划侧桨,弗朗西斯掌舵。"

这些可能难住大多数知识分子的命令在这里却立刻得到执行。四个桨手全都是巴黎大学的教授和名人,他们各就其位,听候年轻的弗朗西斯下命令,因为他负责掌舵,所以权力最大。查尔斯·塞诺博斯划下第一桨,然后为其他船员定下了节奏。在他身后的让·佩林开始用力划桨,他的力气太大,船都开始打转了。佩林身后是波莱尔,再后面是划前桨的玛丽·居里。大家都有节奏地喊着号子。

阳光洒满海面,这只白绿相间的小船在水面上平稳前进。年轻舵手严厉而公正的批评打破了寂静:"二桨没用力!"(埃米尔·波瑞尔试图否认,但很快又放弃了。不再偷懒,用力划桨。)"头桨没跟着尾桨!"(玛丽·居里一阵忙乱,纠正了自己的错误,重新跟上节奏)

查尔斯·莫兰夫人用她那优美热情的声音带头唱起《船歌》的前几句,后面的乘客很快都跟着一起唱起来:

> 我的父亲盖了一座房
> （划呀划呀，划你的桨！）
> 有八十个年轻的泥瓦匠……

缓慢、有节奏的歌声夹杂在一缕代表着好天气的西北风中，飘向在海湾另一面航行的第二只船"英国船"，那只船上的船员也唱起他们那三四百首特有曲目中的一首。查尔斯·塞诺博斯会把这些歌教给每一个拉古埃的新成员。

两三支歌唱完后，这组三人桨手累了。舵手看了看表，然后喊道："换班！"他不管桨手们是否感到疲惫，只是按规定从出发已经过去了十分钟，所以该换班了，于是玛丽·居里、贝汉、波莱尔和塞诺博斯把位置让给另外四个高等学府的成员。要划过海峡湍急的水流，到达紫色的维拉斯山岩，就必须换一组船员。拉古埃人几乎每个早晨都会到这个荒弃的海岛去洗海水浴。

男人们在空船附近满是棕色海藻的岸上脱衣服，女人们则到一个满地水草、表面光滑的角落里去换衣，这个角落从一开始就被叫做"女更衣室"。玛丽穿着黑色的泳衣，和第一批人朝大海走去。海岸很陡峭，人一跳下去就不见了。

玛丽·居里在维拉斯岩凉爽清澈的海水中游泳的姿势十分优美，那是我对母亲最愉快的回忆之一。她不用女儿和同伴喜欢的"自由式"。经过艾莱娜和艾芙的系统训练，她学会了一种手臂出水的姿势，再加上她天生的优雅，她的游泳姿势非常优美。你会忘记她藏在泳帽下灰白的头发和沧桑的面容，只会去欣赏她那和少女一样苗条、柔软的身体、白皙美丽的胳臂，还有活泼迷人的姿势。

居里夫人对自己的灵活性和在游泳方面的天赋尤其引以为豪：她和巴黎大学的同事之间暗中进行体育竞赛。玛丽观察着其他科学家和他们的妻子在维拉斯岩小海湾里畅游，有的采用标准的手臂出水式，有的虽然也在打水，却在原地漂浮，并不前进。她精确地计算着对手游出的距离，虽然并不公开提出比赛，她却开始训练自己打破其他教授的游泳速度和距离。她的两个女儿既是她的教练，也是她的知己。

玛丽有时会说:"我觉得我能比波莱尔先生游得好。"

"哦,好多啦,妈……他没法儿跟你比!"

"今天让·佩林游得不错。但你记得吗,我比昨天游得远多了。"

"我看见你游了,挺好的,比去年进步大多了。"

玛丽喜欢听这些赞扬,她知道这些话说得没错。虽然已经五十多岁了,但她却是她那辈人里游得最好的。

游完后,她就一边晒太阳暖暖身子,一边吃点干面包,等待着返航。她会发出愉快的感叹:"真舒服!"或者看着动人的岩石、天空、海水、景色,赞叹道:"真美啊!"在这里聚会的人们只愿听这句评价,这是对拉古埃最中肯的简短评价。大家都认为这里是世界上最美的地方,这里的海水最蓝——蓝得就像地中海的水,这里的环境最宜人、更富于变换,但谁也不说这些,而且谁也不会说拉古埃有多少科学奇才。只有"庸人"才会以充满诗情画意的语调赞美这一切,即使如此在遇到人们的一致嘲笑后,他们也就很快停止了这样的赞美。

中午时分,潮水退了,两只船在"安特汉海峡"里小心穿过,两边一片片的水草,像是湿漉漉的牧场。这是第一千次了,乘客们在同一个地方,完成了同一航程后,同一只船又因落潮被困在那里,要长达四个小时,船上饥饿的船员在水草中寻找小鱼和贝壳。一首歌接着一首歌,一拨水手接着一拨水手,最后终于回到了达山附近的岸边。现在上岸的地方算不得码头,只是退潮后的海藻滩。玛丽脱了鞋,一只手提起裙裾,另一只举着她的凉鞋和泳衣,勇敢地迈进没到脚踝、散发臭气的黑泥地里,朝一块干地走去。如果有哪个拉古埃人看她上了年纪,提出扶她一把或者帮她拿包,她都会感到吃惊,而且拒不接受。这些人不需要互相帮助,他们的第一条规则就是:"管好自己!"

这群水手解散,各自去吃午饭。下午两点他们会再次聚集在达山,乘坐艾格朗狄娜号游艇,做每日的例行航行。这艘扬着白帆的游艇是拉古埃的象征。这一次居里夫人没有同去,懒洋洋待在帆船上让她感到厌倦。两个女儿把她一个人留在她的灯塔里,她要么修改一些发表的论文,要么拿出工具、铲子和修建花木的剪刀,去修剪花木。在神秘的园艺劳动中,由于要跟荆豆和荆棘搏斗,她浑身被刺得出了血,腿上被划出一道道的口子、沾满泥土的双手到处都扎着荆棘。如果哪天受的伤仅此而已，那还算是幸运。有时，艾莱娜和艾芙会发现她们富有魄力的母亲扭伤了脚踝，或是一根手指几乎被锤子彻底砸碎。

快到六点的时候，玛丽下山来到海边，再洗一次海水浴，然后穿好衣服，走进达山那扇永不关闭的大门。在冲着海湾的大窗前的扶手椅上，坐着一位年岁很大、非常睿智、形容优雅的老妇人，她就是玛丽埃尔夫人。玛丽埃尔就住在这座房子里，每天晚上她都坐在这里等候航海家们归来。玛丽和她坐在一起，等着艾格朗狄娜号的白帆出现在被斜阳镀成金色的海面。上岸后，所有的乘客都沿着小径向上走。艾莱娜和艾芙就在其中，她们的手臂被晒成了古铜色，身穿廉价裙子，头上插着从查尔斯·塞诺博斯从花园采来的石竹花，根据一条约定俗成的规矩，每次出发前，查尔斯·塞诺博斯都会送花给她们戴。从她们神采飞扬的眼神中就知道她们还陶醉在去特利鄂河口或到默代岛的航行。在那里浅浅的草丛中，大家兴致勃勃地玩起了"俘虏"的游戏。包括七十岁的老船长在内，每个人都加入游戏中，这时，文凭证书全不算数，甚至诺贝尔奖也算不得什么。跑得快的科学家还能维护自己的特权，但是那些行动不那么敏捷的人则必须忍受双方"首领"的处置，在交换俘虏的时候，他们的待遇更是如奴隶一般。

那种在水中和风中半裸的幼稚表现或原始传统后来成了一种时尚，从最富有到最贫穷的各阶层人物都沉迷其中。但是在战争刚刚结束的那几年，这种做法让不了解的人们感到震惊，也引来了批评。在这种时尚出现前十五年，人们就已经发现海滩生活、游泳比赛、日光浴、荒岛野营这些宁静而朴素的运动。人们很少在意自己的形象：一件已经缝补过一百次的泳衣、一件短大衣、两双凉鞋，再加上家里的两三件棉布衣服，就是艾莱娜和艾芙衣柜里全部的夏装。后来，"庸人"占据了颓废的拉古埃，到处一派可恶景象，突突冒烟的摩托艇破坏了拉古埃的诗情画意，这里也头一次出现了卖弄风情。

吃完晚饭，居里夫人披上那件已经穿了十五年或二十年的蓬松斗篷，活像个僧侣。她挽着两个女儿的胳臂，迈步出发。沿着黑暗中的小径，她们三人来到了达山——从来都是在达山！在达山那间公用的屋子里，拉古埃的人一天内第三次聚集在一起。他们围在桌子前玩"字母"游戏。玛丽最擅长玩从袋子里抽出写着字母的纸条,然后拼成复杂的词。她总是获胜,所以两边都抢着要她。其他人则围在煤油灯下看书或下棋。

过节的时候,业余作家兼演员表演猜字谜、歌舞,还有赞美这一季中英雄事件的活报剧:两只船上的船员进行激动人心的比赛、一批异常兴奋的技术专家通力合作冒险挪动阻碍登陆的巨石、受到大家一致埋怨的东风搞的恶作剧、悲喜剧式的沉船、幽灵般的獾犯下的罪行,因为人们指责它定期去破坏达山的菜园……

灯光、歌声、孩子气的笑声、宜人的宁静,在年轻人和他们的长辈之间建立起无拘无束的伙伴关系。这是一种几乎没有什么事发生、不需要付出、天天都差不多的生活,但它却在玛丽和她的两个女儿心中留下了最深刻的回忆。虽然环境简朴,却让她们时刻体会到一种奢侈感。在布列塔尼的这个小村庄里,巴黎大学头脑敏锐的运动家们享受着海上生活的乐趣,百万富翁在任何海滩也享受不到这么生动、罕有、微妙的乐趣。这些经历只不过发生在一个可爱的小村庄里,能够获得如此惊人的成就,自然该归功于那些每年相聚在此的科学家们。

写这本传记的时候,我多次问自己,如果读者在读这本书的时候想起他们以前读过的其他内容,会不会停下来,带着讥笑对自己说:"天哪,他们这些人可'真好'!心地正直、富于同情、充满自信!"

不错,这本书里是有很多"富有同情心的人"。这不是我编造:确有其人,而且他们就是我描述得这个样子。那些笔调晦涩的小说家,从看着玛丽出世,到陪伴她度过一生中最后时光的同伴们身上实在挖掘不出他们感兴趣的素材。斯科洛多斯基一家和居里一家真是两个奇怪而与众不同的家庭,父母和孩子们之间没有怨恨,人们之间只有友爱,没有人在门缝里偷听别人讲话,没有背信弃义、没有争夺遗产、没有相互谋杀,人人都诚实可信!这群法国和波兰大学教授是一群奇怪的群体,他们也像普通人一样不是完美的,但是他们都全身心地致力于一个理想,这个理想不会因为他们经历了痛苦或被人出卖而改变……

我已经把我们在布列塔尼最快乐的时光描绘出来。有人可能觉得难以置信,这些愉快的假期里竟然没有势利举止,也没人闹意见。然而在拉古埃,即使是目光最敏锐的观察者也难以把最伟大的科学家和最普通的研究人员、最富有和最贫穷的人区分开来。在布列塔尼的阳光下和海浪中，我也从来没有听人谈论过钱。我们的长辈查尔斯·塞诺博斯给我们上了最富有智慧的一课：他从来不说自己是理论或学说的带头人，这位慷慨的老人认为他的财富就是我们的财富。那座大门永不关闭的房子、艾格朗狄娜号游艇、划艇一直都属于他，可是这些也属于大家。点燃蜡烛的灯笼在他房里挂起，舞会开始举行的时候，手风琴演奏出波尔卡、兰谢舞、布列塔尼民间舞曲，仆人、主人、法兰西科学院院士、农夫的女儿、布列塔尼水手和巴黎人都混在一起，相拥而舞。

遇到这种场合，我们的母亲会在一旁静静地观看。她的朋友知道她性格中羞怯、拘谨的弱点，他们总不忘记告诉她艾莱娜的舞跳得多么好或是艾芙穿的裙子多么漂亮。听到这些，玛丽·居里那张疲惫的脸上会突然出现一个天真的微笑，美丽而自豪。

第二十三章　美国之行

一九二〇年五月的一个早晨,一位女士来访,人们引她走进镭研究所的小会客室。这位女士是威廉·布朗·梅乐内夫人,是纽约一份著名杂志的主编。她看上去一点儿不像个职业女性:个子不高,身体单薄,一副病恹恹的模样;由于童年受过伤,走起路来略有点跛。她的头发灰白而浓密,漂亮的白皙面孔上嵌着一双浪漫的黑眼睛。她声音有几分颤抖,问开门的仆人,居里夫人是不是忘记了与她约好了见面的。

对这次见面,她已经等了多年。梅乐内夫人像许多人一样,为玛丽·居里的生活和工作感到着迷,而现在这种人越来越多,因为这位科学家代表了女性的最高价值。梅乐内是个美国理想主义者同时也是一位著名记者,她决意要想方设法接近自己的偶像。

梅乐内几次请求采访,都没有得到答复,最后她通过两人都认识的一位科学家给玛丽送了一封请求见面的信,她在信中说道:

"我父亲是名医生,他过去常常说,人的重要性是有限的,因此不可能被夸大。但是在过去二十年中,你对我一直都是那么重要,所以我想见你几分钟。"

第二天早晨,玛丽就在实验室接待了她。梅乐内夫人后来这样写道:

> 门开了,我看到的是一个身穿黑棉布裙的妇人,个子不高、面色苍白、貌似羞怯。她温柔、耐心、美丽的脸上带有一种学者式的超然。突然我觉得自己像是一个不该闯入的人。

我比她更羞怯。二十多年来,我一直是一名训练有素的记者,可是面对这样一个身穿黑棉布裙,我竟然连一个问题也问不出来。我试着向她解释美国妇女对她的伟大工作有浓厚的兴趣,而且我不由得开始为占用她宝贵的时间而道歉。为了让我感觉自在一些,居里夫人开始谈起美国。

她说:"美国有五十克镭,其中四克在巴尔的摩,六克在丹佛,七克在纽约。"然后她又继续说到了每一克镭所在的具体地点。

我问道:"那法国有多少克呢?"

"我的实验室里有差不多一克。"

"你只有一克?"

"我?哦,这一克可不是我的,它属于实验室。"

……我提到了专利费。这种专利费本来可以使她变成百万富翁。她平静地说:"镭不是用来让什么人发财的。镭是一种元素,它属于全人类。"

"如果世界上的一切任你选,那你会选择什么呢?"我脱口而出地问道。

这个问题很傻,却碰巧很重要。

……就在那个星期我听说一克镭的市场价格是十万美元。我还听说居里夫人的实验室虽然是新建的,却设备不足;实验室的那一克镭只用于提取射气,供医院治疗癌症。

这是位有教养的美国女性,她对看到的一切一定感到无法形容的惊讶。梅乐内夫人因为参观过那些美国的大实验室,所以了解美国类似的实验室,尤其是爱迪生实验室,都像宫殿一样宏伟。在看过这些宏伟建筑后,镭研究院虽然属于中等规模的法国大学建筑,而且是新建的,也算体面,但是相比之下就显得寒酸多了。梅乐内夫人还知道匹兹堡有许多工厂在大规模处理镭矿石。她还记得那些工厂冒着滚滚黑烟,装着含有这种珍稀元素的钒钾铀矿石由一列列火车运输……

在巴黎一间条件朴素的办公室里,她面对面地问这位发现了镭的妇女:"你最想要的是什么?"居里夫人轻轻地回答:"我想要一克镭继续我的实验,但是我没法买,因为对我来说,它太昂贵了。"

梅乐内夫人想出了一个宏伟的计划:她希望她的同胞能够为玛丽·居里捐献出一克镭。回到纽约后,她试图劝说十位富有的女士,每人出一万美元,买这份礼物,但是却没有获得成功:只有三位慷慨的女士愿意出这笔钱。于是她自忖道:"为什么非要找十个有钱人呢? 干吗不让所有的美国女性,不分贫富都参与捐献?"

在美国,一切都是可能的。梅乐内夫人创建了一个委员会,其中的活跃成员有威廉·沃恩·穆迪·罗伯特·格·米德夫人、尼古拉斯·弗·布雷迪夫人、罗伯特·阿贝博士和弗朗西斯·卡特·伍德博士。他们在美国的所有城市为玛丽·居里镭基金发起了一次全国性募捐活动。访问"身穿黑色布衣女士"后不到一年,梅乐内夫人写信给居里夫人:"钱已筹齐,你得到想要的一克镭了。"

慷慨的美国妇女为玛丽·居里提供了难以估量的帮助,不过作为一种交换,她们友好亲切地问她:"你能来见见我们吗? 我们都想认识你。"

玛丽非常犹豫。她不习惯面对人群。美国却是世界上最渴望宣传她的国家,去这样的国家访问,忍受折磨,并让人当众展览,让她感到惊慌失措。

梅乐内夫人一再坚持,把她的拒绝理由一个个驳回。

"你说不想离开自己的女儿? 那我们就邀请她们一道来。你对礼节感到厌烦? 我们制订最合理的接待活动,把范围缩小到最小。来吧! 我们会给你安排一次美妙的行程,你将在白宫从美国总统手中亲自接过那一克镭。"

居里夫人被这种诚意打动了。为了感谢美国人民,为了拿到那一克镭,她在五十四岁的时候,生平第一次战胜了自己的恐惧,承担了一趟正式旅行的种种义务。

她的两个女儿对这次冒险活动感到兴高采烈,为出发做准备。艾芙给她母亲买了一两套新衣服,劝说她把自己最喜爱的那些衣服留在巴黎——这些衣服都非常破旧、褪色严重。居里夫人身边的人都兴奋不已。各大报纸纷纷报道大西洋彼岸等待着居里夫人的各种活动,官方则思量应该授予这位科学家怎样的荣誉,才能使她以与其名望相称的正式头衔到美国去。美国人难以理解居里夫人竟然不是巴黎科学院院士,而且一定会对她没有荣誉勋章感到吃惊……于是不久,政府向她颁发了荣誉勋章,但是她又一次拒绝了。后来她请求把骑士勋章授予梅乐内夫人。

一九二一年四月二十七日《我都知道》杂志在巴黎大剧院为玛丽举行欢送会,所得收益全部归镭研究院。

莱昂·贝哈尔、让·佩林教授和克劳德·利高德博士在会上发言,大会组织者萨沙·吉特利还邀请来著名的演员和音乐家,在会后演出了精彩的节目。上了年纪、身体虚弱的萨拉·波恩拿赫,还有吕西昂·吉特利都参加了这一向居里夫人致敬的聚会。

几天之后,居里夫人登上了奥林匹克号,她的两个女儿也随她出行。一只箱子就装得下她们三个人的所有衣物,但是她们却住进船上的豪华包间。玛丽喜欢这种舒适,但是她却本能地像一个疑心重重的农民一样对过分奢华的家具和过分精美的食物不以为然。她把自己关在房间里,避开那些想要打破她个人生活的人。她努力通过回忆她那琐碎、平静的日常生活,来忘掉她此行的正式任务。

一九二一年五月十日,居里夫人写给佩林夫人的信中说道:

亲爱的亨利埃塔:

我很高兴在船上收到你的信,读了它我感到好多了,我离开法国去那么遥远的地方参加这场与我性格相左的闹剧,心里不免怀着种种忧虑。

我不喜欢坐船横渡大西洋。大海阴郁黑暗、波涛汹涌。我没有晕船,却感到头晕,大多数时间我都待在自己的房间里。我的两个女儿看上去对这次旅行挺高兴。梅乐内夫人陪同我们一起旅行,她帮我们做一切事情,尽量使我们一切顺利。她为人和蔼可亲,而且非常友好。

……我想到了拉古埃,想到我们很快就能与朋友们愉快相聚,你会到那个花园度过一段安静的时光,还有我们俩都喜欢的温柔、蔚蓝的大海。拉古埃海面比这个冰冷、沉默的大西洋令人愉快多了。我还想到你的女儿要生的孩子了,那将是我们这群朋友中最年轻的成员,是第三代中的头一个。希望我们的儿女继而会有更多自己的孩子……

透过一层预示着好天气的薄雾,纽约出现在她们面前。这座城市典雅而宏伟,非常迷人。陪伴居里夫人一家横渡大西洋的梅乐内夫人事先警告玛丽说,记者、摄影师都在等着迎接她。一大群人聚集在码头,等候这位科学家的到来。这些好奇的人们已经在那里等候了五个小时,最后才见到报纸头条新闻称作"人类恩人"的女科学家。人群中可以看到列队的女童子军和女学生,以及由三百名妇女组成的代表团,她们手中挥舞着红白玫瑰:美国的波兰裔组织。成千上万的人聚集在那里,人头攒动、表情热切,在他们上空飘扬着鲜艳的美国国旗、法国国旗和波兰国旗。

在奥林匹克号的甲板上,玛丽被安置在一张扶手椅上,帽子和手提袋都被人拿开了。摄影师们都急切地冲她喊:"看这边,居里夫人!把头向右转!把头抬起来!看这边!这边!这边!"四十个照相机、摄影机围成吓人的半圆形,冲着这张惊讶、疲倦的脸孔咔嚓咔嚓拍个不停。

这几个星期令人筋疲力尽,又让人眼花缭乱。艾莱娜和艾芙一直充当玛丽的保镖。她们总是乘坐私人专车,和五百个人共进晚餐,受到人群的热烈欢迎和记者的围攻,所以她们对美国没有形成清晰的概念。只有在更多的自由和更多的平静中,才能感受到这个国家的魅力。这种马戏团巡回演出式的旅行没有让她们对美国产生多少了解,不过两个女儿对母亲有了新的认识……

居里夫人一心保持低调,在法国取得了一些成功:她耐心地与名利作斗争,终于让人们相信,伟大的科学家也不过是个普通人,就连她的亲密朋友们也有了同样的看法。从她们到达纽约一刻起,面纱被揭开,真相显露出来:艾莱娜和艾芙忽然发现,这个与她们朝夕相处的谦虚妇人对世界竟有如此重大的价值。

每一次演讲、每一次聚会、报纸上的每一篇文章都传达着同样的信息:美国人在还没有认识居里夫人前就对她有一种近乎宗教信仰般的虔诚,并认为她是当代最伟大的人物之一。现在居里夫人来到了他们中间,成千上万的人被这位"疲惫访问者的简朴魅力"所倾倒,对这个"羞怯的小妇人"、"穿着朴素的科学家"一见钟情。

不言而喻,我无法假装自己能够解释这个民族的精神,也不能通过报纸的头条新闻来对美国人评头论足。尽管如此,美国人以难以抑制的热情欢迎玛丽·居里也并非缺乏深远的意义。拉美人认为美国人拥有实践的天赋,却自负地认为自己是世界上唯一富于理想主义和敏感的民族。可是在玛丽·居里脚下汹涌的却正是理想主义的浪潮。假如居里夫人做事决断,因自己的科学发现而变得富有、傲慢,那她可能会激起美国人的好奇心,可是却不会让人们产生这种共同的好感。在这位受到惊吓的科学家身上,美国人看到了令他们钦佩的生活态度,正是这种态度深深地打动了他们:对名利的藐视、献身科学的热情,以及为人类服务的愿望。

梅乐内夫人的公寓里堆满了鲜花。一位园艺家因为镭治好了他的癌症,用两个月的时间亲手种了这些漂亮的玫瑰送给居里夫人。美国所有的城市、所有的大学都要求居里夫人去他们那里参观。十多种奖章、荣誉称号、名誉博士学位都等着她⋯⋯

"你肯定带着教授长袍和帽子吧?出席这些场合,这可是必不可少的。"梅乐内夫人说。

玛丽无辜的微笑引起一片惊愕。她没有带着大学教授穿的长袍,因为她压根就没有。巴黎大学的教授必须有一件长袍,但由于居里夫人是唯一的女教授,所以把定做这种长袍的乐趣留给了男士们。

人们立刻找来一位裁缝,赶做这种庄严的黑丝绒面服装,还要配上代表博士学位的鲜艳的垂布。当玛丽试穿的时候,她显得烦躁不安,抱怨说袖子让她觉得不舒服,衣料太厚,最重要的是丝绒面料刺激着她那被镭烧伤的手。

五月十三日,终于万事俱备。在安德鲁·卡内基夫人家吃过午饭,并在纽约游览后,居里夫人、梅乐内夫人、艾莱娜和艾芙踏上她们如流星般灿烂的旅程。

身穿白色长袍的少女列队站在洒满阳光的道路两旁;数千名少女跑过草地,迎接居里夫人乘坐的马车;少女们挥舞着彩旗和鲜花、少女们列队游行、欢呼、合唱⋯⋯最初几天,她访问了几所女子大学,一路上的景象令人眼花缭乱。她访问了史密斯大学、瓦萨大学、布莱恩·玛威大学、霍利奥克山大学等。人们想出了这个能让她适应当众露面的方法,先把玛丽·居里介绍给女学生,这些学生与她年轻时一样热情洋溢。

几天之后,来自这几所大学的学生代表再次出现在纽约的卡内基大厅,参加大学妇女联合会的盛大聚会。她们向玛丽鞠躬致意,人人都轮流向她献上一朵"美国月月红"或一朵百合花。出席聚会的还有美国的教授们、法国和波兰的大使,甚至连伊格纳斯·帕德列夫斯基也前来为自己昔日的老同事喝彩,居里夫人接受了无数的头衔、奖品、奖章和一项殊荣:"纽约市名誉市民"。

随后两天的活动中,来自美国各个科学团体的五百七十三名代表聚集在华尔道夫—阿斯托里亚饭店,向居里夫人表示欢迎,而玛丽已经累得快站不稳了。一个人离开修道院般的平静生活,无法与一群热情、喧嚣、激动的人们匹敌。玛丽被这种喧闹和欢呼吓坏了,她害怕处于众目睽睽之下,也害怕走在路上,在路上,人们蜂拥而至,只为看她一眼。她隐隐地担心自己会被这种浪涛拍碎。不久,一个狂热的崇拜者由于跟她握手时过于热情,结果把她的手都弄伤了,于是科学家只得一只手绑着绷带,一只胳膊悬吊着继续剩余的旅程——她成了名望的受害者。

伟大的日子来到了。"对她所做的研究致意……向天才致敬……杰出人士云集白宫,向这位著名的妇女致意"。五月二十日,哈定总统在华盛顿向居里夫人赠送了一克镭——或者说是一克镭的象征。装有镭的安瓿用铅屏蔽封装在一个盒子里,由于这些试管非常珍贵,同时有危险的辐射性,为了安全起见,仍然留在工厂里。一个装着镭模型的保险箱放在东厅里,这里还聚集着众多的外交官、政府高级行政官员、军界代表,以及各个大学的代表。

四点钟,门打开了,一队人走进来:前面是法国大使约赛昂先生挽着哈定总统夫人,接着是哈定总统挽着居里夫人,他们身后是梅乐内夫人、艾莱娜·居里和艾芙·居里,最后是"玛丽·居里委员会"的女士们。

致辞开始了。美国总统最后一个发言。他衷心地向这个"高尚的人、忠实的妻子和慈爱的母亲"致意,称她"除了完成自己艰辛的工作,还尽到了为人妻母的天职。"他向玛丽颁发了一卷系着三色丝带的羊皮纸,然后把一条丝带挂在她脖子上,那个小丝带上垂着一把小金钥匙:就是那把开保险箱的钥匙。

大家怀着崇拜的心情倾听玛丽的答谢辞。然后来宾在一片欢声笑语中进入蓝色大厅,列队从这位科学家面前走过。居里夫人坐在椅子上,朝一个个从她面前经过的人默默地微笑。她的女儿替她站在那里和人握手,哈定总统夫人一一作介绍,她便根据他们的国籍,分别用英语、波兰语或法语说几句客套话。结束后,大家再次列队,走到外面的台阶上,一大群摄影师正等在那里。

有幸参加这一仪式的人们和宣布"美国友人赠予镭的发现者无价之宝"的记者如果知道,在哈定总统向玛丽·居里赠送一克镭之前,她已经将这一克镭捐献了出去,那他们一定会感到大为惊奇。在举行仪式的前一天晚上,当梅乐内夫人把羊皮纸的捐赠证书拿给她审阅,玛丽认真地阅读了这份文件。读完后,她平静地说:

"这份文件必须修改。美国人民赠送给我的镭必须属于科学。在我活着的时候,我必将只把它用于科研工作。但是如果我们这样规定,那么镭就会在我死后成为个人的遗产,属于我的女儿们。这是不对的。我希望把它赠送给我的实验室。我们能不能请一位律师来?"

"哦,当然可以,"梅乐内夫人有点吃惊地说,"如果你愿意的话,我们可以在下周办这些手续。"

"不是下周。不是明天。就在今晚。捐赠马上就要生效,因为我有可能几个小时后就会死去。"

因为时间已经很晚,所以找到一名律师颇费了些周折,这位律师和玛丽共同起草出附加的法律文件。她立刻在上面签了字。

离开美国首都之前,居里夫人不得不为华盛顿新落成的矿石低温实验室揭幕。在最后一刻,人们警告工程师们,她可能疲惫得无法走到下面的机械室,于是这些工程师即兴创作,想出了一个聪明的解决方法:她只需按动一个普通的开关,所有的发动机便立刻开始运转。落成仪式按计划进行。发言人在麦克风前讲完话后,用洪亮的声音补充道:"下面,由居里夫人启动这个实验室的机器。"

人们等待了几秒钟,助手绝望地向科学家打手势,却没有引起她的注意。

玛丽正对着五分钟前送给她的一块上等的钒钾铀矿矿石样本陷入了沉思,她把这块样本在手中翻来覆去地看,从各个角度欣赏它。她在考虑把这块珍惜的样本放在巴黎镭研究院书架的什么位置。

发言人重新宣布了一次,旁边的人有礼貌地用胳膊肘碰了她几下,让她的思绪从巴黎回到了华盛顿。她非常尴尬地迅速按下那个神奇的按钮,这才让刚才因那段意料之外的冷场感到惊讶的数千名听众放了心。

费城。名誉头衔。博士学位。居里夫人和费城科学界和工业界的名人互换礼品:一家工厂的老板送给这位科学家五十毫克的新元素钍。美国哲学学会的成员向她授予约翰·斯科特奖章。为了表示感谢,玛丽向学会赠送了一块"具有历史意义"的压电石英静电计,这个静电计是她在最初的研究工作中,自己制作并一直使用的。

她参观了匹兹堡的制镭工厂,她那克著名的镭就是在这里分离出来的。在当地的大学里,她又获得了一个博士学位……玛丽穿上了她那件现在已经觉得非常合身而舒适的教授长袍,可是她却拒绝把传统的学位帽戴在灰色的头发上,因为她觉得它很丑陋,而且抱怨它"戴不住"。她就这样不戴帽子,而是把它拿在手中,坐在一群戴着黑色学位帽的学生和教授中间。最懂得装扮的女子也想不出更好的主意了。玛丽的脸在这些扣在黑帽子下脸中间有一种无法形容的美,而她自己却没有意识到。

她硬撑着不让自己在仪式中晕倒;她接受鲜花、聆听演讲、赞美和欢呼……但是到了第二天早晨,却传出令人担心的消息:居里夫人身体极度虚弱,以至于不能继续在西部城市的访问,原定在那里为她进行的招待会不得不取消。

美国记者立刻以自责的口吻指责自己的国家不应该让一位年迈、虚弱的妇人承受超过其体力的磨难。他们的文章都散发着质朴而生动的魅力。

一家报纸以"过分好客!"这一巨大的标语为题,写道:"美国妇女在帮助这位科学家时显示出超凡的智力,可是我们不得不同时提出严厉的批评,我们已经让居里夫人用自己的身体偿还了我们送给她的礼物,这样做却只是为了满足我们的自豪感。"另一家报纸则大胆地断言:"任何马戏团和乐队老板都会向居里夫人支付比购买一克镭更多的钱,而只让她干一半的活。"悲观主义者把这件事看成一场悲剧:"我们用过度的热情差不多已经杀死了若飞元帅①,难道我们又要杀死居里夫人吗?"

玛丽一直坦诚而毫无保留地对待她的美国崇拜者,组织者赢得了第一回合。从此,这次大家想方设法让她保存体力。为了避开在站台等候着她的兴奋的人群,居里夫人往往从火车另一侧车门下车,跳过铁轨。当人们宣布她要到达布法罗时,实际上她已经在前一站尼亚加拉瀑布站下了车,安静地参观这一著名的瀑布。这只是短暂的休憩。布法罗的接待委员会没有放弃见玛丽·居里的希望。汽车排成一线开向了尼亚加拉瀑布,在那里捉住了这个逃跑者⋯⋯

开始,艾莱娜和艾芙只不过是普通的随从人员,后来慢慢变成了舞台术语中的所谓"替身"。艾莱娜身穿教授长袍,替代居里夫人接受荣誉博士学位。神情庄重的演讲者向艾芙——一个年仅十六岁的小姑娘发表他们为这个科学家准备的演说,对着她大谈"她的杰出工作"、"她长期的不懈努力",并期待她说出一个中肯的回答。有的城市里,委员会的几位女士争相邀请玛丽到家里住,于是居里一家只好四分五裂,艾莱娜和艾芙不得不被劫持到最好客的那几位女士家住宿。

当她们不代表享誉盛名的母亲时,她们有时也被提供一些适合她们年纪的娱乐活动:打场网球,划一次船,在长岛过一个美妙的周末,在密歇根湖游一个小时的泳,看几场戏,在康尼岛的游乐场疯狂而愉快地玩一个晚上。

不过最令人兴奋的还是到西部旅行的那几天。梅乐内夫人虽然已经放弃了让居里夫人参观整个美国的念头,可是她却想向居里夫人展示这个大陆上最壮观的奇迹:科罗拉多大峡谷。玛丽累得无法表示她的高兴,但是她的两个女儿却大为激动。她们对一切都感到新鲜有趣:在圣达菲线号列车上度过了三天,其中穿越了德克萨斯大沙漠;在新墨西哥州那些孤零零的小车站上吃到的精美食物;在大峡谷,她们住的那家旅店就位于地壳出现的大断层边上,坐落在一座六十五英里长、十英里宽的悬崖上,这座悬崖乍看上去既宏伟壮丽又令人胆战心惊,让所有的参观者都瞠目结舌。

---

① 若飞元帅,Joffre, Joseph Jacques Césaire (1852—1931),第一次世界大战开战后两年内任法军司令。

艾莱娜和艾芙骑着印第安小马,在峡谷顶上漫步,她们从高处观看着静静的群山、岩石和沙地组成的一幅混沌景象,颜色从紫色到红色,从橙色到淡赭色,在不规则的影子下,更丰富了各种景象的内容。她们无法抗拒那种诱惑,于是转而骑在骡子背上,沿着传统的路线向峡谷深处走去,科罗拉多的新生地质带躁动不安,泥浆和石块翻滚不停。

人们只举行了一些必不可少的重要仪式,即使如此,这些活动也足以使精力充沛的运动员筋疲力尽。五月二十八日,在纽约,居里夫人成为了哥伦比亚大学的名誉博士。在芝加哥,她被授予芝加哥大学名誉教师,接受了几个学位,并出席了三次招待会。在第一个招待会上,一根又长又宽的丝带像栅栏一样把居里夫人和她的女儿们与从她们面前列队经过的人群隔开。在接下来的招待会上,《马赛曲》、波兰国歌和《星条旗永不落》交替演奏,而居里夫人几乎淹没在崇拜者献上的鲜花丛中。最后一个招待会比前两个都更加热情:是在芝加哥的波兰区,这里的居民都是波兰裔。这些侨民不再把居里夫人看做是科学家,而把她当成他们遥远祖国的象征。男人和女人都热泪盈眶地亲吻着玛丽的双手,或抚摩她的衣裙。

六月十七日,居里夫人不得不第二次承认自己被击败,中断了行程。她的血压低得惊人,让医生大为担心。玛丽休息一段时间后,体力有所恢复,继续启程前往波士顿和纽黑文市,还踏上去哈佛、耶鲁、韦尔斯利、西蒙斯和拉德克利夫等大学的旅程。六月二十八日,她登上了返程的奥林匹克号,她在船上的房间里堆满了一叠叠电报和一束束鲜花。

很快另一位来自法国的大"明星"取代了她,出现在报纸头条新闻中:拳击手乔治·卡彭蒂埃满载盛誉刚刚抵达纽约。记者们失望地发现,他们无法从居里夫人嘴里获得丝毫关于卡彭蒂埃与登普西之战的预测……

这次旅行让玛丽非常疲倦,不过,坦白地说,也令她非常满意。在她写给朋友们的信中,她表示很高兴能"为美国、法国和波兰之间的友谊奉献绵薄之力,"她还提到了哈定总统和柯立芝副总统对她这两个祖国的赞美之辞。不过无论她多么谦虚,她也无法否认她个人在美国取得的巨大成功,她征服了亿万美国人民的心,而且赢得了她身边的人对她真诚的热爱。一直到玛丽生命的最后一刻,梅乐内夫人都是她的一位最亲密忠实的朋友。

玛丽·居里对自己这次特殊的旅行一直没有形成清晰的看法,尽管其中穿插着一些生动鲜活的记忆。美国大学的生活、传统仪式的庄严与活泼,尤其是大学学生进行体育锻炼的优越条件,给她留下了深刻的印象。

她对负责全程接待工作的妇女联合会也肃然起敬,认为她们拥有非凡的力量。

最后,科学实验室和无数的医院里使用镭疗法治疗癌症的先进设备,让她不禁有种苦涩感。她感到难过,因为直到一九二一年法国始终没有一家医院提供镭疗。

她得到的那一克镭锁在船上保安严密的财务保险柜里,和她同船返回。这一克镭的象征意义让玛丽·居里对自己的事业产生一些深思。为了购买这么一点点小颗粒,必须在整个大陆组织一次规模浩大的运动。而玛丽也不得不亲临做出慈善贡献的各个城市,表达自己的谢意……

人们不禁想到,当初如果在专利证书上简单地签一个字,岂不是一切都变得简单了?人们也不能不想到,如果玛丽·居里富有,本可以向自己国家的实验室和医院做出巨大的贡献。忍受了二十年的艰辛和磨难,难道玛丽就没有一点遗憾吗?这些难道没有让玛丽认识到,由于她蔑视财富,结果她的研究工作成了难以实现的幻想?

从美国回国后,居里夫人写下一些简短的自传式的文章,向自己提出了这样的问题。然后她对这些问题做出了回答:

> 大部分的朋友都认为,如果皮埃尔·居里和我不放弃我们的权利,我们本可以有足够的经费建立一座像样的镭研究院,不需要经历我们以前遇到,我现在仍然会遇到的障碍。他们的话不无道理,不过,我还是觉得我们这样做是正确的。
>
> 人类当然需要讲求实际的头脑,从自己的工作中获得最大收益,在不忘大众利益的情况下,维护自己的个人利益。但是人类也需要梦想,投入一种事业的发展,无暇顾及自身的物质利益。
>
> 毫无疑问,有这些梦想的人不会富有,因为他们不追求财富。尽管如此,一个井然有序的社会也应该保证这些人有足够的条件完成他们的任务,无须考虑物质生活,完全专注于研究工作。

第二十四章　步入辉煌

我相信这次美国之行让我的母亲明白了一些事情。

她终于明白,那种自我隔绝是荒谬的。她在学生时代可以把自己和书籍关在阁楼里;从事研究工作时,她也可以与世隔绝,全身心地专注于自己的工作,实际上要想不让她干都不可能。但是已经五十五岁的居里夫人不再是学生,也不同于研究员:玛丽负责一门新学科和一种新的治疗系统。她的名字带给她的特权使她可以通过一个简单的手势,或者仅仅是在场,就能够保证那些她所关心的、事关共同利益的项目获得成功。从此以后,她将在生活中为这种交易和任务保留一席之地。

我不想介绍玛丽的所有行程,因为它们都大同小异。居里夫人去过许多国家的首都,去参加科研大会、讲座,出席各个大学的仪式、参观实验室。在所有的活动中,她都受到人们的赞誉和欢呼。她也为那里的工作尽一点力。但是她经常需要与自己脆弱的健康做斗争。

当她完成她的正式职责时,她得到的最高奖赏就是发现新的风景,满足自己对自然的好奇。三十年枯燥的工作增强了她对世界一切美好事物的崇拜,那种热情仿佛她是个异教徒似的。她乘坐一艘安静的意大利小轮船横渡南大西洋,这趟旅行带给她孩童般的乐趣:

她在写给艾芙的信中说:

> 我们看到了飞鱼。我们看到自己的影子小得跟没有一样,因为太阳就在我们的头顶上。然后我们看到那些常见的星座消失

在海平面下:北极星、大熊星座。从天空的南边升起了一个叫做南十字星的美丽星座。我对这里看到的星星几乎一无所知……

在里约热内卢度过的四个星期是一段让她愉快的插曲。在那里她和艾莱娜一道做了几次讲座。每天早晨,她都乔装打扮在海湾游泳。到了下午,她们要短途旅行,要么徒步、要么搭车,有时甚至乘坐水上飞机……

她曾几次应邀前往意大利、荷兰和英国访问。一九三二年她和艾芙在西班牙进行了一次眼花缭乱、难以忘怀的旅行。在捷克斯洛伐克,马萨里克总统与她一样,也是农民出身,于是邀请她到自己的乡间农舍游玩。她定期到布鲁塞尔参加索尔韦大会,在那里她不是被当作尊敬的客人,而是被当成了一个朋友或邻居。她喜欢这些大会,因为在这些大会上,她在一封信中称作"物理爱好者"的人们讨论各种发现和新理论。这些大会结束时通常会有一次盛大的晚宴,或者拜访王室成员:玛丽就是在比利时边界上结识阿尔伯特国王和伊丽莎白女王的,他们之间建立了亲密的友谊。

世界没有一个角落不知道她的名字。在中国一个古老的省会太原,那里的文庙里有一幅居里夫人的画像,和笛卡尔、牛顿、菩萨和中国著名帝王的画像并排挂在一起,被称为"对人类做出贡献的伟人"……

一九二二年五月十五日,国际联盟理事会一致选举"斯科洛多斯卡—居里夫人"为国际知识合作委员会的成员。斯科洛多斯卡—居里夫人接受了。

这是玛丽生命中重要的一天。自从她出名以来,数百家慈善机构、联盟和协会请求她加盟,以她的名字扩大自己的影响。她一直没有同意。玛丽不想加入那些她没有时间做实际工作的委员会。而且她希望无论什么情况下都保持政治中立。她拒绝放弃自己"纯粹科学家"的头衔,不愿陷入各种派别的纷争,即使是最无恶意的宣言也无法获得她的签名。

因此居里夫人加入国际联盟就具有了特殊的意义。这是她对科学研究仅有的一次偏离。

国际知识合作委员会的成员中有许多贤达之士:伯格森、吉尔伯特·默里、朱尔斯·德斯特埃、艾伯特·爱因斯坦、罗伦茨教授、保罗·潘勒韦等。玛丽担任委员会的副主席,同时还是几个专家委员会和巴黎知识合作研究院理事会的成员。

如果认为她会满足于一般概念的虚职,那就是对这位讲求实际的理想主义者缺乏了解。玛丽·居里在日内瓦工作,而且再一次成功地为科学服务。

她反对世界上的"科研工作无政府主义",努力劝说同事们在许多具体问题上达成一致,这些问题虽然貌似琐碎,但是正是依靠这些问题,知识才得以不断进步;由于在文献目录上进行了国际合作,研究人员才能够迅速查找到自己研究领域中他人的研究成果。他们统一科学标志、术语、科技性发行物的形式、期刊上发表的研究成果编目,并创建了常数表。

长期以来,大学的教学法和实验室的工作规程一直引起她的注意。她希望能完善这些方法。她提倡那种协调研究工作人员之间工作的"直接工作法",提出由所有负责人成立一个参谋部,统一指导欧洲大陆科研活动。

她一生中常常为一个想法耿耿于怀:由于出身低微,一些人的聪明才智无法发挥,天赋被浪费了。在某些农民和工人身上可能藏着作家、科学家、画家、音乐家的天赋。玛丽便限制自己的活动范围,从而致力于国际科学奖学金的发展工作。

她在一份报告中提出:

> 社会的兴趣究竟何在?难道社会不该推动科学事业的发展吗?社会是否已经极为富足,不需要关注能对社会做出贡献的科学事业?我认为不是这样,真正的科学事业需要的智慧无比珍贵,又极为脆弱,放弃智慧是愚蠢行为,更是一种犯罪。我们必须密切关注它,给予它获得成功的机会。

到头来,这位一直回避自己谋取物质利益的物理学家,却一反常态,为她的同事谋取了最大的"科学财富":她希望为从事科研工作的人建立一种版权,以奖励那些不被人注意却能成为工业应用基础的研究工作。她的梦想是通过使用商业利润补偿纯粹的研究,从而解决实验室的窘迫状态。

只有一次,在一九三三年,她放弃了这些实际问题,到马德里主持一场辩论,题目是"文化的未来"。来自世界各个国家的作家、艺术家都参加了这次辩论。这次辩论会的发起人是保罗·瓦雷里,他称这些人具有"堂·吉诃德与风车作战"的精神。她那谦恭的权威和独到的用语,使她的同事感到惊讶。与会者非常惊慌,公开指责专业化和标准化的危害,而且认为科学对于世界的"文化危机"也负有部分责任。我们再次看到玛丽·居里,这个最具有堂·吉诃德式精神的人,出于年长者的真诚,怀着对研究的热爱和冒险进取的精神,在自己遵循的生活热情指引下,提出了反驳:

她对对方说:

　　有些人认为,科学中蕴涵着无限的美。我就属于这种人。在实验室搞研究的科学家不仅是个懂技术的人,而且还像个孩童,自然现象在他眼中有如童话世界一般动人。虽然机器本身也有其美丽之处,但我们不该让人们认为,科学进步就是简单的机械构造,就是机器设备和齿轮装置之类。

　　我也不相信,在这个世界上冒险精神有消失的危险。我认为,自己生活中最重要的东西就是冒险精神,这种精神就像好奇心一样,永远不会消灭……

居里夫人从事的活动领域还包括尊重各民族文化差异的国际文化、保护一切个性和天才、为"增强科学在世界上的精神力量"而斗争、为"道德裁军"而斗争、为和平而斗争。对于这些斗争,她从来不曾指望轻松取胜。一九二九年七月,玛丽·居里在写给艾芙·居里的信中说:

　　我认为国际工作是一项艰巨的任务,但还是可以通过不断的努力,本着牺牲精神学会如何去做。无论日内瓦的工作中存在多少问题,它仍然是一项值得我们支持的伟大事业。

她多次赴波兰旅行……
居里夫人回到自己的同胞中不是去寻求休息,或者去忘却烦恼。自从波兰恢复了自由,一个伟大的项目一直萦绕在玛丽心中:她希望华沙能够拥有一座镭研究院,一个进行科学研究和治疗癌症的中心。

单凭她自己的顽强无法克服面临的重重困难。从长期奴役中获得解放的波兰,什么都匮乏:既没有资金,也缺乏技术人才。玛丽无暇亲自过问一切,也没有精力为祖国募集资金。

玛丽那个招之即来的盟友,不用说名字我们也猜得出是谁。布罗妮娅虽然年事已高,工作起来却依然像三十年前一样勇敢热情。她同时还是建筑师、代理、会计……很快,整个波兰到处都是海报和印有玛丽头像的邮票。人们被要求捐助钱物,更准确来说是捐砖瓦。在成千上万张明信片上印着"请为玛丽·斯科洛多斯卡—居里研究院买一块砖吧!"的口号,还有这位科学家亲笔写的宣言:"我最强烈的渴望就是能在华沙创建一座镭研究院。"这次活动得到了波兰政府、华沙市政府以及波兰各大机构的慷慨支持。

捐得的砖瓦数量越来越大……一九二五年玛丽到华沙为研究院奠基。这是一次胜利的访问:过去的回忆,未来的希望……一位演说家把这个充满热情的妇人称作"波兰共和国的第一侍女"。波兰的各大院校、学会,以及各大城市都纷纷授予玛丽最高的荣誉,而且在几天内,毕苏茨基元帅就成了她真诚的朋友。在一个晴朗的早晨,波兰共和国的总统为研究院砌下第一块砖,居里夫人砌下第二块,华沙市长砌下第三块……

所有的仪式中都没有正式场合那种刻板。斯坦尼斯拉夫·沃耶兹乔夫斯基这时成了国家元首,他对玛丽在远离祖国多年仍然能讲流利的母语表示非常惊奇,这并非仅仅出于礼貌。在巴黎时,他曾是斯科洛多斯卡小姐的好友;于是大家回忆起一桩桩轶事。

"你还记得三十年前我回波兰执行秘密政治任务时,你借给我的那个小旅行靠垫?"总统问玛丽,"它可是派上大用场了!"

玛丽笑着回答:"我还记得你忘了还我。"

如今在大众剧院的舞台上,向居里夫人致辞的是德高望重的艺人科塔宾斯奇先生。昔日年轻欢乐的玛妮娅曾用野花编成花环,献给一位演员,那位演员与这位艺人正是同一个人……

几年后,砖块已经变成了墙壁,可是玛丽和布罗妮娅并没有停止努力:

尽管两人把自己大部分的积蓄都捐赠给了研究院,可是还缺少资金购买进行治疗癌症所需的镭。

玛丽没有失去勇气:她在脑海中思索一番后,把目光转向了西方,转向了曾经给予她巨大帮助的美国和梅乐内夫人。这位慷慨的美国妇女明白,在玛丽心中,华沙的这座研究院和她自己的实验室一样重要。她再次创造了一个奇迹,募捐到购买一克镭所需的款项——这是美国送给居里夫人的第二克镭。一九二一年发生的一切又重新上演:一九二九年十月,玛丽再次乘船到纽约,代表波兰感谢美国。和一九二一年的情形相同,她又一次陷入一片荣誉之中。在这次访问中,胡佛总统邀请她在白宫下榻。

她写给艾芙的信中说:

> 有人送了我一只象牙做的小象,还有一只非常小的。这种动物似乎代表共和党,白宫里到处都是象的标志,大小各异,或单个,或成群……

美国正遭受经济危机的袭击,人们情绪低落。可是居里夫人受到的欢迎还是一样热烈。在她生日那天,她收到了数百位不知名朋友寄来的礼物:鲜花、书籍、物品、向实验室捐赠的支票等,还有来自物理学家的礼物:电流计、几安瓿的"镭射气"和一些稀土样本。在她乘船回国前,欧文·德·扬先生友好地带领她参观了圣劳伦斯大学,那里的大门上刻有居里夫人的浮雕。她出席了爱迪生的诞辰日庆典:所有的发言中都对她表示颂扬,甚至比尔德司令从南极发来的电报中也不例外。

一九三二年五月二十九日,由玛丽·居里、布罗妮娅·德卢斯基和波兰政府共同开展的工作圆满完成了。波兰共和国总统默斯科斯基先生也是玛丽在化学界的同事和朋友。这位总统、居里夫人和利高德教授共同出席了华沙镭研究院的落成典礼。在布罗妮娅出色的实用审美观指导下,这座建筑物线条和谐,空间宽阔。在这之前的几个月中,这里已经在接纳镭疗法进行治疗的病人了。

这是玛丽最后一次看到波兰,也是她最后一次看到她出生地的古老街道和维斯杜拉河。每次回到波兰,她都会以近似悔恨的思乡之情看着眼前

的种种景物。在她写给艾芙的信中,她一次又一次描述她打心底热烈依恋的这条大河、这片土地和这里的山岩:

> 昨天早晨我独自一人在维斯杜拉河散步……河水沿宽阔的河床蜿蜒向前,舒缓流淌。近处的河水呈蓝绿色,而远处的河水在天空的映衬下,颜色愈发蔚蓝。四周到处是迷人的沙洲,在阳光下闪闪发光。这些沙洲界定了变幻莫测的河道。沙洲边缘有一条色彩醒目的标尺,标出了深水的界限。我感到一种难以抑制的冲动,想在这些闪闪发亮的沙洲岸边散步。我承认这条河与那些可以航行的河流不同。未来可能需要稍稍约束它的任性,不过这自然会破坏这份美丽……
>
> 克拉科夫的一首民歌中这么歌唱维斯杜拉河:"这条波兰河充满了魅力,人人都受到它的吸引,对它的热爱至死不渝。"这句话至少在我看来是真的。这条河对我有种巨大的吸引力,至于为什么,我也弄不清。
>
> 再见,亲爱的。替我亲吻你姐姐艾莱娜。拥抱你们两人,我的心属于你们。
>
> 你们的母亲

在法国……

在亨利·德·罗思才德子爵的慷慨提议下,居里基金会于一九二〇年成立。这个基金会作为一个独立的机构,可以募集捐赠,接受资助,用于支持镭研究院的科研与医学工作。

一九二二年,巴黎医学研究院的三十五名院士向其同行发出了以下呼吁书:

> 在本呼吁书上签名的院士认为,居里夫人入选本研究院,成为自由院士,能够为本院增光,同时表彰居里夫人在发现镭和放射疗法中发挥的作用。

这是一份有创新意义的文件。它不仅提议选举一名女性院士,而且打破常规,在候选人并未提出请求的情况下,自发推举她。这个著名机构的六十四名院士签署了一份宣言,也给他们科学院的同行上了一课。为了居里夫人的当选,所有的候选人都退出竞选。

选举是在一九二二年二月七日。医学研究院主席绍沙尔先生在讲台上对玛丽致辞:

> 我们在此向您致敬。您是一位伟大的科学家、伟大的女性,始终献身工作,为科学奉献一切。您还是一位爱国者,无论在战争时期还是和平时期,您都一如既往,为额外的工作而忙碌。您的加入使我们从您的榜样汲取了精神上的力量,而您的盛名也为我们增光。我们感谢您。我们因您是我们的一员而感到自豪。您是法兰西的第一位女院士,这个称号您当之无愧。

一九二三年,居里基金会决定庆祝发现镭二十五周年。法国政府也参加这一庆祝活动,法国议会一致通过一项法案,授予居里夫人四万法郎年金,作为"国家酬金",而且艾莱娜和艾芙享有继承权。

十二月二十六日,在一八九八年皮埃尔·居里、玛丽·居里和格·贝蒙在科学研究院宣读其具有历史意义的报告《关于一种存在于沥青铀矿中具有强放射性的新物质》整整二十五年后,无数群众聚集在巴黎大学的半圆形阶梯教室。出席的代表来自法国和世界各大院校、学术性团体、政府、军队、议会、著名学校、学生联合会和新闻界。主席台上就座的有法兰西共和国总统亚历山大·米勒兰、公共教育部长莱昂·贝哈尔、科学院院长兼居里基金会主席保罗·阿佩尔、代表外国学者发言的罗伦茨教授、代表科学院致辞的让·佩林教授,以及代表医学院的安东尼·贝克莱尔博士。

在这群社会名流中有一位白发苍苍、表情严肃的老先生,还有两位不停擦拭眼角的老妇人:约瑟夫、海拉和布罗妮娅。他们从华沙远道而来,参加玛妮娅的胜利庆典。斯科洛多斯卡家年纪最小的妹妹获得的荣誉丝毫没有影响他们之间的情谊。这三个人脸上从来没有如此激动和自豪过。

居里夫妇的合作者和好友安德烈·德比尔纳宣读了他们曾经宣布关于发现放射性物质的那些科学报告。镭研究院的主任费南·荷尔维克在艾莱娜的帮助下进行了关于镭的几个实验。共和国总统向玛丽·居里颁发了国家年金,"作为全国人民对她表示的热情、尊重与感激的微薄而真诚的见证。"莱昂·贝哈尔先生指出"在提出和通过这项法案时,法兰西的所有议员都在上面签了字,政府和议会两院不得不承认居里夫人的谦逊和无私,虽然并不能在法律上证明其存在"。

最后,居里夫人起身,接受人们长时间的欢呼。她用低沉的声音感谢那些授予她这些殊荣的人,小心不漏掉任何人。她提到了已经不在世的皮埃尔·居里。然后,她展望了未来:不是她个人短暂的未来,而是镭研究院的未来。她请求人们以一如既往的热情给予镭研究院帮助与支持。

我们已经看到玛丽·居里在晚年时获得了人们的崇拜,而且得到了各国总统、大使和国王的接见。

在所有这些盛大的庆祝活动中,我对母亲的记忆中总是同一个画面:一张没有血色、毫无表情、无动于衷的面孔。

她在很久以前曾经说过:"科学上我们应该注意事而不注意人。"这么多年的生活使她明白,公众是通过人来注意事物的,甚至连政府都不例外。无论她是否愿意,她不得不使用自己的声望为科学增光,同时使它更丰富,就像美国人说的,"使之高贵"。她允许人们用她传奇般的经历为自己真心热爱的事业做宣传。

但是她本人却没有发生任何变化:在人群面前她仍然有生理上的恐惧,胆怯仍然会使她双手冰冷、喉咙发干,最重要的是她不懂得如何追求虚荣,在这方面她完全不可救药了。尽管她确实努力过,但是她无法与名利和谐相处。她永远也无法赞同各种形式的"拜物主义"。

她在一次旅行中写信给我说:

> 我发现自己离你们两人很远,而且遇到了一些我不喜欢也不欣赏的现象,让我感到疲倦,所以今天早晨我觉得有点难受。
>
> 在柏林,熙熙攘攘的人群挤在站台上,向和我同坐一趟车的拳击手登普西高声欢呼。他走下来,一副心满意足的模样。冲登

普西欢呼与冲我欢呼真有很大区别吗?对我而言,不管对象是谁,以这种方式欢呼本身就不值得称赞。不过,我不知道该怎么办,也不知道一个人和人们对他的看法会混淆到何种程度……"

  对二十五年前的发现给予热情颂扬,这如何能让这个心如热血青年的老妇人感到满意呢?她经常说一些抱怨的话,表示自己厌恶能把人过早断送的盛名。她有时会发牢骚说:"当人们对我说起我'不朽的工作'时,我感觉自己好像已经死了,"然后她又说:"我还觉得对他们来说我现在的贡献已经没有多大意义,如果我死了他们恭维我就方便多了。"

  我认为,正是居里夫人的不满和拒绝,才使她在人们心目中具有特殊的魅力。政治家、君主、戏剧或电影演员这类"大明星"一旦走上舞台就成为其崇拜者的同谋。玛丽与他们不同,她从她参加的仪式上神秘地逃离。这位黑衣妇人一动不动的形象,与公众之间完全不存在任何沟通,这反而给人们留下了深刻的印象。

  受到世界尊敬的人往往比居里夫人更加和蔼可亲、更加富有魅力、更加大名鼎鼎,也许他们谁也不像她这样面无表情,谁也没有她那副心不在焉的神色。在雷鸣般的欢呼声中,谁也不会显出她那样的寂寞。

第二十五章　圣路易岛

每当玛丽完成一次光荣的旅程归来时,总会有一个女儿到火车站接她,等她出现在头等车厢的一个车窗里。居里夫人到死都一直给人一种行色匆匆、穷困潦倒的印象。她神色谨慎,双手牢牢地抓着她那个一成不变的棕色皮包,那是多年前波兰妇女联合会赠送给她的。手提包里塞满了各种文件、文件夹、眼镜盒。她臂弯里夹着一捧路上人们送的花,虽然花很普通,而且已经开始枯萎发蔫,同时还给她带来许多不便,可她无论如何也不敢扔掉。

卸下行李后,这位科学家爬上自己在圣路易岛上那座没有电梯的三层楼房。在她清理邮件的时候,艾芙跪在地板上,打开行李,替她整理。

艾芙发现在熟悉的衣物中夹杂着几件天鹅绒和丝质的博士袍——这标志着玛丽又得到几个新的名誉博士头衔;几个装有奖章的皮匣子、几卷证书,以及比其他一切都更为珍贵的宴会上的菜单。玛丽总是小心翼翼地把这些菜单保存下来,因为这些用厚厚的硬纸片做成的菜单正好可以用来方便地记录数学算式!

最后,当艾芙窸窸窣窣打开一些皱纹纸包装后,她看到玛丽给她和艾莱娜买的"纪念品"和礼物。玛丽给女儿们买的礼物总是具有异乡情调,但也都很廉价。

从得克萨斯带回的"木化石"被用来当镇纸;从托莱多带回镶嵌着金银线的刀,后来用于裁开装订不良的科学书籍;波兰山地居民编织的粗羊毛地毯却铺在了桌子上。玛丽黑上衣的领子上别着从大峡谷带回的小首饰:几个刻有闪电花纹的印第安小银饰。这几个银饰,加上一个波希米亚石榴石扣子、一条金丝项链和一个漂亮的老式紫水晶胸针,这些就是我母亲的全部首饰。我猜把它们全加在一起也卖不了三百法郎。

位于白求恩码头路的这套公寓虽然宽敞,却不很舒适,因为房子设计得很奇怪,走廊迂回和楼梯凌乱。而居里夫人一生中倒有二十二年在这里度过。这座房子里气势宏伟的房间可以追溯到路易十四,只有配上高雅的扶手椅和沙发才显得和谐。居里博士留下的红木家具随意摆放在能够容纳五十人的巨大的客厅里,可现在难得有四个人在此相聚,上了蜡的地板光滑得有如滑冰场,走上去吱呀乱响。房间里既没有铺地毯,也没有挂窗帘。高大的窗户上,百叶窗永远敞开着,上面还吊着一层几乎连光也挡不了的网帘。玛丽讨厌帘子、地毯之类装饰。她喜欢光滑的地板和毫不阻碍光线射入的玻璃窗。她要完完全全、不打折扣地欣赏塞纳河、码头和塞德岛的美丽景色。

过去那么多年,她一直穷得没法给自己布置出一个漂亮的住所。现在她已经失去了装饰自己住所的愿望,而且也没有时间去改变生活陈设的简洁。不过,陆续收到的礼物还是给这些明晃晃、空荡荡的房间增添了一些装饰。有匿名崇拜者送给居里夫人的几幅以花为主题的水彩画、一个蓝色的哥本哈根花瓶——这是那个工厂最大最漂亮的产品、罗马尼亚某工厂赠送的一块棕绿色相间的地毯、刻有华美题字的银花瓶……玛丽自己只买过一件东西,那就是送给艾芙的卧式钢琴。她那个年幼的女儿曾经一弹就是几个小时,而居里夫人从来不抱怨那如洪水倾泻般急促的琴声。

艾莱娜继承了母亲对物质淡漠的态度,在出嫁前一直都惬意地住在这座冷冰冰的公寓里。艾芙尝试了各种办法装饰她自己的小窝,但结果往往更糟。可她一有点钱就又开始重新折腾。

这座房子里唯一有生气的屋子就是玛丽的工作室。一幅皮埃尔·居里的画像、几玻璃橱的科学书籍、几件古老的家具,为这个房间营造出一种庄严肃穆的氛围。

当初玛丽从众多房子里选中这座房子,是因为这里的环境幽雅,可后来它却成了世界上最喧闹的地方。钢琴家练习音阶、电话铃声刺耳、门铃响亮的叮咚声在高大的墙壁间回荡、家里的黑猫来回狂奔,这只猫的拿手好戏是扮作骑兵在走廊里冲锋。塞纳河上拖船发出不断的汽笛声经常把年轻、孤独的艾芙吸引到窗前，前额抵在玻璃上，按名称给那些轮船分组：火枪手组：阿托斯、波尔托斯……候鸟组：雨燕、红雀、燕子……

每天早晨不到八点钟，一个没有经过训练的佣人弄出的叮当声和居里夫人轻快急促的脚步声就把家里的每一个人都吵醒了。差一刻钟九点的时候，居里夫人的小轿车停在房子前面的码头上，有人按三声喇叭。玛丽赶忙戴上帽子，穿上大衣下楼。实验室等着她呢。

法国政府的津贴和美国人民慷慨赠予她的年金，使她不用再为金钱烦恼。虽然居里夫人的收入在一些人眼中少得可笑，但是对于她来说，已经足够她活得舒舒服服了，只是她不懂得享受。她从来不知道让仆人伺候。每次让司机多等几分钟，她总会感到隐隐有几分愧疚。她和艾芙一起逛商店时从来都不看价钱，不过凭着她一贯正确的直觉，哆哆嗦嗦的手总是指向那些最简单的衣服和最便宜的帽子。她只喜欢这种廉价的物品。

她喜欢把钱花在植物、石头、乡下的房子上。她在乡下盖了两座房子：一座在拉古埃，另一座在南部。随着年纪的增加，她喜欢到地中海去寻找比布列塔尼更炽热的阳光和更温暖的海面。她的新乐趣变成了躺在卡瓦莱尔别墅的露台上小憩，欣赏海湾和西尔莱斯群岛的美景，在山坡上的花园里栽种桉树、含羞草和柏树。萨伦纳芙夫人和克莱芒小姐是她的邻居，这两位漂亮的朋友非常崇拜她的水上技巧，不过旁观她游泳时又不无几分恐惧。玛丽在参差的岩石丛中游泳，从一块岩石泅到另一块岩石。她还仔细向两个女儿描述她的冒险经历。

她在信中写道：

  这里的浴场很棒，就是得走很远的路。今天我在高耸在拉维齐海湾上的岩石间游泳，游的距离真远哪！！！这三天大海一直很平静，我觉得自己能游很长时间，而且能游很远。在平静的海水中游三百米丝毫也不会让我害怕，而且我肯定还能游得更远。

她的梦想是像从前那样离开巴黎到西奥克斯去过冬。她在那里买了块地，打算盖一座房子。可是几年过去了，始终没有拿定主意。每天吃午饭的时候,人们都可以看到她从实验室步行回家,她以几乎与往日一样轻快的步伐穿过拉杜尔内罗桥,在圣路易岛的老房子爬楼梯时有点喘。

艾芙挺小的时候,艾莱娜已经成了居里夫人的小助手,和母亲一起生活、一起工作。大家聚在厚实的圆桌边吃饭时,这位科学家就和她大女儿讨论科学问题。各种专业公式撞击着艾芙的耳膜,可她用自己的方式解释这些高深莫测的问题,于是小姑娘心里得到了巨大的满足。比如当母亲和姐姐说到一些代数术语,她就解释为:"质数"宝宝和"平方"宝宝。艾芙觉得玛丽和艾莱娜总是提到的这些她不认识的宝宝一定很有趣……但是为什么宝宝是"平方"的?而那些"质数"宝宝为什么又有什么优先权呢?

一九二六年的一个早晨,艾莱娜平静地向家人宣布她和弗雷德里克·若里奥订婚了,若里奥是镭研究院最有才气、最富热情的工作者。这座房子里的一切立刻被打乱了。一个年轻男子突然出现在这个完全由女性组成的家庭里,而这个家里除了像安德烈·德比尔纳、居里、佩林夫妇、波瑞尔夫妇和默汉夫妇这样不多几个的亲密朋友外,从来没有过外人。这对小夫妇先住在白求恩码头路那所房子里,后来搬到一个独立的公寓。玛丽看到女儿快乐,自己也很高兴,但是从此不能时时和自己的工作伙伴住在一起,不免有些难过,甚至难以掩饰内心的沮丧。

后来,玛丽通过日常接触对这个成为她女婿的学生有了更好的了解,她开始喜欢这个英俊、健谈、充满活力的年轻人,也欣赏她的超人才能。她意识到情况比以前更好,现在不是一个助手而是两个助手分担她的烦恼,讨论正在进行的研究,听取她的意见,而且还可以给她提供建议和新想法。"若里奥夫妇"非常自然地走进居里夫人的生活,他们每周四次和居里夫人一起吃午餐。

还是在那张圆桌旁,他们又讨论起"平方宝宝"和"质数宝宝"。

"妈,你不去实验室吗?"

那双灰色的眼睛无限温柔、毫无戒备地看着艾芙,这几年这双眼睛前总有一副玳瑁框的大眼镜。

"我过一会儿就去。不过我得先去一趟医学研究院。而且因为开会要等到三点钟,所以我想我还有时间……对,我可以到花市转一圈,说不定还有时间到卢森堡公园走走。"

那辆停在房前的福特车已经响了三声喇叭。几分钟之后,玛丽已经置身在花盆和花篮丛中,为实验室的花园挑选植物,然后用报纸包好,小心地放在汽车座位上。

园艺师都认识她,但是她却从来没有进过一家花店的大门。难以名状的本能和贫穷养成的习惯使她总是跟那些名贵的花朵保持着距离。让·佩林是一位最快乐、最体贴的朋友,他常抱着大捧的鲜花走进居里夫人家。玛丽仿佛欣赏珠宝一样,注视着大朵的康乃馨和美丽的玫瑰,惊奇中带着几分胆怯。

两点半,福特轿车把玛丽送到了卢森堡花园的门口,这位科学家匆匆走向约定地点,"靠近左边的狮子"。这时候,公园里有上百名儿童在玩耍,其中有一个小女孩看到了她,立刻用两条小腿全速朝她跑过来。这个小女孩是艾莱娜的女儿海琳·若里奥。表面上看,居里夫人是个沉默寡言、感情不外露的外婆,但是她花了那么长时间,绕了那么远的路只为和这个穿鲜红色衣服的小家伙待上几分钟。这个小家伙口气专横地问:"你要去哪儿,姥姥?为什么不和我一块玩?"

上议院的钟已经差十分三点了。玛丽必须离开海琳,让她独自捏泥饼玩。玛丽来到波拿巴路庄严的会议厅,在习惯的位置上靠着老朋友罗克斯大夫坐下。她作为六十位值得尊敬的成员中唯一的女性,开始参与医学研究院的工作。

"哦,我太累了!"

玛丽·居里几乎每天晚上都要说这句话,她脸色苍白,由于疲惫而显得又憔悴又苍老。她总是很晚才离开实验室,有时七点半,有时八点。司机开车送她回家,可三层楼似乎越来越难爬。她换上拖鞋,披上一件黑呢上衣,在屋里随意踱着步子,等着仆人叫她吃晚饭。这时,房子里比白天安静了许多。

"你工作太辛苦了。一个六十五岁的老太太不该每天工作十二到十四个小时。"她女儿对她说这样的话一点用都没有。艾芙很清楚居里夫人不可能减少自己的工作,她认为少工作等于承认自己衰老了。这个年轻的姑娘只能希望她母亲能够在今后很长一段时间里都有精力一天工作十四个小时。

自从艾莱娜搬出了白求恩码头,就剩下艾芙和母亲两个人一起吃饭。玛丽白天遇到无数的事情,所以晚上忍不住高声说起这些事。每天晚上这些零散的话语,描述出那个占据了居里夫人身心的实验室里的紧张工作,那是一幅神秘而迷人的景象。艾芙像玛丽的同事一样熟悉了她从不曾见过的仪器。玛丽说起这些同事时总是使用大量的人称代词,口吻热情洋溢、近乎温柔:

"我真对'我'年轻的格雷瓜尔感到满意。我早知道他很有天赋……"喝完汤后,她又接着说,"今天我去物理室见了'我的'中国学生。我们用英语交谈,说了好长时间:在中国,驳斥别人是不礼貌的。我提到一个假说,这个年轻人刚刚做实验证明这个假说是错误的,可他还客气地表示同意。我不得不猜测他是不是有不同意见!在这些来自远东地区国家的学生面前,我总是为自己的粗鲁感到羞愧。他们可比我们文明得多!"她吃了些蜜饯后,又接着说:"啊,艾芙,哪天晚上我们应该邀请'我'今年的波兰学生来。我担心他在巴黎一定感到非常不知所措……"

来自各个国家的工作人员相继在镭研究院这座巴别塔①里工作,而其中总有一人来自波兰。如果有更优秀的申请人,出于公平居里夫人无法为自己的同胞申请到大学奖学金,她就自己出钱支付来自华沙的学生的费用,而这个年轻人永远也不会知道,慷慨支持自己学习的人是她。

突然间,玛丽停了下来,不再继续讲述实验室的事情,转向女儿,换了另外一种语气说:

"哦,亲爱的……和我讲点别的。告诉我有什么新闻?"

无论什么,甚至十分幼稚可笑的事都可以跟她说。艾芙找到了一个最理解她的听众,满意地说起她可以把车开到每小时四十五英里。居里夫人虽然开车谨慎,却也热衷开快车,所以饶有兴趣地关注着她自己的福特车的竞赛速度。关于她外孙女海琳的趣闻,或者这个孩子说过的什么话,都能让她像年轻人一样爆发出突然的笑声,而且能笑得流出眼泪。

---

① 巴别塔:《圣经·创世纪》中说,人类向往"大同",要筑一座通天高塔,扬名天下。这触怒了上帝,上帝惩罚人类,让人类流离四方,言语不通。作者在这里显然指镭研究院的人来自各国,说多种语言。

她还懂得如何以愉快的口吻讨论政治。啊！她那令人鼓舞的自由主义……如果法国人在她面前赞扬独裁制度，她就会温柔地回应："我在独裁制度下受过压迫，可你们没有。你们不知道自己生活在一个自由国家里有多幸福……"赞成暴力革命的人也遇到了同样的驳斥："你们可以说把拉瓦西埃送上断头台有理，可你们永远也说服不了我。"

她还保留着原来那个年轻波兰"进步分子"的勇气与热情。法国缺少足够的医院和学校，数以千计的法国家庭生活在不卫生的房子里，妇女没有足够的权利，这些问题都让她感到心痛。

玛丽没有时间好好地教导自己的女儿。但是艾莱娜和艾芙都从她身上获得一份珍贵的馈赠：与一个非凡杰出的人一起生活。玛丽的非凡不仅在于她的天赋，更在于她伟大的人性和她对庸俗、狭隘的排斥。居里夫人甚至避免了人们绝对能原谅的虚荣心，不让别人把她当作妇女的榜样。有时，她对一些过分激进的崇拜者说："你们没必要像我这样不按自然规律生活。我是因为自己喜欢研究工作，所以把大量时间都用在了科学上……对于妇女和年轻女孩子，我希望她们过上简单的家庭生活，有一份自己喜欢的工作。"

在这些安静的晚餐中，居里夫人和艾芙有时会谈起爱情。这个富于悲剧、饱受生活摧残的妇人对爱情没有多少崇高的看法。她乐意引用一位法国文学家的话："爱情不是一种可敬的情感。"

一次她写信对艾芙说：

> 我认为我们应该从理想主义中寻求精神力量，这种理想主义不会让我们骄傲自满，同时还能把我们的愿望和梦想推向高尚的境地。我还认为把一个人的全部生活都寄托在像爱情这样激烈的情感上，必然会产生失望……

她知道如何听别人向自己倾诉心事，并且仔细替他们保守秘密，仿佛从来没有听说过一样。她还知道当自己的亲朋好友发生危险，或遭遇不幸时，如何赶去伸出援助之手。但是一旦谈起爱情，人们永远也无法和她真正交流。她的意见和她的哲学总是客观的，无论在什么情况下，玛丽都不触动自己悲伤的往事,既不从中吸取教训,也不向任何人敞开心扉。这是一个属于她个人的世界,无论和她多么亲密的人都无权闯入。

她只让女儿猜到自己因为年迈而远离家人有一种怀乡之情,她一直都很怀恋自己的两个姐姐和一个哥哥。先是流落他乡,后来又孀居,她被两次剥夺了甜蜜的家庭温暖。她在给一些无法常见的亲戚写信时非常伤感。她写信给住在蒙彼利埃的雅克·居里,写信给约瑟夫和海拉,还有生活和她一样不幸的布罗妮娅。布罗妮娅的两个孩子早已夭折,一九三〇年她的丈夫卡什米尔·德卢斯基也去世了。

一九三二年四月十二日,玛丽在写给布罗妮娅的信中说道:

亲爱的布罗妮娅:
  我对我们分开也感到非常难过。但是虽然你感到孤独,可至少还有一种安慰:你们三个人在华沙,所以还能有人相伴,受人保护。相信我吧,家庭团结才是最重要的。而我知道我是无法享受这种团结了。努力从中获取安慰吧,别忘了你在巴黎的妹妹。让我们尽量多见面……

如果艾芙吃完饭后要出门,居里夫人就会到她的房间,躺在沙发上看她换衣服。

她们对服装的看法和审美观点截然不同。不过玛丽早已放弃把自己的原则强加给女儿。母女两人,倒是艾芙常常专横地坚持要母亲换掉那些即将磨成破布的黑衣服。所以母女俩的讨论仅限于形式,母亲一贯退让,甚至带几分愉快和幽默地评论女儿:

"哦,我可怜的孩子!这鞋跟太可怕了!不,你可永远都别想让我相信女人应该走在这种高跷上……这又是什么新时尚,在衣服背部开口?胸前开口还可以忍受,可是干吗要露出几英里的脊背!首先,这不雅观;其次,还有得胸膜炎的危险;而且,这样实在不好看。即使你不在乎其他两条,这第三条理由也应该让你有所触动……不过,除此之外你的衣服还是很漂亮。不过你的黑衣服太多。你这个年纪不适合穿黑色的……"

最痛苦的是化妆。当艾芙费了好大的劲,自认为非常完美,她母亲却挖苦地说:"转过来点,让我好好欣赏你!"居里夫人用科学眼光仔细地观察她,最后感到非常惊讶。

"当然,我原则上不反对这种涂抹。我知道自古以来人们一直都是如此。古埃及妇女还发明过更糟糕的东西……我只能告诉你一点:我觉得这可怕极了。你折磨自己的眉毛,而且在嘴唇上涂抹颜色,这毫无意义……"

"但是,妈,这样确实更漂亮!"

"更漂亮!!!听着,我明天早晨要赶在你还没有把这种可怕的东西涂在脸上的时候来吻你,免得让我难受。我喜欢你不打扮的样子……现在你快走吧,亲爱的孩子。晚安……哦!你有没有什么可以让我读的东西?"

"当然有。你想看什么?"

"我不知道……一些不让人心情低落的东西。只有像你这么年轻才能忍受那种让人痛苦的小说。"

她再也不读俄国小说,连她曾经非常崇拜的陀思妥耶夫斯基的作品也不读了。艾芙尽管和她的文学品味不同,但是她们俩都喜欢吉卜林、科莱特等作家。玛丽·居里对《丛林故事》、《黎明》、《西多》和《吉姆》这几本书中关于大自然栩栩如生的描写从来都读不厌,大自然永远都是她的安慰和世界。她还熟记了数千首法语、德语、俄语、英语和波兰语的诗歌。

她拿上艾芙给她选的书,逃进书房,躺在铺着红天鹅绒的躺椅上,头下垫一个天鹅绒垫,翻上几页。

但是过了半个小时,或一个小时后,她放下了书,站起身,拿起一支铅笔、几个笔记本、几份科学手册。她要开始工作了,通常会一直工作到凌晨两三点钟。

艾芙回来的时候,从狭窄的走廊能看到母亲书房的灯光从圆形玻璃窗射出。她穿过走廊,推开门……

每天晚上都是相同的景象。居里夫人坐在地板上,四周堆放着纸张、计算尺和小册子。她永远也无法习惯像"思想家"那样,坐在扶手椅上,在桌前工作。她需要无限的空间摆放自己的文件和图纸。

她正忙于一个理论计算,虽然知道女儿回来了,却没有抬头。她眉头紧锁,神情专注。

她的膝头放着一个笔记本,她在上面画符号、记公式,同时嘴里还在喃喃自语。

居里夫人低声念叨的是些符号和数字。和六十年前在西科尔斯卡小姐的寄宿学校上数学课上一样,这位巴黎大学的教授在用波兰语计算……

第二十六章 实验室

"居里夫人在这里吗?"

"我找居里夫人,她来了吗?"

"你见到居里夫人了吗?"

青年男女和穿着实验室白大褂的人们在这位科学家进入镭研究院必然经过的门厅里相互询问。

每天早晨都会有五名、十多名工作者像这样等候她的到来。每个人都希望在"不妨碍她"的情况下,当她顺路经过时,向她征询意见、得到一点鼓励或者建议。玛丽把这些人笑称为"苏维埃"。

这些"苏维埃"用不着等太久。九点钟,那辆旧汽车开过皮埃尔·居里路的大门口,然后拐进胡同里。铁门嘎吱一响,居里夫人就出现在花园门口。这群求知若渴的学生兴高采烈地簇拥着她。他们有的用尊敬而胆怯的声音宣布刚刚完成某种测量,有的告诉她关于钋溶解的消息,有的则含蓄地说:"如果居里夫人能够去看一眼威尔逊仪器,那将会看到有趣的结果。"

虽然玛丽有时也抱怨几句,可她还是喜欢每天早晨迎接她的人群,喜欢年轻人充沛的精力和好奇心。她不会躲开人群去忙自己的工作,相反,她身上还穿着外套,头上的帽子还没脱,就让合作者围在中间。她看到每张热切的面孔,都不禁联想起自己曾经独自设想过的一个实验。

"福尔尼尔先生,你跟我说的事我已经考虑过了。你的想法不错,但是你提出的方法不现实。我想了另外一种方法,应该能行得通。我等一会儿去找你。克特莱小姐,你得到的数字是多少?你肯定计算没有问题吗?昨天晚上我重新做了一遍,得到的结果略有不同。不过我们一会儿再……"

　　这些话条理清楚,没有丝毫的含糊。玛丽·居里和一个研究者说话时,她会全身心集中在这个研究者研究的问题上,而且对于这个问题的每个细节都了如指掌。紧接着她又转向另一个学生,谈论另一个问题。她的大脑有这种特殊的天赋,能应付复杂的智力挑战。在实验室里,这么多孜孜不倦、富有聪明才干的年轻人在勤奋工作,而她就好像象棋大师,不必看棋盘,却可以同时下三四十盘棋。

　　从她身旁经过的人都会停下来跟她打招呼。这个苏维埃群体在扩大。玛丽最后坐在楼梯台阶上,继续这种非正式的咨询。她坐在那里,仰起头看着站在自己身边或倚墙站立的工作人员,全然没有当领导的姿态。然而却在领导着全局!

　　是她仔细考察学生的能力后,从中挑选出一部分人进实验室;而且也总是她给他们指派工作。学生遇到困难,求助的也是她,因为他们相信居里夫人肯定会在实验中找出什么地方出了错,导致他们误入歧途。

　　四十年科学工作的经验使这位白发苍苍的科学家积累了丰富的知识。在镭研究院,她就好像一座活图书馆。利用她所精通的五种语言,她阅读与镭研究院进行的实验相关的所有期刊文章。她在已知现象中发现新进展,还发明新的研究方法。最重要的是,玛丽拥有非凡的判断力,在理清各种错综复杂的知识和假说方面发挥了不可估量的作用。她的学生提出的各种不切实际的理论和貌似诱人但奇异荒谬的假设,都被她用敏锐的目光和无懈可击的理由驳回。与这样一位既果断勇敢又谨慎明智的导师工作,让人感到非常放心。

　　聚在楼梯上的人群慢慢散去。得到玛丽对这天工作建议的人有所获而去。居里夫人会和其中一个人走到"物理厅"或"化学厅",然后在一台仪器前继续讨论……最后,她终于获得了自由,走进自己的实验室,穿上那件宽松的黑色工作服,开始专心自己的工作。

　　她一个人没待多久,便会有人敲门。一个研究工作者拿着几页草稿又来了,他身后还有一个人等在那里……今天是星期一,科学院要召开例行

的周会,下午要在会上发言的人把他们的报告拿给居里夫人审阅。

玛丽走到一个明亮、狭小的普通房间去看这些论文,陌生人会很难辨认出这里就是这位著名科学家的书房。屋子里只有一张橡木办公桌、一个文件柜、几个书架、一台旧打字机和一把皮椅,这把皮椅非常普通,难以赋予这个屋子属于谁专用的气派。桌子上放着一个大理石墨水缸、几摞小册子、一个玻璃杯里插满钢笔和削尖的铅笔、一个学生联合会赠送的艺术品,还有一件令人吃惊的文物——伊斯基尔出土的一只小坛子,表面褐色没有光泽,却引人注目。

人们在把提交给科学院的报告交给居里夫人时经常激动得双手颤抖。报告的作者知道这种检查是非常严格的。按照玛丽的思维这些报告写得总是不够清晰、朴实。她不仅能发现技术上的毛病,而且还修改整个句子,改正句法错误。最后她把作品还给战战兢兢的年轻学生,告诉他说:"我觉得现在可以了。"

但是如果一个学生的报告让玛丽满意的话,她就会面露微笑,愉快地评论道:"太好了!好极了!"这些会让这个学生觉得一切辛苦都是值得的,让他如同长出了翅膀一样,飞到了佩林教授的实验室。镭研究院的报告照例由佩林教授负责提交到那个著名的机构。

因此,让·佩林见人就说:"居里夫人不仅是一个著名的物理学家,她还是我认识的最伟大的实验室主任。"

这位女领导究竟有什么秘诀呢?首先,也是最重要的一点,玛丽对镭研究院怀着一种强烈的"沙文主义"。她是这个她深爱的地方热情的仆人,理所当然地保护着它特权和利益。

她通过顽强不懈的努力赢得了进行大规模研究所需的放射性物质。居里夫人和比利时上加当加联合矿业公司制镭工厂的几位经理进行多次礼节性互访,彼此相互恭维,每次的结果都是联合矿业公司免费送给居里夫人几吨矿渣,玛丽高兴极了,立刻着手提炼渴望已久的元素……

她使自己的实验室一年比一年更富有。人们经常可以看到她和让·佩林一起到各个部门申请研究津贴和学生奖学金。因为她是"居里夫人",所以当时各个部门的领导都会听取她的意见。于是在一九三〇年,她获得了一笔高达五十万法郎的特别研究经费。

有时,她也会对自己强迫自己做的这些请求感到疲倦,觉得有些丢脸。她向艾芙描述她如何在接待室等待,心里感到的惧怕,并笑着总结说:

"我想有一天他们会把我们像乞丐一样撵出去的。"

在居里夫人实验室工作的人们在这位值得信赖的领航员的带领下,逐一对放射性不为人知的方面进行探究。在一九一九年到一九三四年期间,镭研究院的物理学家和化学家共发表了四百八十三份学术报告,其中有三十四篇论文。同时,在这四百八十三项研究中,居里夫人自己发表了三十一篇。

尽管这一数目已经很多,但仍需进行解释。居里夫人晚年的时候,可能是把大量的精力用于为将来做准备,所以大部分的时间都用来进行指导和教授学生。假如她能够像她身边的年轻人那样,把每一分钟都用在研究上,那她的创造性活动会产生什么样的结果?谁又能说得清她在循序渐进启发和指导学生中发挥了多大的作用?

玛丽自己从不想这样的问题。她为自己帮助的工作人员取得胜利而高兴,为她所在的集体取得的胜利而欢欣。这时她不再用"我的"实验室这个字眼,而是用一种无法形容的自豪口吻把它称作"实验室"。她说这三个字的口吻,仿佛她的实验室是世界上独一无二的。

这位孤独的科学家生来懂得人们的心理,并通晓人情,这使她善于鼓励他人,同时精通如何指导他人的工作。居里夫人虽然不与人亲近,却懂得如何赢得他人的尊敬。一起日日夜夜地工作了那么多年,她仍然用"小姐"、"先生"来称呼她的同事。

如果玛丽陷入了对某个科学问题的沉思,在花园的长凳上一坐就是半个小时,她的助手就会用恳求的声音把她唤回现实中。"夫人,你会着凉的!夫人,快进屋来!我请求您!"当她忘了去吃午饭的时候,总会有人细心地把面包和水果放在她身边……

实验室的技工和工作人员,以及其他人,都感受到她内在的吸引力,这种吸引力在世界上独一无二。当玛丽雇了自己私人司机的那天,充当镭研究院的计日工、修理工、司机、园丁的乔治·波阿德伤心地抹眼泪,因为他想到从今以后要由另一个人每天把居里夫人从皮埃尔·居里路送回白求恩码头路。

玛丽用一种她很少表露的感情热爱着那些和她一同工作的人们,而且这种感情能够使她辨认出这个大家庭中最高尚、最热情的人。一九三二年八月,我母亲得知她喜欢的一个学生突然去世,她的痛苦我从来没有见到过。

她写道:

> 我到巴黎时听到一个不幸的消息。那个我非常喜欢的化学学生雷蒙在阿尔代什的河里淹死了。我感到难受极了。他的母亲写信告诉我,他在实验室里度过的几年是他一生中最美好的时光。这么美好的青春,又有风度、又高尚迷人,而且还有超凡的智力天赋,就因为一次不幸的冷水浴全都不复存在了……

她敏锐的目光能像识别优点一样地发现缺点,她会毫不留情地指出那些缺点,因为这种东西会阻碍研究者成长为伟大科学家。她不喜欢虚荣,更讨厌笨拙。笨手笨脚布置实验不当引起灾难总会激怒她。一天她对自己的好友说起一个没有天赋的实验者:"如果人人都像他那样,物理学界就没法取得任何大胆的飞跃了!"

每逢一个合作者的论文获得通过,拿到文凭,或是将领取某一奖项,实验室就会为这个人举行一次"实验室茶会"。夏天,这样的聚会就在外面花园的菩提树树下进行。冬天,茶具的喧闹声会突然打破这座建筑物中最大的一个房间——图书馆——的静谧。茶具非常奇特:实验室的玻璃杯用来当茶杯和香槟酒杯,搅拌棒替代了小匙。女学生负责送茶点,给她们的同事、主任和其他职员送上点心。这群人中有镭研究院的讲师安德烈·德比尔纳、总助理费尔南德·荷尔威克,还有玛丽。她心情愉快话也多起来,双手护着自己的玻璃杯,生怕被兴奋的人群撞翻。

大家忽然安静下来——居里夫人要向获得荣誉的人表示祝贺了。她以热情的词语称赞他工作的独创性,并指出他克服过的重重困难。她会友好地谈到他的父母;如果这是个外国人,她则会说起他遥远的故乡:"我去过你美丽的祖国,你的同胞曾友好接待我,我希望当你回到自己的祖国后,仍然对镭研究院留下美好的回忆。你看到了我们在这里努力的工作,每个人都在尽自己最大的努力……"她的赞誉会引起热烈的掌声。

对玛丽来说,有几次茶会具有特殊的感情意义:一次是庆祝她的女儿艾莱娜通过博士论文,另一次则是庆祝她女婿弗雷德里克·若里奥通过博士论文。居里夫人欣喜地看到,这两个研究工作者在她的指导下充分发挥出了自己的才能。一九三四年,这对年轻的夫妇取得了辉煌的胜利:在研究原子衰变现象后,艾莱娜和弗雷德里克·若里奥发现了人造放射性元素,他们利用放射性元素的自然射线对诸如铝的某些物质进行粒子轰击,成功地将这些物质转化为自然界没有的新放射性元素,并因此成为射线源。这一惊人的原子创造对化学、生物和医学产生的影响显而易见:可能在不远的未来,就可以通过工业方法制造出具有镭特性的物质,满足进行镭疗法对放射性物质的需求。

当这对夫妇在一次物理学会的会议上解释自己的研究工作时,玛丽坐在听众中间,聚精会神,显得非常自豪。她在那里遇到自己和皮埃尔·居里以前的助手艾伯特·拉伯尔德,她异常激动地和他打招呼:"您好!他们说得很不错,是吧?我们又像是回到昔日实验室的好时光了。"

她实在太兴奋、太激动了,无法不延长那天晚上的聚会。在几个同事的陪伴下,她沿着码头步行回家。而她不断地评论"她的年轻人"取得的成功。

在皮埃尔·居里路的花园对面,利高德教授的合作者正在通过研究和疗法,发起对癌症的战役。玛丽亲切地称他们是"对面的人们"。一九一九年到一九三五年,有八千三百一十九名患者在镭研究院接受治疗。

克劳德·利高德也非常热爱实验室。他耐心地收集参战所需的武器:镭、仪器、空间和医院。面对众多已经治愈的病人以及迫切的需要,他不得不四处借镭——从联合矿业公司那里他借到了十克的镭!——并向政府申请津贴,向市民征求捐赠。亨利·罗丝柴尔德男爵和拉扎尔兄弟是他主要的捐助人,除此之外还有一个富有而谦虚的捐赠人,这个人想方设法不让人知道他的姓名,却向居里基金会捐赠了三百四十万法郎。

这样,一座最具权威的放射疗法和X射线疗法中心在法国建立起来。它拥有极高的威望:来自五大洲的两百多名医生来这里学习治疗癌症的技术。

虽然居里夫人只是物理学家和化学家,不参与生物和医学的工作,但她仍然怀着热情关注那里的进展。她与利高德教授相处融洽,利高德教授是一位出色的同事,精神高尚、心地无私。和玛丽一样,利高德教授也痛恨名望的喧闹,而且同样拒绝物质利益。他本来可以借助这个事业成为巨富,而这个念头他甚至连想都没想过。

这两位共同工作的负责人都对技术人员进行的治疗发出惊叹,但是也产生同样一个担忧:他们看到世界上许多人随意滥用镭,感到愤怒而无奈。在某个地方,无知的医生碰运气般用放射性物质给病人治疗,他们甚至连这种"治疗"的危险都不知道。在另外一个地方,向公众出售的药品和化妆品上标明"以镭为主要成分",有时甚至使用与居里夫妇名字相似的商标。

我们不愿评论这样的事情。我们只想说明,我的母亲、居里一家、利高德教授,以及镭研究院都与这种事情没有任何关系。

"请看一下这些信里有没有要事。"

玛丽厌倦地匆匆指了指前一天晚上收到的邮件,对那个温柔、聪慧的秘书拉赛夫人说道。

信封上的地址经常写得非常简单:"巴黎,居里夫人",或者"法国,科学家,居里夫人"。这些信中大多是索要签名,或是来自一些不理智的人。

对索要签名的人,通常会回复一张印好的卡片,上面写着:"居里夫人不愿赠与签名或签名照片,敬请原谅。"那些用不同颜色的墨水写八页多甚至十几页纸的狂热分子,有的是失意的发明者,有的是接受治疗的精神病患者,有的是恋爱狂、迫害狂,对于这些人只有一种答复:不予理睬。

除此之外,还有一些其他信件。玛丽极富责任地向秘书口述给海外同事的回信,同时还回信给那些认为居里夫人能够治愈一切疾病、减轻所有痛苦的绝望的求助人。还要写信给仪器制造厂;做出估价、寄出账单;答复上级主管写给"科学院教授居里夫人"的公函。这些文件如潮水般源源不断,玛丽把它们分门别类地整理到四十七个文件夹中。

玛丽恪守着大学时期养成的习惯。在她的眼里,她的名望和女性的身份都算不了什么,在正式信函中她总是不自觉地使用下级谦卑的称呼,比如写给院长的信落款总是"致以最诚挚的敬意";而写给大学校长的信的落款总是"恭顺的仆人"。

四十七个文件夹不足以说明居里夫人与外面世界的关系。人们总是请求和她见面。星期二和星期五的早晨,玛丽会穿上她最好的黑衣服。"今天是我接待来访的日子,我必须得穿戴整齐。"她脸色阴暗、眉头低沉地说。在实验室的前厅,众多的求见者和记者等候在那里。之前他们已经得到拉赛夫人冷冰冰的警告:"如果你有技术问题请教居里夫人,她可以接见你。但是她决不接受个人采访。"

尽管玛丽非常客气,但是来访者却休想拖延谈话。没有任何陈设、狭小的不舒服的接待室、硬邦邦的椅子,再加上居里夫不耐烦地晃动手指,或冲着表偷瞥几眼,这些都不鼓励来访者延长逗留时间。

星期一和星期三,玛丽一起床就开始紧张不安。这两天,她要在五点钟的时候去讲课。吃过午饭后,她在白求恩码头路的书房里关起门子备课,她把每个章节的题目写在一张白纸上。快到四点半的时候,她来到实验室,走进休息室再次关上门。此时她情绪紧张、焦虑不安,而且不愿让人接近。玛丽已经教了二十五年的书,可是每次当她不得不到那个小阶梯教室,站在那些一见她进去就起立的二三十个学生面前,她无疑还是"怯场"。

真是些没完没了的可怕活动！"闲暇时"，玛丽编写了一些论文和书籍：一本关于同位素学和同位素的论著、一本简短而动人的皮埃尔·居里的传记、一本适合居里夫人上课使用的科学论文……

这些成果辉煌、硕果累累的岁月同时也充满了激烈的斗争：居里夫人受到了失明的威胁。

一九二〇年医生告诉她眼睛里的严重白内障会使她逐渐看不到世界。玛丽不让别人看出自己的绝望。她坚强地把这一不幸的消息告诉了两个女儿，并立刻说到治疗，要在两三年内尝试进行手术治疗……从那时起，在这段漫长的等待时期，她与世界、她与她的工作之间就要隔上一层越来越不透明的水晶体，那将是永远不会消散的雾霭。

一九二〇年十一月十日，玛丽在写给布罗妮娅的信中说：

> 眼睛和耳朵是我最大的麻烦。我的视力变得越来越差，而且也恐怕没有什么对付的方法。耳朵里则总是嗡嗡作响，有时响得特别凶，让我非常痛苦。我担心我的工作可能会受到影响，而且甚至完全无法工作下去。这些症状可能与镭有一定的关系，不过我也不能肯定。
>
> 这是我遇到的麻烦。别对任何人说，我最不希望这种事被传开。现在让我们说点别的吧……

"别对任何人说"，玛丽的这句话只对女儿艾莱娜和艾芙和自己的哥哥姐姐说。她只能向这些人倾吐心事。她的意思明确，绝对不要让这样的消息由于疏忽而被泄露出去，以免有一天报纸上会登出："居里夫人身患顽症"。

她的医生默拉大夫和伯第大夫也同她的亲人一道成为她的同谋。玛丽给自己编了个假名：那个患严重白内障的病人是一个名叫"加雷"的上了年纪的普通妇人，而不是居里夫人。艾芙去配镜师那里取的眼镜，也是为加雷夫人定做的。

如果玛丽必须在她的视力无法穿透的雾中过马路，或上台阶，她的一个女儿就会上前搀着她的胳臂,遇到危险或障碍物的时候就在她手上悄悄地按一下。在餐桌上,当她故作看得见的姿势在桌布上摸索时,她的女儿把盐瓶和其他东西递到她手里。

但是这种英勇而残酷的喜剧在实验室里如何演得下去呢?艾芙建议把真相告诉她母亲的直接合作者,这样他们就可以替她操作显微镜和测量仪。玛丽回答:"没有必要让其他人知道我视力不行。"

她发明了一种"盲人技术"对付精细的工作。她使用高倍数的放大镜,并用显眼的颜色在仪器的刻度上做记号。她用大字写下她上课时需要查阅的笔记,即使在光线昏暗的阶梯教室,她也能够辨认出写下的内容。

她想出无数的方法掩饰自己的毛病。如果学生交给居里夫人一幅展示细线的实验照片,玛丽首先非常巧妙地问他一些问题,从他那里获得了足够的信息,能够在脑海里想象出这幅照片的各个部分,然后再自己拿起玻璃板研究,装作观察那些线条……

尽管她千般提防,万分小心,实验室里的人还是猜出了实情。但是他们都保持沉默,假装没有看出来,继续和玛丽一起巧妙地玩游戏。

一九二三年七月十三日,玛丽·居里写给艾芙的信中说:

> 亲爱的,我想我要在十八号星期三早晨做手术了。你在前一天来就可以了。这里非常热,我担心你会感到非常疲倦的。
>
> 你对拉古埃的朋友们说我因为一份编辑工作走不开。这份工作是我们两人一起负责的,因为别人催着要,所以我需要你回来。
>
> 亲吻你。
>
> 妈妈
>
> 又及:别多跟他们说,亲爱的!

在诊所的那几天非常炎热,艾芙用匙子喂躺着一动不动的"加雷夫人",而她做了手术的脸上缠着绷带。随后出现的像出血这样的并发症,使得她完全不可能在几个星期内康复。一九二四年三月她又接受了两次手术,一九三〇年又进行了第四次手术。然而刚一拆除绷带,玛丽就又开始使用她没有恢复正常的眼睛,她的眼睛摘除了晶体后,再也无法进行对焦。

第一次手术后几个月,她在加弗莱尔写信给艾芙:

> 我正在培养自己外出不戴眼镜的习惯,而且已经有了一些进步。我在崎岖的山路上散过两次步,还不错,我可以走得很快,而且不会磕碰。让我最头疼的是看什么都有重影,因此总是辨认不出走过来的人是谁。我每天都做点读写练习。现在读写比走路难多了。所以,你得帮我为《不列颠百科全书》写那篇文章……

她一点一点战胜了自己不幸的命运。借助厚厚的眼镜,她几乎恢复了正常的视力,可以一个人外出,甚至还可以开汽车,而且能够重新在实验室里进行各种精密的测量。这是她传奇一生中的最后一个奇迹,玛丽走出了黑暗,重新获得了工作所需的光明,一直工作到生命尽头。

一九二七年九月居里夫人写给布罗妮娅的一封短信中揭示了她取胜的秘密:

> 有时我失去了勇气,于是就想我应该停止工作,到乡下去住,潜心搞园艺。但是数千条链锁牵着我,我不知道什么时候才能过上不同的生活。我也不知道,即使可以专门编写科学书籍,我不知道离开实验室该怎么生活。

"我不知道离开实验室该怎么生活。"

我们必须观察玛丽·居里在仪器前的样子才能理解这句心灵的呼声。当玛丽完成了她的日常工作后,她可以从事自己喜爱的事情。不一定要有特殊的实验才能使这张脸上出现专注、出神的崇高神情。玛丽像艺术家吹制玻璃一样进行她的工作,一次精确的测量就能够带给她巨大的喜悦。沙米尔小姐是一位注意观察的敏感合作者,她后来在描述日常生活中的居里夫人时说,从来没有哪张照片能够捕捉到她的那种神情:

在一间昏暗的屋子里,她坐在仪器前进行测量。屋子里没有生火,为的是避免温度变化。居里夫人以训练有素的动作完成了一系列操作,动作的和谐令人钦佩:打开仪器,按下计时器,取出砝码。钢琴家也无法像居里夫人的双手那样协调灵巧。这是一种完美的技术,目的是为了将人为的偏差减小到零。

　　居里夫人急切地计算完后,比较结果,因为偏差远远小于允许的限度,所以确保了测量的精确,这时人们能够看到她那种发自内心、毫不掩饰的喜悦。

当她工作时,世界万物皆不存在。一九二七年当艾莱娜身患重病时,玛丽痛苦而绝望,一位朋友到实验室向她询问女儿的病情。玛丽对他只报以一个简单的回答和冷冰冰的目光。这个人刚刚走出屋子,玛丽便气恼地对自己的助手说:"这些人怎么就不能让我一个人工作呢?"

沙米尔小姐用下面一段话描述玛丽是如何专注于一项重大的实验:为研究阿尔法射线谱制备锕 X,这是玛丽完成的最后一项工作:

　　锕 X 必须非常纯,必须处于一种不发射射线的化学状态。要分离出这种物质,一整天时间都不够。居里夫人没有吃晚饭,一直留在实验室。然而这种元素的离析非常缓慢,所以她必须得整夜待在实验室,以免获得的那种原料随着时间逝去"减少"得太多。

　　凌晨两点的时候,还需要完成最后一个操作:把这种液体放在一种特殊的支架上进行一个小时的离心处理。那个离心机发出令人厌烦的噪音,但是居里夫人一直守在旁边,没有离开房间。她凝视着那台机器,仿佛她热切渴望实验成功的心愿能够成为一种暗示的力量,促成锕 X 的沉淀。这一时刻,居里夫人心中除了这台离心机外没有任何其他念头。她不想第二天的生活,也不觉得疲惫。这是一种完全的忘我状态,把自己全部的精力都集中到她正在进行的工作中……

如果实验没有获得预期的结果,玛丽就露出一副突然遭受重大打击的模样。她坐在椅子上,双臂交叉,驼着背,两眼无神,看上去有如一个遭遇巨大不幸的老农妇,沉默而抑郁。同事看到她这样,都担心出了什么事故,前来询问。玛丽会痛心疾首地说出一句解释一切的话:"我们没能沉淀出锕 X。"有时她会公开指责她的对手:"钋跟我过不去。"

但是如果成功了,她就会显得年轻,心情愉快而欢欣雀跃。她会兴高采烈地在花园里徘徊,仿佛要告诉蔷薇、菩提和阳光她是多么的高兴。她与科学和解了,她时刻准备去笑,去创造奇迹。

如果此时一个研究者利用她这种明显的好心情,请她去看一下正在进行的实验,她会愉快地跟他走到仪器前,弯下腰去看原子"读数",欣赏一块硅锌矿石在镭的作用下突然发生的辐射。

在这些熟悉的奇迹面前,她灰色的眼眸中闪现出一种无比的快乐。有人可能会以为玛丽是在凝视一幅波提切利或佛梅尔的名作——世界上最迷人的绘画。

她会低声赞叹:"啊!多美的现象啊!"

第二十七章　使命终结

居里夫人经常说到自己的死。她外表镇静地谈论这一不可避免的事情，考虑它会引起怎样的实际影响。她会平静地说："显然我没有多少日子了。"或者："我非常担心自己离去后，镭研究院的命运会怎样。"

但是她内心并不平静，也不愿接受这一现实。她所有的本能都拒绝"死亡"这个概念。那些崇拜者都以为她这一生无比辉煌。但是在玛丽眼中，她的一生微不足道，根本无法与她担负的工作相提并论。

三十年前，皮埃尔·居里仿佛预感到死神要通过事故夺取他的生命，于是以一种悲壮的热情投身工作。现在轮到玛丽了，她也接受了这种无名的挑战。为了战胜她所惧怕的死亡，她狂热地在自己周围建筑起一道计划和职责的壁垒。她蔑视与日俱增的疲惫，嘲笑那些困扰她的慢性疾病：衰退的视力、一只肩膀的风湿痛、持续的耳鸣。

这些算得了什么？还有更重要的事情要办。玛丽刚刚在阿尔库耶建立了一个大批量加工矿石的工厂。长期以来她一直希望有这么一家工厂。她充满热情地在那里组织了第一批测试。她专注于编写一本书——那是一本科学界的不朽之作，一旦居里夫人去世，其他人都无法完成。关于钢族元素的研究工作进展不够快……这个研究完成后，她还要研究阿尔法射线的"精细结构"。每天早晨，玛丽很早就起床，匆匆赶到实验室，晚饭后才从实验室回家……

她以不同寻常的高速度工作着，她的不谨慎还是一如既往。她总是严厉地要求自己的学生做好预防措施：用钳子去夹那些装着放射性物质的试管、绝不能碰没有遮拦的试管、使用铅"盾"防止放射的侵害,可她自己却总不在意这些。血液测试是镭研究院的规则,而她却很少遵守。她的血液成分不正常,可这有什么关系呢? 三十五年来,居里夫人一直与镭打交道,呼吸镭的射气。四年战争期间,她甚至接触过伦琴仪发出的更加危险的放射。血液中的一点点损坏,还有因烧伤而变得丑陋的两只手,总是疼痛,有时干涩,有时化脓,但这些与她经历过的危险相比,实在算不上得非常严重。

一九三三年十二月,居里夫人短期生病,但是她的身体受到的影响却不小。X光透视显示,她胆囊里有一块非常大的结石。她害怕手术,为了避免手术,玛丽开始严格作息,并稍稍关心自己的身体。

这位科学家多年来一直不追求个人的舒适,把自己微不足道的个人计划一再推延,但是她的心里却是牵挂着这些计划的,那就是在西奥克斯盖一座乡间住所,并且更换在巴黎的公寓。突然间,她开始将这些计划付诸实施了。她检查预算,克服了自己的犹豫不决,决心支出巨额费用。最后决定下来:在西奥克斯的别墅等到天气适宜就开始修建,在一九三四年十月,离开白求恩码头路,搬到大学城新修建的一个现代公寓中。

她觉得很疲惫,可是却想证明自己的身体状况良好。她去凡尔赛滑冰,而且和艾莱娜一起去撒弗瓦滑雪。她很高兴自己的四肢依旧灵活柔韧。到了复活节,她借布罗妮娅来法国的机会,安排与姐姐一起乘车去南方旅行。

这次远行非常不幸。玛丽本来希望周游许多地方,让她姐姐欣赏那里一些美丽的景色。可是走了几站,当她们来到她在加弗莱尔的别墅时,她已经感到筋疲力尽,而且还患上了感冒。她们到达的时候,房子里冷冰冰的,虽然立刻生了火,但是仍无法让屋子很快暖和起来。玛丽冷得浑身发抖,一下子觉得非常绝望。她扑在布罗妮娅怀里,像个孩子似的哭泣。她担心她未写完的书,害怕气管炎使她没有气力完成它。布罗妮娅照顾她,并安慰她。第二天早晨,玛丽已经战胜了悲观的情绪,而且以后这种情况再也没有发生过。

几个明媚的日子使她得到了安慰。她回到巴黎时,心情已经好转。一个医生说她是得了流行性感冒,而且他还和过去四十年所有的医生一样说,她过度操劳了。玛丽一点也不注意自己一直存在的低烧。布罗妮娅要回波兰了,但是她却感到隐隐有些不安。姐妹俩在开往华沙的列车前,在她们经常到的月台上,最后一次相互拥抱。

玛丽的健康时好时坏。她觉得有足够的气力,就去实验室。要是觉得头晕虚弱,她就留在家里写书。每周她都把几个小时用在她的新公寓和西奥克斯别墅的计划上。

一九三四年五月八日,她在写给布罗妮娅的信中说:

> 我越来越觉得需要一座带花园的房子,所以我渴望这个计划能够成功。房子的造价已经缩减到我能够承受的范围,所以可能不久就要打地基了。

但是暗藏的对手却抢在了她的前面。她的体温越来越高,而且颤抖得也越来越厉害。艾芙不得不使用耐心的巧妙手段,让她母亲同意再次去看病。玛丽总是拒绝要一个固定给自己看病的医生,托词医生"让人厌烦",而且"没钱看病"——实际上,从来没有哪个医生收过居里夫人的诊费。这位科学家,这个推崇进步的人,却像个农民那样倔强地不愿意接受任何治疗。

利高德教授友好地来看望玛丽,他建议征询一下拉夫大夫的意见,而拉夫大夫又推荐了医院的大夫布兰教授。当布兰教授看到玛丽那张没有一点血色的脸,他说的第一句话就是:"你必须卧床休息。"

这种带强调口吻的话居里夫人过去听得多了!她才不在意。她仍旧在白求恩码头那累人的楼梯上爬上爬下,而且几乎每天都去镭研究院工作。一九三四年五月一个晴朗的日子,她在物理实验室一直工作到下午三点半,疲惫地抚弄着她最忠诚的伙伴——试管和仪器。然后她对同事低声说:"我发烧,要回家了。"

她又到花园走了一圈,新栽种的花卉盛开了,色彩非常鲜艳。突然,她停在一株蔷薇前,喊她的技工:

"乔治,看看这株蔷薇,你必须得立刻照料它!"

一个学生跑过来,劝她不要在外面停留,回白求恩码头。她服从了,但是在上车前，她又转身说：

"别忘了那株蔷薇，乔治……"

向那株枯萎的植物投去忧虑的一眼，这便是她对实验室的永别。

她再也没能从床上爬起来。她和没有确定的疾病无望地斗争着，有时说是流感，有时又说是支气管炎。不过她却被迫接受了一些令人厌烦的治疗。她突然非常顺从地忍受了这些治疗，而且还同意到医院做全面检查。两次X光透视和五六次会诊仍然让那些被请到她床边的专家迷惑不解。似乎没有发生器官损坏，也没有发现明显的病症。但是肺部的X光片中显示出一些旧病灶和发炎的阴影，因此玛丽得到了相应的治疗。但是，她回到白求恩码头路的家里，情况既没有好转，也没有恶化，这时人们第一次提到了"疗养院"。

艾芙小心地跟她说了这个办法。玛丽再一次接受，同意出发。她也相信清新的空气对她有好处，而且认为是城市的尘嚣使她无法恢复。于是计划定了下来：艾芙陪母亲一起去，并陪她在疗养院待几个星期，然后玛丽的哥哥姐姐从波兰来陪她；八月份，艾莱娜会陪她一个月。到了秋天，她就会好起来了。

艾莱娜和弗雷德里克·若里奥在病房里和居里夫人谈论实验室的工作，谈西奥克斯的房子，谈玛丽刚完成的那本书的校对工作。利高德教授的一位年轻合作者乔治·格里古尔洛夫每天来通报消息，在玛丽面前称赞疗养院的舒适和疗效。艾芙忙着布置新公寓，挑选墙纸和窗帘的花色。

有几次，玛丽一边窥探女儿的眼睛，一边轻轻地笑着说：

"我们在白忙活，可能……"

对此，艾芙已经备好了许多反驳的话和笑话，而且为了安慰居里夫人，她不断催促盖房子的承包商。但即使如此，她对改变或战胜命运并不抱什么希望，尽管医生并不悲观，而且家里也没有人显得忧虑，她却有一种说不出来的感觉，肯定最坏的情况即将发生。

在这个绚丽的春天的明媚的日子里，她和不得不休息的母亲度过了漫长的亲密时光。玛丽纯洁的灵魂，她的脆弱却无私的心灵像以前那样再一次展现在她面前。而玛丽此时的温柔几乎令她难以忍受。玛丽又成了过去那个"温柔的妈妈"。她又成了四十六年前在信中这样描述青年的少女：

  要是一个人像我这样敏感，而且又不能改变性格中的这一特点，那就得尽量掩饰。

  这就是那种过于敏感、担惊受怕、容易受伤害的内向性格的关键。在玛丽光辉的一生中，她总是克制自己那些自发的冲动，不向软弱屈服，并且抑制住话到嘴边的求援呐喊。

  即使到了现在，她仍然不向人倾吐心事，也不愿诉苦——即使说出来，她也非常谨慎。她只提未来……实验室的未来、华沙研究院的未来、孩子们的未来。她希望，而且断定艾莱娜和弗雷德里克·若里奥会在几个月后获得诺贝尔奖。她也提到自己在那套空等着她的公寓，提到在西奥克斯别墅的未来生活，可她永远也见不到那座房子落成的模样了。

  她的身体日渐衰弱。在试着把她送到疗养院前，艾芙请来医学研究院里四名杰出的成员，他们也是法国最出色、最有名的四名医生，共同进行最后一次诊断。我不愿在这里说出他们的名字，否则别人可能会怀疑我在指责他们，或者说我对他们忘恩负义。他们花了半个小时的时间，给这个在无名病症无情蹂躏下极度虚弱的妇人进行了检查。他们在没有把握的情况下得出结论，说是她的老毛病结核病又犯了。他们相信搬到山里能够治好她的发烧。他们错了。

  各种准备在匆忙中进行。人们让玛丽尽量保存体力，除了几个亲密的朋友外，谁都不许见。可是玛丽却违反规定，悄悄地把她的合作者克特莱夫人叫到她的房间，吩咐她："在我回来前，你必须把锕小心浓缩好。一切事情我都靠你安排了。假期过完，我们就继续这个工作。"

  玛丽的病情突然恶化，可是医生仍然建议立刻动身。这次旅途完全是一种折磨：还没有到圣哲末，玛丽就虚脱了，晕倒在艾芙和护士的怀里。当她终于被安置在了桑赛勒莫疗养院最好的病房后，医生又给她做了 X 光透视和一些检查：她的肺没有问题，这次旅行完全没有必要。

  她的体温超过了四十度，这无法瞒得过玛丽，因为她总是以科学家的态度检查水银柱。那时她基本上什么都不说，但是她的眼睛里显露出巨大的恐惧。日内瓦的洛克教授立刻被请来,他比较了近几天的血液化验结果,发现白血球和红血球都减少得很快,因此诊断为是严重的恶性贫血。玛丽非常担心自己的胆结石,他安慰她,并向她保证不会给她做任何手术,只是用各种方法对她进行治疗。但是生命力正迅速离开她疲惫的身体。

于是伴随着"安逸死"的残酷斗争开始了。在这场斗争里,不肯灭亡的身体疯狂、坚定地保卫着自己。艾芙在母亲身边还要进行另一场战斗。居里夫人依旧保持清醒的头脑里,并没有想到自己不久于人世。为了让玛丽不要因为放弃而感受到无法平息的巨大痛苦,必须把这种奇迹保持下去。更重要的是要减轻她身体上的痛苦,在抚慰身体的同时安抚她的精神。没有对她进行复杂的治疗,也没有进行没有拖延时日的输血,这些都于事无补,而且还会给她造成不好的印象。她的家人也没有被匆匆召集到床前,那样的话,她会突然明白大势已去。

我将永远铭记那些在这段可怕的时期里帮助过我母亲的人。疗养院的院长托贝大夫和皮埃尔·卢伊大夫都尽其所能地对玛丽进行治疗。疗养院的生活似乎都因为居里夫人已经濒危,震惊得停顿了。整个疗养院的人都满怀敬意、热心而安静。两名大夫轮流守在玛丽房间。他们支持她、安慰她,同时还照料艾芙,帮助她克制和说谎,甚至不等她开口请求,他们就答应使用催眠剂的注射,不让玛丽在最后感到痛苦。

七月三日的早晨,居里夫人最后一次用一只颤抖的手拿着体温计,并看到上面的读数降低了,这是临终前常有的现象。她高兴地笑了。艾芙向她肯定这是康复的迹象,现在她就快要好起来了。她透过敞开的窗户,冲着太阳和静静的群山说:"治好我的不是药,而是清新的空气和这里的高海拔……"

临终时,她发出迷惘而吃惊的抱怨:"我没法表达自己了。我感到非常恍惚。"她没有说到任何活着的人的名字,没有叫大女儿(艾莱娜已经在前一天和她丈夫来到了桑赛勒莫)和艾芙,也没有叫任何亲人的名字。她那与众不同的大脑里漫无目的地浮现她对工作的大大小小的牵挂,她断断续续地说:"各个章节的安排应该是这样……我一直在考虑那个出版物……"

她盯着一个茶杯,想拿匙子在里搅动,但是她拿的似乎不是匙子,而是

一根玻璃棒,或一个精密的实验工具:

"是用镭完成的,还是用钍?"

她已经远离人世,加入了她心爱的"东西",她已经把自己的一生都献给了这些东西,现在她要永远和它们相伴。

之后她便含糊不清了,只有在医生来给她注射的时候,极度虚弱地喊:"我不想打。我想一个人待着。"

她最后的时刻显示出一个外表脆弱的生命的力量和激烈的抵抗,她那颗强壮的心在渐渐冷却的身体里依旧不知疲倦地跳动,不肯退缩。又过了十六个小时,皮埃尔·卢伊大夫和艾芙每人抓着这个妇人冰冷的一只手,生命和虚无都不肯接受她。黎明时分,当太阳把群山染得绯红,开始自己在纯净天际的旅行,灿烂的晨光照亮了整个屋子,投射在床上,照着她消瘦的脸颊和没有任何表情的灰色眼睛。死亡已经凝固了她的眼睛,而心脏也终于停止了跳动。

科学还需要为她的死因宣布判决。那些与其他恶性贫血症不同的症状和各种血液化验指出了真正的凶手:镭。

利高德教授后来写道:"最终,居里夫人成了她和丈夫发现的放射性物质的受害者。"

在桑赛勒莫,托贝大夫写下了这样的报告:

> 居里夫人于一九三四年七月四日在桑赛勒莫去世。
>
> 她所得的疾病是一种发展迅速、伴有发烧的继发性恶性贫血。骨髓没有造血反应,可能是因为长期积累的辐射量造成的损伤。

消息从安静的疗养院传出,传到了整个世界,在几个地方引起了深切的悲痛:在华沙,有海拉;在柏林一辆赶往法国的列车上有约瑟夫·斯科洛多斯基;还有布罗妮娅,她原本想赶到桑赛勒莫再看一眼那张她深爱着的面孔;在蒙彼利埃,有雅可·居里;在伦敦,有梅乐内夫人;在巴黎,有那些忠心耿耿的朋友。

镭研究院里,年轻的科学家在没有生命的仪器前哭泣。玛丽最喜欢的一个学生乔治·福尼埃写道:"我们失去了一切。"

居里夫人躺在桑赛勒莫的床上安息了,她感受不到这些悲痛、激动和赞颂。在桑赛勒莫的那座房子里,科学家和忠诚于她的同行保护着她。他们不让陌生人打搅她的休息,哪怕只看一眼也不行。那些好奇的人永远也不会知道,她永别人世的时候显得多么不同寻常,多么美。她的一切都是白色的,苍苍白发梳在后面,露出白皙宽大的额头,她的面容平静祥和,看上去既庄严又勇敢,仿佛身穿铠甲的武士,此时她是世界上最高贵、最美丽的女人。

她那双手长满老茧、被镭重度烧伤、坚硬而粗糙,如今失去了习惯性的痉挛。这两只手舒展在被单上,僵直不动。这是一双完成了多少工作的手啊!

一九三四年七月六日星期五中午,没有演说、没有仪式、没有任何政治家或官员在场,居里夫人就那么谦虚地加入了死者之列。在深爱她的家人、朋友和同事的注视下,她被安葬在西奥克斯的墓地。她的棺木放在皮埃尔·居里的棺木之上。布罗妮娅和约瑟夫·斯科洛多斯基向敞开的墓穴撒下一把从波兰带来的泥土。墓碑上又添加了一行碑文:玛丽·居里—斯科洛多斯卡,一八六七年至一九三四年。

一年之后,玛丽去世前完成的一本书出版了,这是她写给年轻的"物理爱好者"最后的启示。在镭研究院,工作已经恢复正常,在那间明亮的图书馆里,这部鸿篇巨制被放在科学书籍之列。灰色的封面上印有作者的姓名:"巴黎大学教授皮埃尔·居里夫人。诺贝尔物理学奖得主、诺贝尔化学奖得主。"

书名只是一个朴素而灿烂的字眼——《放射学》。

附 录

居里夫人获得的奖项

1898 年 12 月 12 日	热涅奖,巴黎科学院
1900 年 12 月 11 日	热涅奖,巴黎科学院
1902 年 12 月 14 日	热涅奖,巴黎科学院
1903 年	诺贝尔物理学奖(与亨利·贝克莱尔和皮埃尔·居里共同获得)
1904 年 1 月 4 日	奥西利奖,巴黎报业辛迪加颁发,与布朗利先生分享
1907 年 5 月 6 日	阿克托尼安奖,英国皇家学会
1911 年	诺贝尔化学奖
1921 年 4 月 23 日	埃伦·理查德研究奖
1924 年 3 月 15 日	德·阿尔让德约侯爵 1923 年大奖及铜奖,全国工业促进协会
1931 年	卡梅伦奖,爱丁堡大学

居里夫人获得的奖章

1903 年	伯特洛奖章(与皮埃尔·居里共同获得)
1903 年	巴黎市荣誉奖章(与皮埃尔·居里共同获得)

1904年8月8日	马特奇奖章,意大利科学院(与皮埃尔·居里共同获得)
1903年11月5日	戴维奖章,伦敦皇家学会(与皮埃尔·居里共同获得)
1908年1月19日	克尔曼金奖章,利尔工业协会
1909年1月6日	艾略特·克鲁森金奖章,富兰克林研究院
1910年7月4日	阿尔伯特奖章,皇家艺术学会,伦敦
1919年4月28日	西班牙阿方斯十二世大十字勋章
1921年	本杰明·富兰克林奖章,美国哲学学会,费城
1921年4月13日	约翰·斯科特奖章,美国哲学学会,费城
1921年	国家社会科学研究院金奖章,纽约
1921年	威拉德·吉布斯奖章,美国化学协会,芝加哥
1924年8月4日	罗马尼亚一等勋章、同时有证书和金质奖章
1922年12月8日	北美放射学会金奖章
1929年	纽约市妇女俱乐部联合会奖章
1931年4月16日	美国放射学院奖章

居里夫人获得的名誉头衔

1904年12月1日	莫斯科帝国人类学与人种学之友协会名誉会员
1904年5月9日	英国皇家学会名誉会员
1904年5月18日	伦敦化学协会外国会员
1904年9月15日	巴达维亚哲学协会通讯会员
1904年	墨西哥物理协会名誉会员
1904年5月4日	墨西哥科学院名誉院士
1904年	华沙工商促进协会名誉会员
1906年11月6日	阿根廷科学协会通讯会员
1907年5月25日	荷兰科学协会外国会员
1907年2月2日	爱丁堡大学法学博士
1908年1月29日	圣彼得堡帝国科学院通讯院士

1908 年 3 月 10 日	布伦瑞克德自然科学协会荣誉会员
1909 年	日内瓦大学医学博士
1909 年 3 月 31 日	波伦亚自然科学协会通讯会员
1909 年	捷克科学院文学艺术院外国合作院士
1909 年	克拉科夫科学院现任外国院士
1909 年 9 月 27 日	费城医药学院名誉成员
1910 年 12 月 19 日	智利科学协会通讯会员
1910 年 4 月 23 日	美国哲学协会会员
1910 年	瑞典皇家科学院外国院士
1910 年 3 月 1 日	美国化学协会名誉会员
1910 年	伦敦物理协会名誉会员
1911 年 2 月 1 日	伦敦物理研究协会名誉会员
1911 年 4 月 19 日	葡萄牙科学院外国通讯院士
1911 年 11 月 24 日	曼彻斯特大学理学博士
1912 年 4 月 16 日	比利时化学协会名誉会员
1912 年 4 月 12 日	圣彼得堡帝国实验医学研究院合作会员
1912 年	华沙科学协会会员
1912 年	卢森堡大学哲学系名誉教员
1912 年	卢森堡工艺学院博士
1912 年 7 月 20 日	维尔纽斯科学之友协会名誉会员
1913 年 5 月 21 日	阿姆斯特丹皇家科学院（数学与物理部）特别院士
1913 年	伯明翰大学博士
1913 年 1 月 15 日	爱丁堡艺术与科学协会名誉会员
1914 年 3 月	莫斯科大学物理医学协会名誉会员
1914 年 5 月 30 日	剑桥哲学协会名誉会员
1914 年 3 月	莫斯科科学研究院名誉成员
1914 年 4 月 15 日	伦敦卫生研究院名誉成员
1914 年 4 月 22 日	费城自然科学学会通讯会员
1918 年 4 月 1 日	西班牙皇家医疗电疗与放射疗法协会名誉会员
1919 年 4 月 25 日	西班牙皇家医疗电疗与放射疗法协会名誉会长

1919年7月5日	马德里镭研究院名誉院长
1919年	华沙大学名誉教授
1919年	波兰化学协会会员
1920年	丹麦皇家科学及文学院普通院士
1921年6月10日	耶鲁大学理学博士
1921年7月18日	芝加哥大学理学博士
1921年6月15日	西北大学理学博士
1921年5月13日	史密斯学院理学博士
1921年7月12日	韦尔兹利学院理学博士
1921年5月23日	宾夕法尼亚女子医学院博士
1921年6月1日	哥伦比亚大学理学博士

图书在版编目(CIP)数据

居里夫人传／(法)艾芙·居里著;贾文浩等译.
－北京:北京燕山出版社,2018.1(2019.1 重印)
ISBN 978-7-5402-4954-0

Ⅰ.①居… Ⅱ.①艾… ②贾… Ⅲ.①居里夫人(Curie,Marie 1867－1934)-传记
Ⅳ.①K835.656.13

中国版本图书馆 CIP 数据核字(2018)第 005883 号

居里夫人传

[法]艾芙·居里 著
贾文浩 贾文渊 贾令仪 译
责任编辑／尚燕彬 金 东
装帧设计／小 贾 张 佳

北京燕山出版社出版发行
北京市丰台区东铁营苇子坑路 138 号嘉城商务中心 C 座 邮编 100079
全国新华书店经销
三河市北燕印装有限公司印刷

开本 915×1220 1/32 印张 11 字数 320,000
2018 年 2 月第 1 版 2019 年 1 月第 2 次印刷

定价:28.00 元

版权所有 盗版必究